孔子の実像と『論語』の編纂過程

森川 亨
Toru Morikawa

皓星社

序

　本書、『孔子の実像と「論語」の編纂過程』、はそれぞれ独立した二つの論文から構成されている。それらの論文とは、第一部の、「孔子の思想と生活—最晩年の孔子に焦点を当てた一考察−」であり、また、第二部の、「『論語』編纂の編集者たちの動機面から考えた『論語』成立過程の一考察」である。列記の順に閲読されることを期待するが、前述の様に独立した別個の論文であるので、第二部から読まれても、何の問題も無いように、第一部で注釈を入れた用語・事柄も第二部でも、新しく付けた。

　本書は半世紀を超える年月、それは殆ど著者の人生の全てであるが、孔子の教えを実践することによって理解・把握した孔子像と『論語』等のその周辺事項をわかりやすく記述した一書である。

　筆者は本書の読者として、中国学以外の専攻者、それは文科系のみならず、医学・看護学・生物学・建築学・物理学等の理科系研究者をも強く想定しており、漢文や英文の知識や解釈力などは全く必要なしで、論旨を理解できるように、漢文・英文には概説的、注解的、説明的内容を多く加えてある。本書で引いた中国古典文献や論語注釈書の概要を纏め、筆者の言葉で「古典文献解題」、「論語注釈書解題」としたので、それらも活用して欲しい。かみ砕いた、分かりやすい孔子と『論語』を描き出した自負はある。しかし、かと言って本書を一般の教養書と呼ぶのには確かに無理があると思う。本書は専門書かも知れないが、学問を職業とされない人たちでも、本書の描き出した、分かりやすくやさしい孔子を、深く立派な人間として受け止める事が出来る方なら、筆者は読者として歓迎する。それは伝統解釈に縛られることなく、孔子と同じ一人の人間として、先入観にとらわれずに孔子を理解できることが期待できるからだ。そして、その思

い込みが無い孔子像が本当の孔子像であるというのが筆者の主張である。

　本書の発案と完成には、古代オリエント博物館前館長の月本昭男氏、中国仏教学者の木村清孝氏、今井館教友会前事務局長の荒井克浩氏、元同僚の梅沢清羽氏、同級生の中山雅夫氏の好意に溢れる多大な支援を頂いていることを感謝と共に明記する。
　なお、本書で引用する研究者の敬称は原則として省かせていただいた。

2024年10月

　　　　　　　　　　　　　　　　　　　　　　　　　　　　　森川　亨

孔子の実像と『論語』の編纂過程
── 目次 ──

第一部
孔子の思想と生活
―最晩年の孔子に焦点を当てた一考察―

第一章　はじめに……………………………………………… 9
　1. 本論の趣旨………………………………………………… 9
　2. 古典文献の論述…………………………………………… 10
　3. 論旨の展開………………………………………………… 10
第二章　顔淵逝去迄の孔子の人生…………………………… 11
　1. 出生から志学迄…………………………………………… 11
　2. 志学から而立迄…………………………………………… 22
　3. 而立から不惑迄…………………………………………… 25
　4. 五十而知天命。…………………………………………… 34
　5. 出魯の真相。……………………………………………… 36
　6. 諸国遊説…………………………………………………… 67
　7. 魯への帰国とその理由…………………………………… 82
第三章　孔子にとって顔淵とは誰だったのか？…………… 89
　1. 顔淵は孔子の母方の親族………………………………… 89
　2. 顔淵への孔子の評価と顔淵の死の理由………………… 91
　3. 顔路の孔子に対する怒り………………………………… 123
第四章　顔淵の死が孔子を滅ぼした理由…………………… 132
　1. 先学諸説…………………………………………………… 132
　2. 顔淵の死により孔子の天命理論が完全に消散した…… 134
第五章　最晩年の孔子の思想と生活………………………… 140
　1. 顔淵逝去から子路逝去迄………………………………… 140
　2. 子路逝去から孔子卒迄…………………………………… 156
第六章　結語…………………………………………………… 169
　展望：儒学の世界での今後の位置について……………… 170

注………………………………………………………………… 175
引用文献一覧…………………………………………………… 196

第二部
『論語』編纂の編集者たちの動機面から考えた
『論語』成立過程の一考察

はじめに……………………………………………………… 198

書名の意味…………………………………………………… 199

論語は誰によって何時成立した…………………………… 200

直門弟子編纂についての疑問……………………………… 202

編者の動機は何か…………………………………………… 205

性善説と性悪説……………………………………………… 206

編者の動機は荀子派に対する激しい感情的反発………… 209

孔安国の『論語』成立説…………………………………… 211

孟子・荀子の孔子像………………………………………… 212

『論語』編纂時期の儒家世界 ……………………………… 215

編纂方法……………………………………………………… 217

『論語』の真正性 …………………………………………… 218

『論語』という名称とその書籍の成立期 ………………… 222

「下論」から考える『論語』の編纂方法………………… 223

『古論』が『魯論』『斉論』の原型………………………… 226

『論語』本文の完成は後漢末期 …………………………… 227

結　語………………………………………………………… 228

注……………………………………………………………… 230

古典文献解題………………………………………………… 234

『論語』注疏解題…………………………………………… 247

索引…………………………………………………………… 250

第一部
孔子の思想と生活
―最晩年の孔子に焦点を当てた一考察―

第一章　はじめに

1. 本論の趣旨

　孔子(こうし)（前551？－前479）については、彼の生存中から現在に至る約二千五百年の間に、未だ統一見解の出ていない面も多いが、しかし、もう既に全ての議論が語り尽くされてしまったように思われる人も多いであろう。しかし、それは概ね、「七十而従心所欲、不踰矩。[1]（70歳には、欲望のままに行動しても、礼を逸脱することは無い境地に達した）」迄の孔子の人生についてであり、この発言の後程無く、「噫！天喪予！天喪予！[2]（ああ！天が私を滅ぼした！天が私を滅ぼした！）」と喚呼した71歳から、逝去した73歳迄の二年間余りの最晩年の孔子の人生、筆者は、孔子71歳での顔淵の死から、72歳潤月（12月）の子路の死迄を、前期最晩年とし、子路の死から翌73歳の4月の孔子の死までの期間を後期最晩年と規定するが、その期間の孔子については、その実態をきちんと考察されたことは殆どない。これが当初より斯界の暗黙の縛りとなり、その流れはずっと生き続けて現在に至っているのが実情である。

　しかし孔子最晩年の研究が無ければ最晩年の孔子像も浮ばず、それは取りも直さず、真の孔子像が把握できないこととなり、『論語』の中に数多くあると考えられる孔子最晩年時の発言も正確には理解できないことにもなる。

　前漢(ぜんかん)（前206-8）の武帝(ぶてい)（前156-前87）時代に儒教が実質上の国教となって以来、孔子は国教の祖師であるという立場を大前提として語られてきて、一人の人としての総合的な孔子像が真剣に追究されることは殆ど無かった。国教の教祖である孔子の私生活を研究することは、時に政治的弾圧を受ける可能性のある危険な考察であった時代が、長く続いたのがその主因と言えよう。

本稿は最晩年の孔子像を正しく理解することにより、国教の始祖という一面でのみ語り続けられてきた、従来の聖人孔子像ではなく、孔子の人としての弱さや挫折にも言及し、一人の人としての総合的かつ最深の孔子像を探求し、描き出した斬新な論文である。

2. 古典文献の論述

孔子の死を描写する古典文献は殆ど無い。唯一の例外は、『礼記』檀弓上篇[3]にある短い記述だが、これは偽作だというのが一般的な理解だ。白川　静（1910-2006）は、「（この話は）もちろん作りごとである。」[4]と言い、銭穆（1895-1990）は、「恐無此事。[5]〔恐らく、此の事（檀弓の記事）は無かったであろう（事実ではない）。〕」と言っている。詰まり、孔子の死の際の状況についての信頼できる古典文献は存在しないと言って良い。

3. 論旨の展開

「最晩年の孔子に焦点を当てた一考察」といっても、定説の孔子年譜は存在せず、先ず筆者の思い抱いている最晩年以前の孔子の思想と生活を紹介する必要がある。それを、【第二章：顔淵逝去の孔子の人生】で論じ、次に、【第三章：孔子にとって顔淵とは誰だったのか】を論述し、さらに、【第四章：顔淵の死が孔子を滅ぼした理由】を弁論し、最後に、【第五章：最晩年の孔子の思想と生活】を立論し、「本論」を終える。

【第六章：結語】では、【第一章：はじめに】で提起した問題を弁明した、「本論」に基づき、孔子の一生を心理面の推移に焦点を当て、手短に纏め記載する。

付論の、【展望】では、今後の儒学の世界での位置について、学術的ではないが、随想風に儒学の将来の世界における、あるべき立ち位置について言及する。

第二章　顔淵逝去迄の孔子の人生

1. 出生から志学迄

①叔梁紇は孔子の父親では無い

　孔子の生誕年については古くから二説ある。『春秋公羊伝』[1]、あるいは『春秋穀梁伝』[2]では孔子は襄公（在位：572- 前542）二十一年（前552）に誕生したと言う。一方、『史記』孔子世家では、孔子は襄公二十二年（前551）に生まれ、哀公（在位：前494- 前468）十六年（前479）四月に七十三歳で没した[3]と言う。また、『春秋左氏伝』は、孔子の生年は記述しないが、没年のみを哀公十六年四月と明記している。[4] 筆者は没年の方が生年より、人々の印象により強く残るので、より正確に伝えられると考える。また、『史記』の著者たる司馬遷（前145頃- 前86頃）の歴史家としての能力も高く評価しているので、孔子、襄公二十一年生誕説を支持している。

　白川は、「『左伝』（筆者注：『春秋左氏伝』の略称）のころ、孔子先世の物語はまだ成立していなかったものとみてよい。孔子世系についての『史記』などにしるす物語はすべて虚構である。」[5]と言う。『史記』には、孔子世家のみに、孔子先世の話が出て来る。それは孔子世家冒頭の、「孔子生魯昌平郷陬邑。其先宋人也、曰孔防叔。防叔生伯夏、伯夏生叔梁紇。〔孔子は魯（前1046？- 前249）の国の昌平郷の陬邑で生まれた。其の祖先は宋（前1046？- 前286）の国の人であり、孔防叔（生卒年不詳）といった。防叔は伯夏（生卒年不詳）の父であり、伯夏は叔梁紇（生卒年不詳）の父である。〕」という記載で、特に問題も無いようにも思える。白川が事実ではないとし強く反発を感じているように読める、孔子先世の物語は、『史記』というよりも、『孔子家語』の本姓解篇にある、以下の記載であろう。

孔子之先、宋之後也。微子啓、帝乙之元子、紂之庶兄。以圻內諸侯、入為王卿士。微、国名、子爵。初、武王克殷、封紂之子武庚於朝歌、使奉湯祀。武王崩、而与管、蔡、霍三叔作難。周公相成王東征之。二年、罪人斯得、乃命微子於殷後、作《微子之命》由之、与国于宋、徒殷之子孫。唯微子先往仕周、故封之賢。其弟曰仲思、名衍、或名泄。嗣微子後、故号微仲。生宋公稽。胄子雖遷爵易位、而班級不及其故者、得以故官為稱。故二微雖為宋公、而猶以微之号自終、至于稽乃稱公焉。宋公生丁公申。申公生緡公共及裏公熙。熙生弗父何及厲公方祀。方祀以下、世為宋卿。弗父何生送父周。周生世子勝。勝生正考甫。考甫生孔父嘉。五世親尽、別為公族。故後以孔為氏焉。一曰：孔父者、生時所賜弖也、是以子孫遂以氏族。孔父生子木金父。金父生睪夷。睪夷生防叔、避華氏之禍而犇魯。防叔生伯夏。夏生叔梁紇。

　孔子の祖先は、宋の（君主の）後継者である。微子啓（生卒年不詳）は、帝乙〔生卒年不詳。殷（前17世紀頃 – 前1046？）の29代王〕の長男であり、紂（？ – 前1046？）の庶兄であった。畿内の諸侯から昇進し、天子の執政になった。微は、国名であり、子は爵位である。かつて、武王（？ – 前1043？）が殷に克った時、紂の子、武庚（生卒年不詳）を朝歌（現在の河南省に在った町）に封じて、湯祀（殷初代王の湯の祭り）を任せた。武王が崩御すると、（武王の弟たちの）管、蔡、霍の三叔（管叔・蔡叔・霍叔）と共に反乱を起こした。周公（生卒年不詳。周公旦）は、成王（武王の長男）（前1055 – 前1021）を戴き、（成王に代わって）東征した。二年にして（反乱は収まり）、罪人（反乱軍）は捕らえられ（乱は終わり）、それで、やむなく、微子に殷の後目を継がせ、「微子之命（誓約書）」を作らせ微子にこれを守らせた。（微子に）宋の国を与え、殷の子孫を（宋迄）徒歩で移動させた。それは微子のみが、まっ先に、周（前1046？ – 前256）に来て仕えた過去の業績が有ったので、だから微子に（一国を）封じて、微子を賢人と評価し

第二章　顔淵逝去迄の孔子の人生

た。その弟は仲思（ちゅうし）（生卒年不詳）といい、名は衍（えん）といった、或いは名を泄（えい）ともいった。仲思が微子（びちゅう）の後を嗣ぎ、微仲（そうこうけい）と号した。微仲は宋公稽（ちゅうし）（生卒年不詳）の父である。冑子（天子から卿大夫までの嫡子の別名）は、爵位が変わり、位を落としても、班級（はんきゅう）（位階・席次）がその以前の位に及ばなくなっても、以前の（より高い）官位を以て称号とすることができる。それで二微（微子と微仲のこと）は宋公に格下げになったのだが、なおも以前の「微」の号で生涯を終わったのであり、稽（けい）（生卒年不詳）に至り、やっと、「公（諸侯の意味）」と称した。宋公（稽）は、丁公申（ていこうしん）（生卒年不詳）の父である。申は緡公共（びんこうきょう）（生卒年不詳）及び、襄公煕（じょうこうき）（生卒年不詳）の父である。煕は弗父何（ふつほか）（生卒年不詳）及び、厲公方祀（れいこうほうし）（生卒年不詳）の父である。方祀から以下は、世（子孫）は宋卿となった。弗父何は送父周（そうほしゅう）（生卒年不詳）の父である。周は世子勝（せいししょう）（生卒年不詳）の父である。勝は正考甫（せいこうほ）（生卒年不詳）の父である。考甫は孔父嘉（こうほか）（生卒年不詳）の父である。五世（代）が経ち親族関係が尽き、（宋公から）別れて分家を為した。それで、以後は孔をその氏と為した。一説には、「孔父」は、生時に（宋公から）賜わった号だとする、だから、子孫は遂に「孔」を氏族名としたと言う。孔父は子木金父（しぼくきんぽ）（生卒年不詳）の父である。金父は睪夷（こうい）（生卒年不詳）の父である。睪夷は防叔（ぼうしゅく）（生卒年不詳）の父である。華氏之禍（かしのか）（詳細不明）を避けて、魯に犇（はし）る。防叔は伯夏（はくか）（生卒年不詳）の父である。夏は叔梁紇（しゅくりょうこつ）（生卒年不詳）の父である。

　人口に膾炙した、上記の『孔子家語』の孔子先世の歴史物語は、きちんと学問的手段を取り、孔子を理解しようとしている人からすれば、確かに怒りを感じる程の、お粗末な作り話である。それが、二千年近くの長きにわたり真実として容認されてきた。この話には一般の人々の情緒を安堵させ、社会秩序の安定に貢献してきたという一面は有ったが、そういった史実に基づかない手法が、科学技術の進展が凄まじく、その先端技術が創造した製品が日常生活の中に溢れ、それら無しでは生活が一日たりとて成り立たない今日の

社会でも、まだ通用するかどうかを真剣に問い直してみる必要は有ろう。

　筆者は儒家資料の分析・解釈を、儒学者として、儒学内側からそれらをし、資料を理解している。であるから、上記に掲載した本姓解篇や孔子世家が記述する孔子先世の話の直後に出て来る、現在でもほぼ常識となっている、「孔子の父は叔梁紇である」と言う説を何の疑いもなく、長らく受け入れていた。孔子は「野合」で生まれたと明記した司馬遷だが、孔子が諸侯でもないのに特別に孔子世家を立て孔子を諸侯扱いとする程敬愛しているがその一方で歴史家として、孔子の都合の悪い点まで正確に叙述している点を、筆者は大変高い評価しており、その司馬遷が叔梁紇は孔子の父というのだから、それは歴史的事実に違いないだろうと疑うこと無く、長らくそう認識していた。ところが、外部の観察者の視点から客観的に分析を行なう手法を取っている米国人研究者のクリール（Creel, Herrlee Glessner）(1905-1994) の "Confucius: The Man And The Myth." を読んで、考えが変わった。クリールの指摘は下記の通りである。

Both the *Discourses of the Confucian School* (*K'ung Tzu Chia Yu*) and the *Historical Records* identify Confucius' father as one Shu Liang He (*Chia Yu 9.10, Mem. Hist.* V.287 and n.1). He is evidently supposed to be the same person as the Shu He mentioned in the *Tso Chuan* (446. 474). It is very remarkable, however, that on neither occasion does the *Tso Chuan*, which usually brings the name of Confucius on the slightest pretext, say that Shu He was his father. Why, then, was the identification made later？ The probable reason is absurdly simple. The only description of Confucius' father given in the *Analects* is that he was a *Tsou jen*, a "man of Tsou" (An.3.15). The only "man of Tsou" mentioned in the *Tso Chuan* is Shun He. This was no doubt quite enough for those who scanned the early literature in search of every scrap of data on Confucius.[6]

『孔子家語』も『史記』も共に孔子の父を叔梁紇と言っており（『孔子家語』本姓解篇、『史記』孔子世家 287 及び注 1）、『春秋左氏伝』（446.474）に出て来る叔紇とは明らかに同一人と思われるが、ごく些細なことでも、かこつけて孔子の名を語る習わしのある『春秋左氏伝』が二ヶ所の記載で（筆者注：襄公十年、襄公十七年）、共に叔紇を孔子の父とは言っていない。それなら何故後世に至って叔紇と孔子の父を同一人物としたのであろうか？察するにその理由は馬鹿馬鹿しい程単純である。『論語』では孔子の父は鄒人(すうひと)であったとしか記載されていない〔筆者注：正確には『論語』八佾篇に、「（孔子を）鄒(はちいつ)の若者」と、或る人が言った：(原文) 子入大廟、毎事問。或曰："孰謂鄹〔＝鄒〕人之子知礼乎？"とある。〕『春秋左氏伝』に書かれている鄒人といえば叔紇だけである。孔子に関する資料ならば、どんな断片であろうもと、古代文献を詳細に調べている人々にとっては、これだけの理由でもう叔紇を孔子の父であるとするのに充分であったことは疑う余地がない。

「三年無改於父之道、可謂孝矣。⁷（親が死去しても三年（長年）ずっと親の生き方を自分の生き方とする息子は孝行息子と言える。）」と、孔子は『論語』で重複して述べている。これは普通には孔子がとても強調したかった教えだったから重複されたと解釈されている。同じ『論語』衛霊公(えいれいこう)篇では、孔子は衛霊公の問いに対して、「俎豆之事、則嘗聞之矣：軍旅之事、未之学也。⁸〔礼儀に関する事柄なら、(先輩から) これを聞き知っております：しかし戦争に関する事柄は未だ学んだことはありません。〕」と応えている。

叔紇は一人で城門をこじ開ける程の優れた武人である。⁹ 襄公十一年（前562）には季武子(きぶし)（？－前 535）が中心になり魯は三軍を作ることになった。当時魯国は建国時の「大国」から「次国」に格下げになっていた。格下げが起きたのは文公(ぶんこう)（在位：前 626-前 609）か、宣公(せんこう)（在位：前 608-前 591）の頃と、ドナルド・スタージョン（Donald Sturgeon：生卒年不詳）は指摘する。¹⁰ 季武子の時代に魯は「大国」のみが持つことが許される三軍を保持

するという[11] 軍備拡張を断行し、礼に違反する軍備を保有した。このように社会の変化はもう止めることの出来ない時代になっていた。『争覇する文明・第三巻』は「春秋時代以前、周王室と各諸侯国の官吏は、どの級でも文官か武官の区別はありませんでした。」[12]と言う。また、同書は、春秋時代も末期になると、軍拡運動が進み、軍人一家は世襲という「世兵制(せいへいせい)」が始まった。との主旨も指摘する。[12] これが孔子の頃の魯国で行われていたという古典文献を筆者は知らないが、前述の孔子の衛霊公に対する、「俎豆之事、則嘗聞之矣：軍旅之事、未之学也。[7]〔礼儀に関する事柄なら、（先輩から）これを聞き知っております：しかし戦争に関する事柄は未だ学んだことはありません。〕」との発言を鑑み、普通に考えれば上記のような社会情勢の中、「世兵制」は魯国でも実施されていたとも考えられる。こう考えると、もし武官の叔紇が孔子の父だとすると、自分は文官だと公言した孔子は全く親孝行者とは言えなくなるし、それ以上に「世兵制」という社会秩序に反した無法者であったということにもなりかねない。とすれば孔子は叔紇の子ではない。

ちなみに、クリールの指摘通り『春秋左氏伝』の時代には未だ叔紇・孔子の親子説は無かったと考えると無理がない。『春秋左氏伝』の叔紇は一人で城門をこじ開ける程の優れた武人であったとの話は、紀元前239年あるいは紀元前241年に成立したと言われる[13]『呂氏春秋(りょししゅんじゅう)』や、紀元前139年以前には成立していたという『淮南子(えなんじ)』[14]、成立年代不明の『列子(れっし)』にも、三書ともにほぼ同じ表現で出て来る。[15] 但し、三書ともに門をこじ開けたのは叔紇ではなく孔子として伝えているので、この頃、遅くとも紀元前3世紀中頃から後半には叔紇・孔子の親子説は既に成立していたと考えられる。

②吾十有五而志于学

『孔子家語』は、「叔梁紇曰："雖有九女、是無子。"其妾生孟皮、孟皮一字伯尼、有足病、於是乃求婚於顔氏。[15]〔叔梁紇は、『九人の女の子がいるが、男の子は一人もいない。』と言った。側妻（氏名・生卒年不詳）が

孟皮（生卒年不詳）を産んだ。孟皮は伯尼とも言うが、足に病があった。（筆者注：当時は家の跡取りとして不適任と考えられていた）そこで顔氏に娘を求婚した。（筆者注：当時は父親の一存で子供の結婚相手は決められた)]」と言い、また、正式に求婚申し入れを受け、孔子の母方の祖父（名前・生卒年不詳）は「遂以妻之。[16]〔遂に（後に孔子の母になる娘を）嫁に出した。〕」とも言う。

　孔子は『論語』で、「吾少也賤。[17]（私は年若い頃は賤しい身分だった）」と述懐している。「賤」は「賤民」の賤で、「賤民」は令和時代（2019-）の日本では不適切用語として、使用できない。一方、我が国の江戸時代（1603-1867）では制度上、社会の下層身分と位置付けられ、「賤民」の語が使われていた。つまり、「士農工商」の身分階級の下に、「えた・非人」が置かれ、厳酷な差別待遇をされていた。孔子当時の中国でも我が国の江戸時代のありさまと基本的には同じだったと筆者は考える。もし、孔子が若い頃に士分待遇を受けていたならば、たとえ最下級の士分であっても、このような発言は有り得なかっただろう。この例だけでも、孔子の少年時代の生活の状況は明確だろうが、孔子より約四百年後の孔子とは血縁関係の無い歴史家の司馬遷の発言も付け加える。『史記』孔子世家は「孔子貧且賤。及長、嘗為季氏史。[13]〔（子どもの頃は）孔子は貧乏で身分がとても低かった。成長すると季氏の記録係となった。〕」と、記述する。やはり孔子は子どもの頃は貧乏で、とても賤しい身分の中を生きていたのだと考えるのが妥当であろう。仮に、『孔子家語』の言う通りに孔子の母、顔徴在（生卒年不詳）が正式結婚していれば、孔子は跡取り息子であるし、母と共に孔家を追い出され、賤民として生きることなどは、あり得ない話である。『孔子家語』のこの部分は真実を伝えていないと判断できる。

　では、何故孔子は賤民として生きなければならなかったのであろう。孔子が若い頃賤民として生きていたと考える人たちには、それは母の出自が賤民であったからとする意見が多い。林復生（1929-）は、「徴在は結婚せずに、叔

梁紇と野合して孔子を産んだ。『野合』とは礼制を完全に無視した一時的または継続的な男女の肉体的関係であって、野合の女性は妻としても妾としても承認されず、その産んだ子女は嫡子でも庶子でもない私生児であって、通常家譜にも記載されないし、勿論何らの相続権もない。つまり、母も子も家族の一員とは認められない存在である。」[19]と言う。しかし、林自身も言うように、「その当時、奴隷や或る種の職業、例えば芸妓や盲人の楽師などは『賤民』といわれ、一般庶民と区別されていた。しかしそれは古代インドのカーストのように絶対的な階級ではなく、罪を犯したり、逆に手柄を立てることによって、変更の余地のあるものであった。」[19]とされる。つまり、女性が賤民出身だとしても、例えば、相手の男性がその女性をとても気に入れば、賤民の縛りを超えて、妾にも、あるいは妻にさえなれる存在であったのも事実である。

　三歳の幼少時に父を亡くしたと言われる孔子は、それ以後の母親との暮らしを通して、両親の仲は好かったと考えていたと推測される。司馬遷は『史記』孔子世家で、「孔子母死、乃殯五父之衢、蓋其慎也。耶人輓父之母誨孔子父墓、然後往合葬於防焉。〔孔子の母が死に、孔子は五父の四辻を仮もがりの場所としたのは、恐らく（孔子が後日、父の墓所への合葬を考えた上での）慎重な行動であっただろう。耶人の葬車を挽く人の母が、孔子の父の墓所を教えたので、孔子はそこに行って母を防山に合葬したのである。〕」と言う。この行動から孔子が母を深く愛していたこと、また孔子は母が父との合葬を望んでいたと考えていたことが判る。さらに、絶縁状態にあったと考えられている孔家の人々、当主の兄の孟皮、あるいは、生きていればの話だが、孔子の父の正妻が孔子の独断の蛮勇行為に猛烈に反発・抗議したと考えられるが、それを示す資料は残っていない。

　孔子母子は母が賤民だったから、孔家を追い出されたと考えられていると前述した。孔子の母は亡くなったが、その身分は生前と変わらないのに、何故孔子が士分を認められたのであろうか？

『史記』孔子世家の文脈では孔子の母の死は孔子 17 歳の頃の出来事であるが、母の葬儀と合葬の際に孔子が孔家の人々と顔を合わせたのは確かであろう。成長した孔子を見て、孔家の人々が即ち孔子が自分たちの家族と判断し、家族の一員として士分であることを認めてくれたとしか考えられない。

　『春秋左氏伝』によると、季孫氏と同じく「三桓氏」の一氏である叔孫氏で五代当主の叔孫豹（しゅくそんひょう）（？－前 538）は娼婦（姓名・生卒年不詳）に産ませたとされる子を家に入れ大変可愛がっていたが、結局その娼婦の子に殺されてしまう。これは孔子が 14 歳の時の話である。しかしその娼婦の子は孔子の生まれる 24 年前に叔孫家当主となったばかりの叔孫豹の前に、豹と遠い過去に一度だけ肉体関係を持っただけの娼婦である母に連れられてやって来た。[20] この話は『孔子家語』にも簡略版で記載されている。[21] 現在と比べて情報の量が何万分の一と少なかった当時は、一つ一つの情報はとても重かったと想定される。娼婦の子の豎牛（じゅぎゅう）（？－前 537）は性格に激しい裏表があり、容貌が全く似ていないこの「父・息子」を、世間ではあれは本当の親子ではないと疑っていたと思われ、その噂は直ぐに広く重く伝わり、魯国の士分階級は娼婦の子供を大変危険視・敵対視していたと考えられる。孔子は三歳の時に父が亡くなったとされるが、三歳当時では孔子が本当に父の子かどうかは見た目では誰にも確実には判定できなかっただろう。それが今、17 歳にもなって、孔子の容姿とかあるいは声とかあるいは仕草等が亡くなった父親とそっくりだと遺族に思われたのだろう。それは無論、孔子にとっては青天霹靂の僥倖であった。夢も希望も非常に持ちにくい賤民の身分から、庶民を飛び超えて一気に士分の一員となったのだから。

　孔子世家は上の文章に続けて、「孔子要経、季氏饗士、孔子与往。陽虎絀曰："季氏饗士、非敢饗子也。"孔子由是退。〔孔子は喪に服して腰に麻布の帯をしていた。（魯国の最高実力者の）季氏が士人の為に宴を催した。孔子も招待され出かけた。家臣の陽虎（ようこ）（生卒年不詳）が、『季氏は士人を饗応するのであり、お前を饗応する心算はない。』と斥けた。それで孔子は引下がっ

て帰った。〕」と、後学を悩ませる記事を記載している。それは、孔子第一の主張とでもいうべきである、「三年之喪」最中に孔子が宴会に出かけたという記述であるからである。しかし、近年の研究では、「三年之喪」は孔子が成人してから主張した礼儀であると考えられているし、澤田多喜男(1932-)は「春秋時代を通して『三年之喪』は実施されていなかったとされている。」[22]とも言う。また『孟子』滕文公上篇には、滕文公(在位：前326？)が、父の死に当たり、かつて孟子(前372頃-前289頃)に享受された三年之喪を行おうとした時、親族の長者たちにも臣下たちにも、皆反対されたという記載が在る。「吾宗国魯先君莫之行、吾先君亦莫之行也、至於子之身而反之、不可。（我が国の宗国である魯国の先君ですら三年之喪を行なったことはないし、我が国の先君も同様です。あなた様の代に至って先例を変えるのはいけません。）」と言う記事である。とすれば、孔子の死後百年半ほど経った孟子の時代にも三年之喪はほとんど普及しておらず、孔子の十代の時期に、母の喪中に宴に参加しても当時は何ら問題が無い行動だったと考えられる。

ちなみに、孔子をいつも擁護する、『孔子家語』の曲礼公西赤問篇には以下のような説明がなされている。贔屓の引き倒しの感は逃れないが、上記の逸話が出てくる孔子世家以外の、唯一の古典文献なので検討してみよう。

孔子有母之喪、既練、陽虎弔焉。私於孔子曰："今季氏将大饗境内之士、子聞諸？" 孔子曰："丘弗聞也。若聞之、雖在衰絰、亦欲与往。" 陽虎曰："子謂不然乎？季氏饗士、不及子也。" 陽虎出。曾参問曰："語之何謂也？" 孔子曰："己則喪服、猶応其言、示所以不非也。"

孔子の母の喪が有った。孔子が練（一周忌の際に着る喪服）を着ている時に、陽虎が弔問した。（陽虎は）私に孔子に、「今、季氏は将に魯国の士人を集めて大饗応をしようとしているが、あなたはこれを聞いていますか？」と尋ねた。孔子は、「丘（孔子の下の本名）は全く聞いておりません。もし聞いておれば、衰絰（喪服）の期間に在りますが、それでも、往きたいと欲しま

す。」と応えた。陽虎は、「あなたは私が嘘でも言っていると謂うのかね？季氏は士分を饗応したいのだから、あなたは及びません（あなたは該当しません）。」と言った。陽虎が退出した。曽参（前505-前432？）が、「先生が陽虎さんに言ったことはどういう意味でしょうか？」と尋ねた。孔子は、「私は今喪服を着ている。陽虎さんに、あのように応えたのは、（季氏が私を招こうとしなかったことは）間違っていないことを示したかったのだ。」と応えられた。

　現行本『孔子家語』は、王粛（195-256）の編纂とされている。この逸話は、王粛が『史記』の孔子世家をもとにして、孔子も季氏も傷つかないように、話を丸く収めた虚構であると考えられる。それにしても、一周忌に人を弔問するとは、いくら常識無視の陽虎でも、多分ありえないし、また、この出来事は孔子17歳の時起きたので、孔子より46歳若い曽参が登場するのは、有り得ない話である。『孔子家語』のこの記事は作り話であると言える。

　本題の孔子世家の司馬遷の文章に戻る。今迄賤民として心身共に非常に過酷な毎日を送っていた孔子が、いそいそと得意げに魯国最高実力者の主催する宴に出かけたという風にも読める。「孔子与往」の「与」は「給与・授与」の「与」で、「与えられて：誘われて」とも、あるいは「関与・参与」の「与」で「関わって：楽しんで」とも解釈できる。『春秋左氏伝』の引く、『春秋』によると、季氏はこの年に三代目当主・季武子が死去した。[23]とあり、家来の士を集めた宴は、四代目であり季武子の孫のまだ若い季平子（？－前505）[24]が家督を継いだ祝いの尊祖であったかも知れない。多分まだ20代の新当主は一人でも多くの良い人材を求めていたであろう。それで季平子は、孔子が士分になったとは、当時まだ充分には世間に伝わっていなかったのを承知の上で、孔子を招待したのかも知れない。いずれしろ、孔子が賤民から庶民を飛び越え、士分になり、それを孔子がとても喜んだ事実を司馬遷はどうしても記載しておきたくて、記事にしたように考えられる。

孔子の全身から湧いてくる深く強い大きな歓喜と、この時、数えで17歳だった孔子の人生観の劇的変化は特筆すべきである。今迄、父親もいない賤民の子として世の辛苦を舐め続けてきた孔子は、この時、「本当は、なんと、実は、人生は好いものだ。とても好いものだ！」といった主旨の考えを強い感動と共に、心に刻み込んだに違いない。賤民の生活を通して、こんな社会は間違っている、是非、改革したいと思っていたと考えられる孔子だが、いくら能力が有っても賤民の身分では正当な、合法的な方法では何も変えることはできない。しかし、士分ともなれば、それは別の話で、努力次第で、諸侯を補佐して政治にかかわることが可能だし、それに成功すれば国を善導することも可能だ。国を善導するのには学問の習得が必須だという見解が当時も社会全体の基盤に在り、そういった諸々の熱い情念がこの時初めて、孔子の心に沸き上がって来たと筆者は考える。これが、晩年孔子の自伝、「吾十有五而志于学。（私は15歳で学問に志した。）」と云う回述を引き出した。

2. 志学から而立迄

①宋で結婚し長男が誕生

17歳で孔子は士分階級になったということは、孔家は断絶せずに存在していたということになる。前述の如く、『史記』孔子世家は「孔子貧且賤。及長、嘗為季氏史。」というから、大人になった後も孔子は、あるいは季氏の下で働いていたのかも知れない。『孔子家語』本姓解篇には、「孔子三歳而叔梁紇卒、葬於防。至十九、娶于宋之上官氏。生伯魚。〔孔子が三歳の時に（父親の）叔梁紇が亡くなり、防の地に埋葬した。19歳になり、宋の上官氏の娘（名・生卒年不詳）を嫁に貰った。伯魚（前532‐前482）が生まれる。〕」とある。また、『礼記』儒行篇、あるいは、『孔子家語』儒行解篇にも、全く同じ文章で、「孔子対曰：〝丘少居魯、衣逢掖之衣。長居宋、冠章甫之冠。……〔孔子は、（魯の哀公に）『私は子どもの頃魯国に居り、逢掖之衣

（長袖の単衣）を衣（＝着）ておりました。成人（冠を着ける数え年20歳）してからは宋国に居りましたので、章甫之冠（常服の時に着ける、宋の前身である殷の冠）を被っておりました。』と応えて言われた。〕」とある。孔子は士分になる前から「東西南北人」[25]と自称する程、魯国だけではなく外国にも、恐らく仕事を求めて、度々出向いていたようであるが、19歳で結婚した後は宋に滞在したのであろう。

②孔家当主となり魯に帰国：而立

『春秋左氏伝』で、孔子が在魯しているのが確認できる最初の記載は、昭公十七年（前525）のことである。[26] 孔子は何故魯に戻って来たのであろうか？『春秋左氏伝』成公十七年（前574）には下記の逸話が記されている。

斉慶克通于声孟子、与婦人蒙衣乗輦、而入于閎、鮑牽見之、以告国武子、武子召慶克而謂之、慶克久不出、而告夫人曰、国子謫我、夫人怒、国子相霊公以会高鮑、処守及還、将至、閉門而索客、孟子訴之曰、高鮑将不納君而立公子角、国子知之、秋、七月、壬寅、刖鮑牽而逐高無咎、無咎奔莒、高弱以盧叛、斉人来召鮑国而立之、初、鮑国去鮑氏而来、為施孝叔臣、施氏卜宰、匡句須吉、施氏之宰、有百室之邑与匡句須邑、使為宰以譲鮑国而致邑焉、施孝叔曰、子実吉、対曰、能与忠良、吉孰大焉、鮑国相施氏忠、故斉人取以為鮑氏。

斉（前1046？－前221）の慶克（生卒年不詳）は声孟子（生卒年不詳：霊公の母）に通じていたが、女装して女官と輦（人が引く車）に同乗し後宮の門を入る処を、鮑牽（生卒年不詳）に見られてしまった。鮑牽から報告を受けた国武士（生卒年不詳）は慶克を呼んで注意した。慶克は長らく家に引きこもり、夫人（声孟子）に、「国子（国武士のこと）に叱られました」と話すと、夫人は怒った。国武士が霊公を輔佐して（鄭への進攻に）合流した際に、高鮑（生卒年不詳）と鮑牽は留守を固めたが、一行が引き上げて到着間近になると、城門を閉鎖して外来者の検索を厳しくした。声孟子はこれを霊公

に訴えて、「高・鮑の二人は、国君を閉め出して公子角(かく)（生卒年不詳）を立てようとしています。国武士もこれを承知の筈。」と言った。秋、七月壬寅(みずのえとら)の日、鮑牽を足切りの刑に処し、高鮑を追放した。高鮑は莒（今の山東省に在った小国）に逃げ、その子の高弱(こうじゃく)（生卒年不詳）は領地の盧(ろ)に留まり離反した。斉の人が魯に来て、鮑国(ほうこく)（生卒年不詳：鮑牽の弟）を呼び戻し、鮑氏の跡を継がせた。元々は鮑国が鮑牽を離れて魯に来て、施孝叔(しこうしゅく)（生卒年不詳）の家臣となっていた。施氏が家宰の適任者を占ったところ、匡句須(きょうこうしゅ)（生卒年不詳）が吉と出た。百室の邑が禄として与えられるので、これを与えて家宰に任命すると、その地位を鮑国に譲り、邑も差し出してきた。施孝叔が「占って貴方が吉だった」と云うと、匡句須は「善良な人物に与える方が遙かに大きな吉でしょう」と応えた。鮑国は施氏を輔佐して忠実だったので、斉の人は彼を呼び戻して鮑家の跡継ぎとしたのである。

『孔子家語』では前述の通り、孔子には孟皮という兄が居たが足が悪くて家督相続ができなかったから、叔梁紇は顔氏に求婚したというが、もし孟皮が家督相続しておらず、弟の孔子が賤民として生きていたと云うならば、それは士分の家を追い出されたことを意味し、そうなれば、孔家は断絶してしまう。上記の鮑国のように、跡目を嗣がない、嫡男では無い男子は、他国に出向いて仕えることがあったようだ。先に豎牛事件で殺害された叔孫豹も叔孫家の三男で、長兄の叔孫僑如(しゅくそんきょうじょ)（生卒年不詳）が跡目を継いだ後、弟の豹は斉に出奔し、そこで結婚し二男児を得、斉に永住のはずだったのが、兄の僑如が政変に失敗し、魯国を追い出され、その直後叔孫豹は魯に呼び戻され、叔孫家第五代当主に就任したという例もある。[27] 卿(けい)大夫を含めた広い意味での「士分」の次男三男が実家を離れた他国で仕官することは当時、良くあったことではないかと筆者は推測している。

孔子の兄、孟皮も生まれつき足が悪かったのではなく、何らかの政治問題に巻き込まれて、当時は非常に多く行われた足切りの刑に処され、それでそ

の時は宋にいた孔子が急遽、魯に呼び戻されて、孔家を継いだとは考えられないだろうか？『孔子家語』は孔子に都合の悪いことは殆ど言わない。孔子の兄が足切りの刑にあったとは全く言い難い事柄である。『孔子家語』から推測すると、孔子の兄の孟皮は孔子より数歳上であり、同書によれば孟皮は、生まれつきか、あるいは幼少時に足を悪くして、家督が継げない状況だったので孔子の父は跡継ぎの男の子を求めて孔子の母を貰ったということになるが、遅くとも幼少時には足が悪く、跡目も取れない男児の下に嫁に来る人が居たのであろうか？『春秋左氏伝』には「士有隸子弟」[28]という記載が在り、「隸子弟」とは、杜預（222-284）注に、「士卑、自以其子弟為僕隸[29]。〔（大夫などと比べて）士分は身分が低いので、嫡男でない弟たちや嫡子でない自分の子たちを僕隸（下男・しもべ）とする。〕」という記載が在る。跡取りでなかったら、障害のあったとされる孟皮が結婚することはなかっただろう。しかし、孟皮には娘がおり、『論語』には孔子が兄の娘の為に孟孫氏本家の次男で孔子の弟子である南容（生卒年不詳）を結婚相手に決めた[30]とあるから、娘が婚礼適齢期になる前に孟皮は逝去していたのだろう。孔子は、南容の「邦無道、免於刑戮。[31]（邦に道が無くても刑戮から免れん）」との人柄を買って兄の娘を嫁に差し出したのかも知れない。そうだとしたら、それは夫を父のようにはさせたくないという孔子の姪への思いやりだったことになろう。

　孔子の自伝の「三十而立」とは具体的には、孔家の当主となり、名実ともに自立したことを言っていると筆者は考える。

3. 而立から不惑迄

①孔子の情念と思想は令和日本人にはどう映るか
　孔子が宋から魯に帰国の三年後の昭公二十年（前522）に孔子の考え方がよく分かる記事を『春秋左氏伝』は掲載している。同書の記事は大変長いの

で、ほぼ同じ話を簡略版で伝える、『孔子家語』曲礼子夏問篇の全文をここで
              きょくらいしかもん
は紹介したい。孔子30歳の時の出来事である。

　孔子之弟子琴張、与宗友。衛斉豹見宗魯於公子孟縶、孟縶以為参乗
焉。及斉豹将殺孟縶、告宗魯使行。宗魯曰："吾由子而事之、今聞難而
逃、是僭子也。子行事乎？吾将死以事周子、而帰死於公孟、可也。"
斉氏用戈撃公孟、宗魯以背蔽之、断肱、中公孟、宗魯皆死。琴張聞宗
魯死、将往弔之、孔子曰："斉豹之盗、孟縶之賊也。汝何弔焉？君子不
食姦、不受乱、不為利病於回、不以回事人、不蓋非義、不犯非礼。汝
何弔焉？"琴張乃止。
　孔子の弟子の琴張（生卒年不詳）は宗（魯）〔？－前522〕と友人であっ
　　　　　　　きんちょう　　　　　　　そう　ろ
た。衛（前1046？－前209）の斉豹（生卒年不詳）が宗魯を公子孟縶（？－
　　　　　　　　　　　さいひょう　　　　　　　　　　　　　　　　　もうちゅう
前522。衛霊公の諸兄）に推薦した。孟縶は宗魯を参乗（戦車の右側に陪乗
　　　　　　　　　　　　　　　　　　　　　さんじょう
し、主人を守る役）に抜擢した。斉豹が、後に孟縶を殺そうとすることにな
り、あらかじめ宗魯に告げて逃げさせようとした。宗魯は、「私はあなたの
紹介で就職できたのです。今、自分の身の危険を知り、逃げたとすれば、紹
介して下さったあなたの信用を傷つけます。あなたは事を起こしますか？私
はそれなら死のうと思います。このことは口外せずに、あなたへの忠節を全
うします。また、主人公孟（孟縶）に対しては死をもって忠節を全うします。
それで好いでしょう。」と言った。（乱が起き）斉豹は公孟を矛で撃った。宗
魯は背中で公孟を庇ったが、斉豹の矛は宗魯の肱を断ち切り、公孟に命中し、
二人とも死んでしまった。琴張は宗魯の死を聞いて、弔問に出かけようとし
た。孔子は、「斉豹が叛徒となり、孟縶が殺されたのは、全て宗魯がきちんと
彼らを補佐出来なかったからだ。お前は何故そんな人を弔問するのか？君子
は不義の禄は食まないし、乱の片棒は担がない。私利を得たいと悪に悩むこ
とはせず、邪悪な人には仕えない。不義を隠さず、非礼を犯すことは無いの
だ。お前は何で弔問などするのか？」と言われた。琴張は結局、弔問に行く

ことを止めた。

　なお、最後の琴張は弔問を止めたという記載は、『春秋左氏伝』には無い。『孔子家語』は教化を図して書かれているので、史実に違う記載も多い。現実には琴張は師の助言に反しても、やはり弔問に出かけたのかも知れない。
　ところで、令和時代の日本人の多くは、宗魯が立派な人であると判断するのではないだろうか？多くの日本人は自分の上司に深く服従することはあっても、上司を善導しようとか、変えようとは普通は考えないのではないだろうか？しかし、孔子は全く現代日本の常識とは違った考えを持っていた。本論の第二章・第一節・第二項「吾十有五而志于学。」で、既に述べたように、孔子の志学の情熱は君主に仕えて、君主を善導し、国を安んじると云う考えである。ここに孔子の思想の濫觴を見る。そんな観点から見れば、賤民時代の孔子には長らく有りえなかった、上司友人を善導できる機会が有りながら、全くその機会を活かせなかった宗魯など、たとえ、死んでも弔問に行く価値さえない愚物ということになる。孔子の情念、及び正義感は現代日本人のそれらとはかなり違う点が多いこともきちんと認識していないと、正確な孔子像は成立し得ない。

②賤民だった孔子が教育を受けることができた理由

　本稿では孔子は17歳迄賤民として生きてきたとするが、賤民の子どもであった孔子がどうして読み書きができたのであろうか？『礼記』によると、母逝去で父と合葬の際、孔子には既に複数の「門人」が居たという。[32] 孔子は当時17歳であったので、門人といっても、現代日本人の感覚で言えば、「後輩」に相当する人たちだったと筆者は推測するが、兎も角、孔子も「門人」も学校のような所で学んでいたことになろうか？前述の如く、孔子の生まれる10年程前の襄公十一年（前562）には季武子が中心になり魯は三軍を作ることになった。劉煒（りゅうい）（？-）は、「春秋戦国時代、学術の拡大は、民間に没落

したたくさんの士が学生を集めて教えることではじまりました。当時、諸侯は覇を争って、戦争が頻発したために、大量の人材が必要になりました。つまり、私人で学校を興すことはまさに統治者の人材に対する切迫した需要を満足させるものとなりました。私学は急速に発展することができました。」[33]と言う。斯界ではよく、「孔子が中国最初の私立学校を作った。」と言うが、そうではなく、孔子以前にも魯にも多分、多数の私学が有り、その内の一つかあるいは複数の学校で孔子は六芸(りくげい)(礼・楽・射・御・書・数)を習得したのであろう。『論語』に孔子自身の回顧で「吾少也賤、故多能鄙事。君子多乎哉？不多也。[17](私は若い頃、身分がとても低かった。だから色々の詰らないことが沢山出来るのだ。君子はそういった詰まらない事柄に精通しているだろうか？決してそんなことは有り得ない。)」と言っている記載が在る。孔子が賤民だったとしても、有能であれば統治者は孔子に学問を授けただろう。何せ、当時は、国同士の競争が激しく、無為無策のままでは、一国の存続が問われる時代情勢だったのだから、魯国も人材を真剣に探究していたであろう。孔子はずっとこのような激しい社会変動の時代を生きてきた。

③陽虎は嘗て孔子の最初の師だった

　前述した孔子が17歳の時に季氏が開いた士分向けの宴に孔子は招待を受けて、いそいそと出かけたが陽虎に、にべもなく拒否され、引下がり家に帰ったという話であるが、この話には少し違和感を持つ。若くして賤民として過酷な現実を逞しく生きていた孔子が、招待を受けているとも考えられる宴会から、あるいは仮に招待が無かったとしても、その時には現実に既に士分階級にあったのだから、大人しく引下がり帰宅したという孔子の行動は、『論語』から浮き上がって来る孔子の感触と大分違うように思える。劉宝楠(りゅうほうなん)(1791-1855)が孔子63・64歳時の発言[34]と考える、孔子の自己評価の「『発憤忘食』：其為人也、発憤忘食。[35](『発憤忘食』：私の性格は、不正に出合わせれば、憤りを発して、食など忘れて、その不正の是正に猛進する。)」な

どが普通に考えられている孔子の人柄であるからだ。

『論語』に出て来る「陽貨」は『論語集解』^36 も『論語集注』^37 も「陽虎」とし、ふつう同一人物と考えられている。『論語』の陽貨についての記述は下記の通りである。

陽貨欲見孔子、孔子不見、帰孔子豚。孔子時其亡也、而往拝之、遇諸塗。謂孔子曰："来！予与爾言。"曰："懐其宝而迷其邦、可謂仁乎？"曰："不可。""好従事而亟失時、可謂知乎？"曰："不可。""日月逝矣、歳不我。"孔子曰："諾。吾将仕矣。"

陽貨（陽虎の別名）は孔子と面会したいと思ったが、孔子は会ってくれない。そこで陽貨は孔子に子豚（筆者注：の蒸し焼き）を送った。（筆者注：重臣から贈答品を送られたら、返礼の為にその重臣の家に行き謝意を表すのが礼の規定。）孔子は（陽貨と会いたくなかったので）わざわざ、陽貨が留守の時を見計らって、その挨拶に行った。ところが、孔子は陽貨に途でばったり出会ってしまった。陽貨は孔子に、「こちらに来なさい。君に話がある。」と言い、「君は宝石のような立派な才能を懐きながら、政治の地位につかず、邦を混迷させている（邦の混乱を救わない）。そうした態度は仁と言えますか？」と言う。孔子は、「（仁とは）言えません。」と応えられた。陽貨はさらに、「政治に関心が有るのに、何度も時を失うのは、知と言えますか？」と続けた。孔子は、「（知とは）言えません。」と応えられると、陽貨は、「歳月は我々の思いとは関係なく、どんどん過ぎて行きますよ。」と諭した。すると孔子は、「分かりました。（私は貴方に）仕える心算です。」と応えられた。

陽貨が孔子に面会を求めて子豚を送った話は、『孟子』滕文公下篇にも出て来る。『論語』だけの記述で記事の信頼性に問題はないと考えるが、孟子の時代にもこの逸話は伝わっている。ただ、『孟子』には、孔子が途で陽貨と出くわすという記載はなく、孔子は陽貨の留守中に挨拶を終えたと伝えている。

また、『孟子』ではこの話は、孟子が自身の行動に正当性を与える為に孔子の行動を引き合いに出し、政治的意図のある譬えとして使っていることも付記しておく。
　朱熹(しゅき)（1130-1200）は、『論語集注』陽貨篇で、「遇諸塗而不避者、不終絶也。〔（孔子が陽貨と）途で出遇っても避けなかったのは、見限って関係を終わらせようと迄は思わなかったためである。〕」と言っている。朱熹の頃にも現在と同じで、陽貨は「凶悪者」[38]と見なされていたはずである。何故その大悪人の陽貨にそれ程深い配慮を孔子がしたのかは不明である。もし朱熹が、孔子は未だ陽貨を正道に導くことができると考え、こう行動したと考えていたというなら、「諾。吾将仕矣。」は文字通りの意味になるであろう。
　しかし、孔子が実際に陽貨に仕えたという文献記録も伝承もないので、「諾。吾将仕矣。」は、『論語集解』が、孔安国(こうあんこく)（孔子12世孫：生卒年不詳）の説を引き、「以順辞免害也。（肯定の返事で被害を免れたのである。）」と解説して以来、そう解釈する人が多い。しかし、これは、「直」を以て自他共に認めていた孔子の言とも思い難い。
　また、司馬遷の『史記』孔子世家には下記の記述が有る。

将適陳、過匡、顔刻為仆、以其策指之曰："昔吾入此、由彼欠也。"匡人聞之、以為魯之陽虎。陽虎嘗暴匡人、匡人於是遂止孔子。孔子状類陽虎、拘焉五日。
　（孔子一行は）陳に行こうとして、途中で匡(きょう)（地名ではあるが、邑名か国名かは不明、場所も不明）を通り過ぎた。（門人の）顔刻(がんこく)（生卒年不詳）が車の御者をしていたが、鞭を挙げて城門の欠損部を指して、「（この地に来た）昔、私はあの裂け目からこの町へ入りました。」と言った。匡の人たちはこれを聞いて、魯の陽虎がやって来たのだと思った。陽虎は以前匡の人々を虐げたことがあった。それで匡の住人は孔子（一団）を拘留した。孔子の容貌や服装や雰囲気が陽虎と似ていた為である。そこで孔子師弟は五日間拘禁された。

『春秋左氏伝』によると、陽虎が匡に来たのは、定公六年（前504）二月のことである。孔子は48歳で、陽虎には同行していない。上記の孔子世家の記事を読むと、孔子の弟子の顔刻が嘗ては陽虎の弟子で、定公六年に、匡にやって来て圧政をした陽虎の車の御者をしていたように読める。定公六年と言えば、陽虎が魯の実権を握っていた頃である。その頃は「凶悪者」の陽虎の弟子であった顔刻が、孔子一行が陳に行く途中で匡を通り過ぎようとしたこの年、哀公二年（前493）には孔子の弟子になっているのは、どう理解した好いのであろうか？匡の土地勘が有る顔刻を孔子が陽虎から借りてきたようにさえ読める。そうではなくて、孔子が陽虎への仕官を断念、あるいは中途辞任した後、顔刻は陽虎の下を去り、孔子の後についてきたのかも知れない。いずれにしても、孔子も顔刻も嘗ては陽虎の門下にいたのでは無いかと考えられる。『論語集解』子罕篇では、下記のような記載が在る。

　苞氏曰、匡人誤囲夫子、以為陽虎。陽虎嘗暴於匡、夫子弟子顔尅、時又与虎俱往。後尅為夫子御、至於匡。匡人相與共識尅、又夫子容貌与虎相似。故匡人以兵囲之也。
　苞氏（包咸：前6-65）は、「匡人が誤って孔子を包囲し、（孔子を）陽虎と誤認したのである。陽虎は嘗て匡で暴れ、孔子の弟子の顔尅（＝顔刻）がその時も陽虎に随行していた。後に顔刻は孔子の御者となり、匡にやって来た。匡人は互いに顔刻のことを識っており、又、孔子の容貌も陽虎と似ていた。そのため匡人は兵を率いて孔子一行を包囲したのである。」と言っている。

　包咸は、顔刻は陽虎に師事していた時も孔子の弟子であったと言っている。つまり、顔刻は陽虎学団の中で孔子派に属していたということになろう。
　『孟子』滕文公上篇には、「陽虎曰：'為富不仁矣、為仁不富矣。'（陽虎が、『富を為せば不仁になるし、仁を為せば富は入らない。』と言った）」とあ

る。陽虎と孔子の生き方は明らかに真逆で、富を追い回して仁を疎かにしたのが、陽虎で、仁を追い求め富を疎かにしたのが孔子である。また、『春秋左氏伝』定公九年（前501）には、鮑文子（鮑国）の言葉として、「夫陽虎有寵於季氏、而将殺季孫、以不利魯国而求容焉、親富不親仁、君焉用之。〔陽虎という男は、季氏の寵愛を受けながら季孫〔筆者注：具体的には季桓子（きかんし）（？－前492）〕を殺す計画を立て、魯国に不利になることを働き、今度は斉に受け入れて貰おうとしています。陽虎は富が大事で仁を疎かにする輩で、殿様〔筆者注：斉の景公（けいこう）（在位：前547-前490）〕の何のお役にも立ちません。〕」との人物評価がある。主義主張がこれほど迄違えば、二人の関係は決裂するしか方法は無いであろうが、かつては陽虎も、孔子も、あるいは顔刻も同じ学団に居たと思われる。儒学者内の意見としては少し突飛にも感じるが、古典文献を精査すると、このような見解に成らざるを得ない。

　ちなみに、儒学内では無い外部者の見解、墨家の意見に下記の論がある。『墨子』の非儒下篇（ひじゅ）からの引用である。

　　孔某所行、心術所至也。其徒属弟子皆効孔某。子貢、季路輔孔悝乱乎衛、陽貨乱乎斉、佛肹以中牟叛、桼雕刑残、莫大焉。
　　孔某（孔子を軽んじた呼び方）の行動や心構えは、その仲間や弟子たちが全員見習った。だから、子貢（しこう）（前520-前446？）、季路（きろ）（子路の別名：前543-前481）は、（衛の臣下）孔悝（こうかい）（生卒年不詳）を助けて衛で乱を起こしたし、陽貨は斉で乱を起こしたし、仏肸（ひつきつ）（生卒年不詳）は、中牟で叛乱を起こしたし、桼雕（しっちょう）（生卒年不詳）は処刑された。（世を乱すことが）これより酷いものはない。

　後世の儒者たちには「凶悪者」と考えられている、陽貨も孔子の徒属（仲間）、あるいは弟子だったと言っているのである。非儒下篇は「子墨子曰…」の記述が全くなく、墨子（ぼくし）（前468？－前376？）の言を記載した篇ではない。

墨子の時代より大分遅れて成立した篇だと考えられているが、その頃には世間では、もう陽貨の影もかなり薄くなっており、逆に孔子の名声は生前の頃から引き続きずっと高いものだったので、年上の陽貨が孔子の仲間・弟子という設定になったのだろう。この話は儒家の文献『孔叢子（くぞうし）』にもほぼ同じ文章で出て来る。[39] なお、『孔叢子』の記述では陽虎が「魯で乱を起こした」となっており史実に適う、『墨子』の「斉で乱を起こした」という記述は歴史的事実ではない。また、衛の乱には子貢は全く関っていなかったので両書ともに誤記したと言える。

陽虎については、大儒者の、皇侃（おうがん）（488-545）も、「陽虎亦是弟子数也。[40]（陽虎も孔子の弟子だった。）」と言っている。説明してきた通り、陽虎ははじめから孔子の敵ではなく、ずっと孔子の徒属であった。また文献から考えると、陽虎は孔子より年上であり、正確には陽虎の方が孔子の先生であったと考えると、季氏の士分宴会の拒否にも孔子が大人しく従ったことも、上記の『論語』の自分の家来になれという陽虎の誘いを、孔子が断固拒絶できないどころか、「諾。吾将仕矣。」と陽虎に寄り添った返事をしたことも理解できる。この勧誘は孔子46歳時の出来事と筆者は考えており、言葉通り一度は陽虎に仕えたが、この二人の主張は前述のように正反対なので、どうしても折り合いがつかず、短期間で陽虎の下を去ったのではないかと筆者は考える。陽虎の下で何の実績も上げなかったので史書にも孔子が陽虎に仕えたという記載が無いのではないかと推測する。なお、孔子側の言葉として、「当仁不譲於師。[41]〔仁に関すること（のみは）、自分の先生にも遠慮はしない。〕」とあるのは、孔子が師である陽虎尊重の気持ちと自分の信念重視との思いの板挟みになり、その中での極限の、それ故に固い、決意を表明したものだとは考えられないだろうか？筆者は「四十而不惑」は具体的にはこの決断を言っていると考えている。

今迄、陽虎に否定的な面ばかり述べてきたが、陽虎は嘗て孔子が先生として師事した程の男で、立派な一面も有ったという筆者の見解に沿うような、陽

虎の人情味が見えて来る記事が、『韓非子』外儲説左下篇に在るので最後にそれを紹介する。

　陽虎去斉走趙、簡主問曰：“吾聞子善樹人。”虎曰：“臣居魯、樹三人、皆為令尹、及虎抵罪於魯、皆捜索於虎也。臣居斉、薦三人、一人得近王、一人為県令、一人為候吏、及臣得罪、近王者不見臣、県令者迎臣執縛、候吏者追臣至境上、不及而止。虎不善樹人。”

　陽虎が斉を去って趙〔筆者注、ここでは国名でなく、晋（前1046？－前376）国の地方名として使われている。〕へ逃げた。趙簡主（趙鞅：？－前476）は、「私はあなたが上手く人を育てると聞いております。」と言った。陽虎は、「自分は魯にいた時に、三人を育成し、三人共に執政になりましたが、私が魯で罪を負いますと、三人共私を捜索しました。斉に居た時は、三人の仕官の面倒を見て、一人は王の側近に成ることができ、一人は県令に成り、最後の一人は賓客の送迎官と成りましたが、自分が罪を犯すと、王の側近は（王に自分のことを取り成すどころか）、自分に会ってもくれませんでしたし、県令になった男は自分を待ち構えて捕縛しようとしましたし、賓客送迎の男は自分を国境迄追いかけてきましたが、追い付けずに、そこで諦めました。（こんな具合ですから）自分は人を育てることは上手くはありません。」と応えた。

4. 五十而知天命。

①孔子初めて魯国に仕官する

　『孔子家語』は、相魯篇の下記の逸話を巻頭に置き叙述を始める。

　孔子初仕、為中都宰。制為養生送死之節。長幼異食、強弱異任、男女別塗：路無拾遺、器不彫偽：為四寸之棺、五寸之椁、因丘陵為墳、

第二章　顔淵逝去迄の孔子の人生

不封不樹。行之一年、而西方之諸侯則焉。定公謂孔子曰："学子此法、魯国何如？"孔子対曰："雖天下可乎！何但魯国而已哉？"於是二年、定公以為司空。乃別五土之性、而物各得其所生之宜、咸得厥所。先時、季氏葬昭公于墓道之南：孔子溝而合諸墓焉、謂季桓子曰："貶君以彰己罪、非礼也。今合之、所以掩夫子之不臣。"由司空為魯大司寇、設法而不用、無姦民。

　孔子が初めて仕官して、中都（ちゅうと）（魯の邑名だが所在地は不明）の宰（長官）になると、人々の生活や死後の葬式についての節（規則）を制定した。年長者と年少者で食べる物を変え、労役も人民の力の強弱で分けて割り当てた。男女は同じ側を歩かず〔何孟春（かもうしゅん）（1474-1536）の補注は、「男子由右、女子由左。（男子は右側を歩き、女子は左側を歩く。）」という。〕：路に物が落ちていても拾う者はいなくなり、一生使う食器には飾り物はせず：四寸（当時の一寸も３センチ前後と考えられている）之棺、五寸之椁（かく）（外棺）とし、墳墓は小高い丘陵に定め、土を盛り上げたり、樹を植えたりしない。〔王粛注は、「不樹松柏。（松柏を植えない：筆者注：「柏」は「かしわ」ではなく、むしろ日本の「桧」に近い樹木。）」とする。〕これらの政策をして一年経つと、（魯の）西方の諸侯（諸国）はこの政策を模範とした。定公（ていこう）（？－前495）は、孔子に、「あなたの方法を学んで、魯国でこれを行ったらどうでしょうか？」と言いました。孔子は応えて、「たとえ天下を治めるとしても、この方法で大丈夫です！どうして魯国だけにしか通用しないことが有りましょうか？」と申し上げた。それで二年後、定公は孔子を司空（しくう）（六官の一つ：治水と建築あるいは罪人を司る役人）に任命した。孔子は魯の国土を五種類に別け、各土地に植えるにふさわしい植物を示し、育成したので、それらは生長に最も適した環境を得た。以前、季氏が昭公（しょうこう）（前559-前510。定公の兄）の墓を（先君たちの墓地に通じる）道の南に埋葬した（筆者注：定公元年のこと。この逸話の八年前に先代の季平子が強行した。）：孔子は溝を作って、先君たちの墓所に合葬して、季桓子に、「主君を貶しめたこと（昭公の別葬のこと）が、ご

自分の罪が彰かになることで、礼に反します。今、私が（昭公を）合葬したのは、あなたの臣下としてあなたの（昭公の）臣下に有らざる行為を掩い隠す為です。」と、言った。孔子は司空から大司寇(だいしかん)（六卿の一つ：刑罰を担当する）に出世した。法律を設定したが、一度も用いることは無かった。無法の民が居なかったからである。

　孔子が中都の宰になった年を『孔子家語』補注は「定公五年。孔子四十七。」とするが、『史記』孔子世家[42]や鄭玄(ていげん/じょうげん)（127-200)の『礼記正義』[43]、あるいは『論語集注』序[44]はこれを、定公九年、孔子五十一歳、あるいは五十歳の時の話とする。

　若い頃は賤民として厳しく、希望も殆ど持てない暮らしをしていた孔子が、今や宰、つまりは、兄や父を飛び越えて大夫になった訳である。この時の孔子の感激は察するに余りある。この時の感動が、自己回想の言、「五十而知天命」という言葉を生み出したのだろう。それは、15歳の時描いた良い社会を作りたいという強い情念が実現できる地位に就いたのだから当然のことであろう。天が私に社会改革をしろと命じていると孔子は確信したであろう。

5. 出魯の真相。

①出魯の原因についての諸説

　孔子が何故魯国を旅立ち諸国遊説に出たのかは詳細が分からず、古くから活発に議論されてきた。孔子が魯を出たのは、定公十四年（前496)[45]とする、『史記』の孔子世家。同じく『史記』衛康叔世家(えいこうしゅく)はその前年の定公十三年（前497)に「（衛に）孔子來。」[46]とし、司馬遷は同書・魯周公世家(ろしゅうこう)では孔子の出魯は定公十二年（前498)のこと[47]としている。出国の年代は違いが最大で二年で、内容的にもそれほど大きな問題でもない。

　出国理由の諸説を年代順に叙述すれば、まず孟子の「燔肉説(はんにく)」、ついで司馬

遷の「女楽説」、そして現在の「（生命辛々の）国外逃亡説」の三説が主たる説と言えよう。

『孟子』告子下篇には下記の記載が在る。

曰：″孔子為魯司寇、不用、従而祭、燔肉不至、不税冕而行。不知者以為為肉也。其知者以為為無礼也。乃孔子則欲以微罪行、不欲為苟去。君子之所為、衆人固不識也。″
（孟子は）言った、「孔子は魯の司寇になったが、あまり用いられなかった。それで祭りに参加した時、燔肉（焼いた祭肉）が自分の所に来ないのを、非礼だとして怒り、祭り用の冠を外さないで（急いで）魯を立った。孔子を知らない者は、祭りの肉が分配されなかった為だと解釈した。（一方）孔子を知る者は為政者が礼を失した為だと考えた。（しかしこれらは両方孔子の本意ではなく、孔子は以前からもう魯に見切りをつけており、去りたいと考えていたので）孔子は魯君の微罪を理由として国を出たのだ。孔子はいい加減な気持ちで母国を去りたくなかったからである。君子の為す所は、（実に深くて、適格なので）普通の人には固より伺い知ることができないものなのだ。」と。

この逸話は、孟子が理由も明確にせず斉を去る時に或る食客に暗に責められた際の弁明である。孔子を引き合いにして、「君子之所為、衆人固不識也。」と突っぱねた発言である。孟子が、以前からもう斉に見切りをつけていたのは事実だが、「孔子が以前からもう魯に既に見切りをつけていた」とは筆者は考えない。これは孔子に託した孟子の気持である。しかし、孟子の言うように、「立派な人の行動理由は凡人には良く分からない。」という指摘はよく見落とされる真実である。

次に、『史記』孔子世家は以下のように、孔子出国の理由を説く。

斉人聞而懼、曰："孔子為政必覇、覇則吾地近焉、我之為先併矣。盍致地焉?" 黎鉏曰："請先嘗沮之：沮之而不可則致地、庸遅乎!"於是選斉国中女子好者八十人、皆衣文衣而舞康楽、文馬三十駟、遺魯君。陳女楽文馬於魯城南高門外、季桓子微服往観再三、将受、乃語魯君為周道游、往観終日、怠於政事。子路曰："夫子可以行矣。"孔子曰："魯今且郊、如致膰乎大夫、則吾猶可以止。"桓子卒受斉女楽、三日不聴政：郊、又不致膰俎於大夫。孔子遂行、宿乎屯。而師己送、曰："夫子則非罪。"孔子曰："吾歌可夫?"歌曰："彼婦之口、可以出走；彼婦之謁、可以死敗。蓋優哉游哉、維以卒歳!"師己反、桓子曰："孔子亦何言?"師己以実告。桓子喟嘆曰："夫子罪我以群婢故也夫!"

　斉人は（孔子の善政を）聞いて懼れて言うには、「孔子が政治をすれば、魯は必ず覇者になるだろう。覇者に成れば吾が邦は近いから、真っ先に併合されてしまうだろう。どうして土地を贈らないのか（それで魯と仲良くしないか）?」と。（大夫の）黎鉏（生卒年不詳）は、「先ず試みに孔子の邪魔をしてみよう。邪魔をしても駄目なら、土地をあげよう。それでも遅くは無いだろう!」と言った。そこで、斉国中の女子で美しい者が80人選ばれ、皆飾り立てた衣服を着せ、康楽（女楽の曲名）を舞わせ、飾り立てた馬（駟は文字通り馬四頭）120頭を添え、魯君に贈った。女楽と文馬が魯城の南高門外に連ねられた。季桓子は普段着で行って観ること再三、（贈り物を）受け取ろうとした。そこで魯君に語って、城外の道を周游するふりをして、往ってこれらを観ること終日、政事を怠ってしまった。子路は、「先生もう（ここから）行きましょう。」と言った。孔子は、「魯は今、郊（天地の神霊を祀る重要な祭り）を行おうとしている。もし、礼式通りに、大夫に膰（燔）が分配されれば、私は未だ止まっても好い。」と言われた。桓子は斉の女楽を遂に受け取り、三日間政務を取らなかった：郊の膰肉も分配されなかった。（それで）孔子は遂に行ってしまった。（孔子たちは）屯（地名）に宿泊した。魯の音楽官であ

る太師の己(き)(生卒年不詳)が見送りに来て、「先生の罪ではありませんよ。」と言った。孔子は、「歌っても好いですか？」と言った。そして、「あの婦女の口、以って逃げるべし：あの婦女のおねだり、以って死敗したり。どうして、優游と、維を以って卒歳(命を終える)できようか！」と歌われた。己は反(かえ)った。桓子は、「孔子は何と言ったか？」と尋ねた。己は以って実告(有りの侭に言うこと)した。桓子は長大息して嘆いて、「孔子先生は我を罰するのに、あの女どものせいにしたのだな！」と言った。

なお、同じ話が、『孔子家語』子路初見篇(しろしょけん)に、ほぼ同じ字句で出て来る。また、既に戦国時代(前 435 ？ － 前 221)にもこの理由付けは普及しており、『韓非子』内儲説下篇(ないちょぜい)[48]には、ほぼ同じ内容の話が載っている。さらに、『論語』にも短い文章でこの件を記載した箇所がある。それは、微子篇(びし)の「斉人帰女楽、季桓子受之。三日不朝、孔子行。〔斉の人たちが女楽を饋(おく)った。季桓子はこれを受け取り、三日間政務を怠った。(それで)孔子は(魯)を出て行った。〕」の条である。

　銭穆は上記の『史記』、『孔子家語』の記事について以下のように述べている。

　史記孔子世家又曰…「孔子行、宿乎屯。師己送曰…『夫子則非罪。』孔子曰…『吾歌可夫。』歌曰…『彼婦之口、可以出走、彼婦之謁、可以死敗。蓋優哉游哉、維以卒歳。』師己反、桓子曰…『孔子亦何言？』師己以實告。桓子喟嘆曰…『夫子罪我、以羣婢故也夫。』」史記此節又見家語。孔子之歌、與論語「公伯寮其如命何」之語大不相似。豈公伯寮不如羣婢、天之大命、由羣婢所掌握乎？孔子去魯在外十四年、亦豈「蓋優哉游哉、維以卒歳」之謂乎？尤其於孔子堕三都之主張不得貫徹一大關鍵反忽略了、使人轉移目光到齋人所歸女樂上、大失歷史眞情、不可不辨。孟子曰…「孔子為魯司寇、不用。」不特指女樂事、始爲得之。

「史記孔子世家に曰く『孔子行って、屯に宿る。師己送って曰く、夫子は罪にあらずと。孔子曰く、吾歌って可ならんか。歌って曰く、彼の婦の口、以て出走す可し、彼の婦の謁、以て死敗す可し、蓋し優なる哉游なる哉、維れ以て歳を卒うと。師己反る。桓子曰く、孔子は亦何をか言うと。師己實を以て告ぐ。桓子喟嘆として歎じて曰く、夫子は我を罰せるは、羣婢の故を以てなるか。』史記のこの一節は又家語にも見える。孔子の歌と論語の公伯寮其れ命を如何せんとの語は、大いに矛盾する。公伯寮は群婢だに如かず、天の大命は群婢に握られているとは解し難い。孔子は魯を去って外に在ること十四年、その間決して優なる哉游なる哉、維れ以て歳を卒うような状態ではなかった。孔子が三都を堕つ主張が貫徹されなかったという肝心の点が、却って粗略に扱われ、人をして斉人の送った女楽に関心を転じさせ、歴史の真相を見失わせていることは、弁じない訳にはいかぬ。孟子が『孔子、魯の司寇と為り、用いられず』と記し、とくに女楽のことにふれないのは、事の真実を得ている。以上。」[49]〔和訳は、池田篤紀（1909- ？）の『孔子傳』より、引用。〕

現代では多くの学者が、孔子が出魯した理由は、自分の意志で出国した訳ではなく、政治的失敗を犯し、外的圧力により実質的に「国外追放」されたという趣旨の考えを持っている。

政治的失敗とは、銭穆が言う「孔子堕三都之主張不得貫徹（三都を堕つ主張が貫徹されなかった）」であるという説が多数である。この政治的失敗の為に季氏はじめとする三桓氏に敵視され、魯を追い出されたという主張である。

三都を堕とす計画とは、魯国の実権は三家老の三桓氏に有ったが、その三桓氏が拠点とする三つの邑の城壁を壊すことである。当時三桓氏の内、叔孫氏や季孫氏はそれぞれ、陪臣の僭上に大変苦しんでおり、その対応策として、孔子が定公十二年[50]あるいは定公十三年[51]に定公に献議してことを決したと言われる計画である。なお、この話は違った結末で『孔子家語』[52]にも出て来る。臣下の下克上に苦しんでいた中で、季孫・叔孫は城壁破壊に全力を注ぎ、

苦しみながらも先ず、叔孫家の拠点の郈は、堕ち、続いて、それ以上に苦難はしたが、やがて季孫氏の邑、費も落ち、残るは孟孫氏の、斉との国境近くに有る、成だけになったが、これが孟孫氏の反対と頑強な抵抗に遭い、成は堕ちず、とうとう計画は頓挫してしまう終結になってしまった。この時点で、三家が孔子の計画は魯君の力を強め、自分たちの力を弱める、極めて危険な政策であると認識したと言われている。

内野熊一郎(うちのくまいちろう)（1904-2002）は、「土壇場にきて孔子の三都城破壊計画は挫折してしまった。まさに九仞の功を一簣に虧くであった。この現実を目のあたり見た季孫氏、叔孫氏も孔子の抱く遠大な構想の焦点が、実は自家の滅亡に関わるものであったということに、ようやく気づいたかも知れない。信用していた孔子との間にすきま風の吹きぬける思いが、この瞬間起こったのであろうし、それが孔子が魯を去って流浪の生活はいっていく直接の原因の一つになったであろうことは否めない。」[53] と言う。

なお、三桓氏とは魯国 15 代君主の桓公(かんこう)（在位：前 711- 前 694）の子であった、慶父(けいほ)（？－前 660）、叔牙(しゅくが)（？－前 662）、季友(きゆう)（？－前 644）が祖となり、百年以上後の孔子の時代にも、その後にも引き継がれていった、孟孫氏、叔孫氏、季孫氏の魯の三家老のことであり、当初より、嫡男の荘公(そうこう)（前 706-前 662）と母が同じだった末弟の季氏が有力で指導的だった。

「燔肉説」についても、文字通りには解釈できないと、林復生は以下のように説く。「祭礼の肉を怠慢のため届けなかったという解釈は的外れである。『郊』とは年二回の天地を祭る国家としての一番重要な常例の歳事であって、他の祭典とはちがって、牛の血と生肉が供えられ、祭典がすむと、この腐敗し易い生肉は係りの役人の手によって慣例に従って重臣たちに分配され、国君や摂政が『忘れた』ため分配されないなどという事は絶対ありえない。従って……（この指令は）『特別の指示』によるものである。季桓子が重臣全部に届けさせないように指示するはずはないので、届けなかったのは孔子だけという事になる。季氏は祭肉を届けない事によって、露骨に孔子の辞職を求めた。

……孔子が魯を去ったのは、体面のよい、事実上の国外追放であった。」[54]

白川静もこの件を活き活きと語っている。「これらの女楽説・燔肉説こそ、おそらくことの真相を覆おうとする策謀であろう。自分の意志で亡命するのでなく、国外追放なのである。ギリシャでは死刑に相当する罪であった。……この時代にあっても、正式に居留権が認められなければ、盗とよばれる身分である。何らかの重大な、政治的理由がないはずはない。……（三家弱体化を計画実行した）このおそるべき陰謀者を、三家が許しておくはずはない。孔子はおそらく『冠をぬぐ』暇もなく、退去を求められたであろう。」[55]と。

また、「国外追放」説には、「堕三都」の失敗だけでなく、「誅少正卯（生卒年不詳）」の結果、有名人であった少正卯支持者たちの強い反感を買い、孔子は「国外追放」に追い込まれたという説もある。呉怡（1939 -）は、「史稱『堕三都』結案只拆掉了二都、卻得罪了三家、尤其季孫找了機會逼孔子辭職。這時孔子五十四歲。終於孔子在五十五歲那年、很不情願的離開魯國、作了漫長十四年的周遊列國。〔歴史上「堕三都」事件として知られるが結局は堕とされたのは二つの都だけであった。これは三家に厭な思いをさせ、特に季孫を怒らせ、孔子を辞任に追い込む機会（スキ）を与えた。このとき孔子は54歳。最後に、孔子は55歳のとき、しぶしぶ魯を離れ、14年間の長期に亘って中国列国を旅しました〕」[56]と、一応は「堕三都」を表明しているが、「国外追放」の本当の理由は、未だ盛年期にいた孔子が『易経』の教えを知らず、誤って暴走して、同僚の少正卯を殺害してしまい、それが反対勢力の大きな不満を買い魯を追い出されたとする。呉は、「站在司寇一職的地位上、兼及奉行周禮制度的理由上、孔子可以殺少正卯、但那是在孔子五十三歲的盛年、可是等他五十四歲御了司寇一職、離開魯國後、一邊周易、他卻發現了自己的憾時。〔孔子は司寇であり職位が少正卯より上で、かつ周の祭祀制度を遂行するという理由から少正卯を殺害することもできた。この時の孔子は53歳の意気盛んな盛年時の出来事であった。このやり過ぎが理由で孔子は54歳の時司寇を辞し、魯の国を去った後、（筆

者注：自由時間が増えたので）易経を読んでいるうちに、彼は自分の後悔に気づきました。］」⁵⁷と弁明する。呉は『論語』述而篇の、「子曰："加我数年、五十以学易、可以無大過矣。"」を根拠にこの論を展開している。この条の解釈は、『論語集解』と『論語集注』では相当に違い、また最近では孔子の時代には『易』という書は未だ存在していなかったという、謂わば奇説も結構支持されている難解な条であるが、ここでは一番普通の解釈と思われる、『論語集解』の説で訳してみる。「孔子は、『私にもう数年の寿命が貸し与えられ、五十の年齢に達した時に易経を学ぶことができれば、それによって私の人生に「大過」が無いものとなろう。』と言われた。」 呉は聖人孔子の「大過」とは、少正卯を誅殺したことだという解釈に立って論を展開している。

② 「国外追放」は有り得ない

「国外追放説」は大変分かり易いし、おもしろい。しかし、筆者には何か腑に落ちないところがある。

第一に、白川は、孔子の出国には「何らかの重大な、政治的理由がないはずはない。」と言い、その理由として、孔子が「正式な居留権」を持っていなかったと指摘するが、孔子が「正式な居留権」を保持していなかったという文献上の確認は全くできない。それ以上に、当時「正式な居留権」などという概念や制度が存在していたかどうかも、筆者には確信が無い。確かに、『荘子』譲王篇には「殺夫子者無罪、藉夫子者無禁。〔（子路と子貢が言った）先生（孔子）を殺す人がいても、無罪になるし、先生を辱しめた人も取り押さえられない。〕」とあるし、また、『呂氏春秋』慎人篇には、「殺夫子者無罪、藉夫子者不禁。〔（子路と子貢が顔淵に言った）先生（孔子）を殺す人がいても、無罪になるし、先生を辱しめた人も取り押さえられない。〕」ともあるが、これらは儒家の古典文献ではない。しかもこれらは実際に孔子が陳蔡の厄を経験した時期からは大分時代が下った頃の資料である。「殺夫子

者無罪、藉夫子者無（不）禁。」は、『荘子』、『呂氏春秋』以外の古典文献には全く出てこない。五度も陳蔡の厄を取り扱っている、『荘子』にも、譲王篇に一度しか出てこないので、文献内容の信頼性に大いに問題が有るように思える。

　第二に、『論語』衛霊公篇では孔子は、「子曰："志士仁人、無求生以害仁、有殺身以成仁。"（孔子が言われた、『志士仁人は命を求めて仁を害うことは無い。自分の身を犠牲にしても仁を遂行する。』と。）」などと公言している人物である。

　諸国遊説中も何度も生命の危険に遭いながらも、それらに怯えて仁を成すことを止めたことは全く無い。有名な、『論語』述而篇に、「子曰："天生徳於予、桓魋其如予何？"〔孔子が言われた、『天が私に特別な力（徳＝得）を授けてくれている。桓魋（生卒年不詳。宋の重臣）如きに私をどうすることができようか？（できるはずがない！）と。』〕」とあり、あるいは、『論語』子罕篇には、「子畏於匡。曰："文王既沒、文不在茲乎？天之将喪斯文也、後死者不得与於斯文也：天之未喪斯文也、匡人其如予何？"〔孔子が匡で死の危険に遇った。その時孔子は、『文王（周王朝の創始者とされる姫昌：生卒年不詳）は既に亡くなっているが、（彼の作った）文化の伝統は茲（孔子のこと）にあらざるか？（私はちゃんと引き継いでいる）もし、天が斯の文化の伝統を滅ぼそうとしているのなら、（文王より）後の時代の人（具体的には孔子のこと）が斯の文化の伝統に参与できないはずである。（しかるに私は文化の伝統をきちんと守って生きている）つまり、天が未だに斯の文化の伝統を滅ぼす気が無いとするなら、匡の人が文化の伝統者である私をどうすることができようか？（匡人如きが天の意志に逆らっても全く無力だ！）』と言われた。〕」とか有るように、自分の死に対して「天命思想」という、令和の一般の人とは大分違った感性と信念をもっていた。白川が言うように、命を脅されて孔子が急遽、魯を飛び出したという推測は、令和時代の普通の日本人にとっては当然至極の絶対的真理であっても、心の底から「天命思想」に

染まっている孔子にはその真理は、全く適応しないように思える。孔子に対立した晏嬰(？‐前500)の孔子評価が、『晏子春秋』巻八にある。そこでは晏嬰が敵対する孔子を、「孔子抜樹削跡、不自以為辱：窮陳蔡、不自以為約。〔孔子は樹を切り倒され追い払われても、自分ではそのことを恥辱とは思わず：陳蔡で追い詰められても、自分ではそのことを苦しみだとは思わなかった。(それ程立派な方でした。)〕」と評価している。[58] 古今東西、いろいろな分野で、「生命が欲しくない人」は、ごくごく少数だが、しかし必ず存在すると考えられているのは周知の所である。[59] 孔子もその一人であったのは明白な事実だと筆者は考える。

第三に、白川は言う、「このおそるべき陰謀者を、三家が許しておくはずはない。孔子はおそらく『冠をぬぐ』暇もなく、退去を求められたであろう。」と。また林も上記の脚注[54]の引用に続けて、「それ故、季桓子が死んで季康子の代になり、季康子に招かれるまで十四年の間、すでに希望がなくなった後でも、望郷の情にかられながら、孔子は魯の地を踏むことができなかった。つまり季氏によって追放された孔子は季氏によって招聘されなければ帰れなかったのである。」[60] と言う。孔子は季桓子をはじめとする三桓氏に強く恨まれ、拒絶されていたというのが彼らの主張だから当然の見解である。

前項で、孔子の出魯の時期は、定公十四年(前496)説、その前年の定公十三年(前497)説、あるいはさらに前年の定公十二年(前498)説の三説を同じ司馬遷が唱えていると記述したが、『春秋左氏伝』定公十五年(前495)は下記のような記載から始まる。

十五年、春、邾隠公来朝、子貢観焉、邾子執玉高、其容仰、公受玉卑、其容俯、子貢曰、以礼観之、二君者皆有死亡焉、夫礼、死生存亡之体也、将左右周旋、進退俯仰、於是乎取之、朝祀喪戎、於是乎観之、今正月相朝、而皆不度、心已亡矣、嘉事不体、何以能久、高仰、驕也、卑俯、替也、驕近乱、替近疾、君為主、其先亡乎。

15年の春、邾（魯近隣の小国）の隠公が朝見に来た。子貢が公を観察していると、邾子（隠公）は（礼物の）玉を高く捧げ、見た目が仰向き加減であった。（魯の定）公は玉を大変低く受け、見た目が俯き加減であった。子貢は、「礼をして観れば、二君共に死亡しそうです。礼というものは、死生存亡の根幹となるものです。だから（手足を）左右に動かしたり、（身体を）周旋させたり、進退したり、俯仰したりする時には、礼に於いて選び取り、朝見、祭祀、喪事、軍令等を行う際は、礼に於いて観察する。今、正月の朝見で全てが礼から外れており、（両君の）心には礼は巳くなっている。嘉事が礼に外れて居れば、どうして（いのちが）久しくあろう。（手の位置が）高く（見た目が）仰向きなのは、驕慢であり、君（魯公）が主人役なので、先に亡くなるであろう。」と言った。

『史記』孔子世家によれば前年の定公十四年に魯を出た孔子。その弟子の子貢が翌年に魯で朝見して、言いたいことを伸び伸びと公言している。これだけでも、「孔子（生命辛々）亡命説」は間違いであると断言できる。三桓氏の認可・承認無しで、出朝したり、しかも言いたい放題に発言したりすることなど有り得ないからだ。

　子貢は衛人であり、衛で孔子門下生になったと普通は考えられている。魯に知り合いが殆どいなかっただろう子貢を孔子が一人で魯に行かしたとは、とても考え辛い。孔子も同行して、礼の先進国の魯の朝廷に子貢を顔合わせさせ、魯国で子貢に深く礼を学ばそうとしたのだろう。『春秋左氏伝』定公十五年には筆者の推定を押してくれるように下記の記載が在る。

　夏、五月、壬申、公薨、仲尼曰、賜不幸言而中、是使賜多言者也。
　（定公十五年）夏、五月壬申の日に（定）公が亡くなられた。仲尼（孔子の字）は、「賜（子貢の本名の下の名）は、予想が不幸にして的中した。これで、賜は余計にお喋りになるだろう。」と言われた。

普通に考えて、孔子も子貢あるいは子貢たち（他の弟子たち）と一緒に魯に行き、ゆっくりと魯に滞在したのである。上記の『春秋左氏伝』定公十五年の記述は、強制国外追放された者とその弟子に関する記事とは、どうしても、思えない。それどころか、これらの文章からは、魯の権力者たちが孔子一行を温かく見守っている様子が感じられる。

最期に、「誅少正卯」説についてである。この逸話は『論語』には出て来ない。最初にこの逸聞を取り上げたのは、『荀子』であり、その後、『淮南子』、『史記』孔子世家、『説苑』、『論衡』、『後漢書』、『孔子家語』などにも取り上げられ、朱熹も『論語集注』の序説に、この事件を記載している。

善行を乱し国政を転覆する佞人（口先が上手いが心は邪悪な人間）を誅伐することは当然の義であり、そして少正卯は佞人であると結論付ける、班固（32-92）編纂の『白虎通徳論』について、池田秀三（1948-）は、「撰者は班固であるが、彼は会議の結論を取りまとめ要約しただけで、個人的な撰者とは同列には論じられない。」[61]とする。つまり、後漢の班固の時代に在っては、少正卯は佞人であり、孔子が彼を誅殺したことはごく自然の、理の通った行動であったというのが、当時の学界の多数意見であったという指摘である。

現代でもこの見解を採る学者も多く存在する。しかし、荀子（前316？-前238以降）の時代には既に孔子の本当の姿が全く見失われていたという経緯がある。[62] また、『荀子』には、晏嬰と曽参が斉で親しく会話するという記述が有る。[63] 晏嬰が死去した時曽参は数え五歳であったから、これは有り得ない話で、史実ではない誤伝を荀子が取り上げたといえる。文献的に考えて、『荀子』の「誅少正卯」説はにわかには信じがたい面もある。

さらに、孔安国は『孔子家語』後序で、「……時弟子取其正実而切事者、別出為論語、其余則都集録、名之曰孔子家語。……〔……ある時（筆者注：荀子の新説、性悪説が世間を席捲した時）、弟子たち（筆者注：反性悪説

派)は孔子の教えの本質であり、切実な問題と思われる事柄(筆者注:つまりは絶対に本当の孔子の言葉と思われる言葉)を特別に取り出して、『論語』の一書に纏めた。そして残りの議論を集めて亦一書とし、名付けた名が『孔子家語』という訳なのである。……]」と言う。安国の説を採れば、『論語』編集時には「誅少正卯」説は本当の話だとは認められなかったという事になる。

　前述の通り、孔子は天命思想を強く信じており、自分の生命継続に執着を燃やす人間ではなかった。これは裏を返せば、自分の都合で他人を害する人ではなかったとも言える。『論語』憲問篇には、「君子上達、小人下達。」とあり、解釈は多数あるが、筆者は、「君子は道・天命思想を最優先にする人間であり、そうではなく目の前の利便性を最優先するのは小人である。」との見解を採っている。無論孔子は、前項の「出魯の原因についての諸説」で、銭穆が主張したように、生命の危機に在っても、「公伯寮其如命何!」と自分の天命を信じ、公伯寮を殺害しようと進言した徒属の行動を押し止めている。これが君子の行動である。

　朱熹の『論語集注』序に「誅少正卯」の記載が在ることは前述したが、朱熹は先人を尊ぶ傾向があり、『史記』を非常に高く評価していたので、序で『史記』の主張を入れ、「孔子年五十六、攝行相事、誅少正卯。(孔子は56歳の時、宰相代理となり、少正卯を誅した。)」と掲載しただけで、朱熹がその話を信じていたとは筆者は思わない。『朱子語類』孔孟周程張子には、「某甞疑誅少正卯無此事、出於斉魯陋儒欲尊夫子之道、而造為之説。若果有之、則左氏記載当時人物甚詳、何故有一人如許労擾、而略不及之？史伝間不足信事如此者甚多。〔私(朱熹)は甞て誅少正卯の件が本当は無かったと考えました。斉や魯の未熟な儒者たちが孔子の道を盛り上げたいために、話を作り上げたのです。この話が本当なら、その当時の人物を詳細に記載している『春秋左氏伝』が、どうしてこの話を取り上げないで、省略してしまったのか？この話を信じない人も非常にたくさんいます。〕」とある通り、詳細な史書である『春秋左氏伝』にも、少正卯の記載は全くない。

第二章　顔淵逝去迄の孔子の人生

　確かに、令和の日本とは違い当時中国の政治現場では、敵対人物を殺害するという蛮行は大変頻繁に行われていた。そういう状況で有ったので、可能性として孔子が自衛の為にやむを得ず、最終手段を選択する事は有り得る。しかし、その時でも、孔子の性格を考えれば、少正卯の支援勢力が恐くなり、国外に逃げ出すなどの行動は到底浮かんで来ない。孔子なら、自己の正統性を敵にも世間にも問い、敵とは徹底的に戦っていたであろう。

　文献的には、筆者の説に反する記述が、『史記』孔子世家に存在する。「居頃之、或譖孔子於衛霊公。霊公使公孫余假一出一入。孔子恐獲罪焉、居十月、去衛。[64]〔（魯を去り衛に来た時）暫くするとある人が孔子の事を、（衛の）霊公に讒言した。霊公は公孫余假（こうそんよか）（生卒年不詳）に武装させて孔子の周りを行き来させ、孔子を脅した。孔子は罪に陥れられることを恐れ、滞在十ヶ月衛から去って行った。〕」という個所である。孔子世家によれば、孔子は脅されて国外逃亡したという事になる。

　崔述（さいじゅつ）（1740-1816）や白川が酷評する、『史記』孔子世家である。白川は、「この一篇（筆者注：孔子世家のこと）は『史記』のうちでも最も杜撰なもので、他の世家や列伝・年表などとも、年代記的なことや事実関係で一致しないところが非常に多い。」と怒りを隠さない。

　上記の記述の直ぐ後に、「孔子使従者為甯武子臣於衛，然後得去。〔孔子は従者を（衛の大夫の）甯武子（ねいぶし）（生卒年不詳）の家臣として、ようやく（匡を）出ることができた。〕」という記載があるが、甯武子は孔子より百年程前の人でこの年〔哀公三年（前492）〕には生存は全く不可能な人物である。白川の指摘は正しい。

　司馬遷は偉大な歴史家であるが、そもそも彼自身が、『史記』外戚（がいせき）世家で、「太史公曰，『秦以前尚略矣。其詳靡得而記焉。』〔太史公（司馬遷）は、『秦より以前のことは悠遠であり、記録も簡略であり、其の詳細は記述することは出来ない。』と言った。〕」と告白しているように、孔子時代の事柄は詳細には分からず、『史記』の秦時代以前の記事である孔子の行状の記載にも

49

このような問題点が多々有る。

　「孔子恐獲罪焉，居十月，去衛。」と司馬遷は言うが、孔子は何度か衛を去り又入国することを繰り返したとも言う。この記載の少し後で、最後に衛に入国した孔子が霊公と会談した様子も記載している。それは、「与孔子語，見蜚鴈，仰視之，色不在孔子。孔子遂行，復如陳。〔(明くる日、霊公は)孔子と対談していたが、雁が渡るのを見つけ、空を仰いで雁に見とれ、孔子の言葉には気にもとめない風であった。それで孔子はとうとう(衛を)立ち去った。〕」というものである。母国魯ではなく、あまり馴染みのない外国の衛で脅されたので、最初の滞在十ヶ月で衛を出て行ったとの説明は、一応の賛同を得るかも知れない。しかし、その後のこの霊公の挙動を見れば、彼は凡庸で政治改革に励む人間ではないことが判る。それで孔子は衛に見切りをつけ、去って行ったという。最初に衛を去ったのも、嵌められるのを恐れてではなく、霊公に呆れて他のより良い国を探し求めて去って行ったとも考えられる。しかしそんな国は見つけることができず、何度か孔子は衛に戻って来たが、やはり霊公には期待が持てず、霊公逝去の前に又衛を立ち去っている。孔子は時間の無駄遣いを嫌悪していたからだ。孔子世家の孔子が身の危険を感じて、衛を去ったとする理由は余り信憑性が無いと言える。孔子は他人に脅されて言うことを聴く人間では全くないと考える人は多いと思う。

　しかるに、非常に頭脳明晰で穏やかな性格だった荀子は讒言に遭って、斉を離れて、楚で自分を理解する権力者、春申君(しゅんしんくん)(？－前238)に出会ったが、彼が殺害された後は、役職も領地も取り上げられ、今迄の地道に頑張って来た自分の人生に対する憐憫感と社会に対する激しい義憤[65]が、この「誅少正卯」の逸話を自書に記載させた動機だと筆者は推定する。「誅少正卯」の逸話は史実では無い。

　以上、現在ほぼ定説化している、「孔子(生命辛々の)国外逃亡説」は、明らかに誤りであると筆者は主張する。

③三都を堕とすことの意味

　検証をさらに重ねて、三都を堕とすことにどれだけの害が三桓氏にあったのかを考えたい。季氏の費は僖公（在位：前659- 前627）元年（前659）に、莒の軍を季友が破ったことを慶賀して僖公が季氏に賜った[66]のが、その始まりで、襄公七年（前566）には、叔孫家の分家の一員である叔仲昭伯（しゅくちゅうしょうはく）（生卒年不詳）の勧めで、城壁が出来た。[67]その後、昭公十二年（前530）に費の宰の南蒯（なんかい）（生卒年不詳）が新当主の季平子に乱をおこし、魯国から斉国に邑の所属を代えた。つまり斉に寝返ったのである。季平子は費を武力で取り戻そうとしたが、上手く行かず、冶区夫（やおうふ）（生卒年不詳）の宥和政策を取り入れると、翌年には費の住民が南蒯を追い出し、費は季氏の所有に戻った。[68]その後も陽虎、公山不擾（こうざんふじょう）（生卒年不詳）らが、費を拠点にして、季氏に乱を起こしたが、城壁が有る為、武力では費は堕ちず、季氏は大変てこずった。その後定公十二年（前498）に季氏の宰をしていた子路の下、やっと費は堕ち、城壁も破壊された。[69]その後は、『春秋左氏伝』にも、『春秋穀梁伝』にも、『春秋公羊伝』にも費邑についての逸話は一切無い。つまり、城壁を壊しても、別に格別な問題は無かったので記事も無いと筆者は考える。城壁を壊したことで、費に籠って季氏に乱を起こす事件が無くなり、それは季氏を大いに利したといえる。

　あるいは自分の当主就任に強く反対した、家臣・公若藐（こうじゃくばく）（生卒年不詳）が郈の宰になった際、叔孫第八代当主叔孫武叔（しゅくそんぶしゅく）（生卒年不詳）が、臣下の侯犯（こうはん）（生卒年不詳）に命じて公若藐を殺害しようとするが、成功しなかった。その後叔孫武叔が何とか公若藐殺害を遂げると、今度は侯犯が城壁都市郈に籠って魯国から離反した。叔孫武叔は孟孫氏第九代宗主の孟懿子（もういし）（？- 前481）に援軍を頼み共同出兵したが、郈は堕ちなかった。その後も叔孫は散々武力で堕とそうと苦労したが、成功せず、侯犯は斉に寝返ったが、最後は何とか郈を取り戻した。[70]やはり郈もその後は、『春秋左氏伝』にも、『春秋穀梁伝』にも、『春秋公羊伝』にも何の記載も無い。城壁を壊すことは確かに季孫家あ

るいは叔孫家に害を与えるというよりは、逆に利益を与えたと言えよう。

　最後迄、城壁を破壊することに反対した、孟孫氏であるが、『春秋左氏伝』には、孟孫十代宗主の孟武伯（生卒年不詳）が、或る時に成の宰に激怒し、成を攻めても、その城壁の為に堕とすことができず、苦悩した逸話が哀公十四年にある。[71] 成は哀公十五年春に孟孫氏、つまりは魯国、から離反して、斉の側に就いてしまった。「堕成、斉人必至于北門。〔（城壁を無くすと）成は斉に落され、斉は魯の国都の北門迄やすやすと進行してくるであろう。〕」というのが、成の城壁破壊に反対した孟孫氏の忠臣で成の宰だった公斂處父（こうれんしょほ）（生卒年不詳）の主な反対理由だったが、この時、城壁が有っても、成は斉に併合されたのである。城壁の有無は究極の問題では無いことは明らかであろう。また、この時の当主九代目の孟懿子は先代の八代当主の孟僖子（もうきし）（？－前518）の遺言で孔子に弟子入りした[72] という経過も有り、その子の十代当主孟武伯もその弟の南宮敬叔（南容：孔子が姪を嫁にやった人物）も孔子の弟子であること[73] なども考慮すると、後に孔子の親族になる孟孫氏は八代目から代々孔子と友好関係、前518年からは師弟関係にあるという事実がある。また、成の件からも城壁を壊すことが、孔子の生命を脅かすような、孟孫氏にとって危険な政策では無いことが判り、孟孫氏と孔子とは長年友好関係に有ったとみるのが妥当であろう。ちなみに、成は同年の冬に孔子徒属の孟孫氏分家の人である子服景伯（しふくけいはく）（生卒年不詳）と子貢の外交力によって斉から魯に取り返すことができた。[74]

　前述の内野が言うような、「孔子の抱く遠大な構想の焦点が、実は自家の滅亡に関わるものであったということに、ようやく気づいたかも知れない。」ということは有り得ないのではないだろうか？三都を堕とすことは三桓氏にとっても、利益が有り、また、孔子も三桓氏の滅亡など全く意図していなかったからだ。

　孔子は公・卿・大夫・士に「克己復礼（こっきふくれい）[75]（古語：自分自身に克って、礼に復帰すること）」を求めていただけで、三桓氏の滅亡など全く意図して居らず、

第二章　顔淵逝去迄の孔子の人生

彼等から生命を狙われるような存在では無かったと筆者は考える。また、礼を復(ふ)みたいという思いは、実はどの三桓氏当主たちの心底にも微かながら存在しており、三都陥落を手始めにして、孔子が自分たちを滅亡させようとしているなどとは、三桓氏自身も全く考えていなかったと筆者は推定する。

④国外追放説の濫觴

　孔子の出魯の原因が「強制国外追放説」であるという説は、どこから、出てきたのであろうか？白川は、「もう一つ、『論語』〔憲問〕に、公伯寮というものが、子路を季孫に愬(うった)えた。そのことを人から知らされた孔子は、『道のまさに行われんとするや命なり。公伯寮それ命をいかんせん』と怒りに近い言葉を吐いている。子路の政策が、実は三家弱体化の政策であり、孔子がその運命を賭した計画であったことが、孔子のこのことばから察せられよう。」76 と言う。林は、「季氏を首とする三家老は、孔子の政策が最終的には自分たちの勢力を弱めることにあるのではないかと疑い始めた。孔子の指示で執事として仕えている子路のことを、公伯寮という貴族が季氏に讒言していると知った魯の貴族子服景伯は孔子の味方であったため、そのことを孔子に知らせ、自分の手で誅殺しようと申し出た。」77 と言う。

　白川も林も、内野とは違い、孔子の政策が三家の滅亡ではなくその弱体化にあり、それを知った三家が、怒って孔子を追放したという説を唱えている。しかし、筆者が本節三項で叙述したように、城壁破壊は三家の弱体化とは何の関係も無く、むしろ、城壁を破壊することによって、季氏叔孫氏では費や郈に立て籠る反乱が無くなり、城壁破壊が有利に働いている。また孟孫氏でも当主が怒って成を堕とそうとしても、城壁の為に、成功せず、そして城壁が有っても成の住民は斉に寝返ってしまい、それを孟孫家の分家であり孔子徒属でもある子服景伯と孔子の高弟の子貢が外交力で取り戻したという経過は前述の通りである。孔子は孟孫氏にも嫌われてはいないことが、この話からも分かるし、繰り返すが、城壁破壊と三家の弱体化とは何の関係も無いと

言えよう。
　孔子の「国外逃亡説」を説かれる際、殆ど必ず言及されるのが『論語』憲問（けんもん）篇にある、公伯寮の条である。それを考察してみよう。

　公伯寮愬子路於季孫。子服景伯以告、曰："夫子固有惑志於公伯寮、吾力猶能肆諸市朝。"子曰："道之将行也与？命也。道之将廃也与？命也。公伯寮其如命何！"
　公伯寮（筆者注：『史記』弟子列伝によると孔子の弟子）が子路を季孫に讒言した。子服景伯がそのことを孔子に注進して言うには、「夫子（季孫氏）は公伯寮の讒言によって子路への信頼がはっきりとぐらつきました。私でも公伯寮を殺害し市場に晒し者にするくらいの力は有ります。」と。孔子は、「道の行われようとするのは（季孫氏が子路の言葉を信じて道徳政治を行おうとするのは）命（天の意志：天命）である。道の廃たれんとするのも（季孫氏が公伯寮の言葉を信じて道徳政治が廃れるのも）命である。公伯寮に天命をどうすることも出来ないだろう！」と言われた。

　『論語集解』にも『論語集注』にもこの条の解説に、三都攻略についての言及は全く無い。この条は前述の「子曰："天生徳於予、桓魋其如予何？"」とか、あるいは、「子畏於匡。曰："文王既没、文不在茲乎？天之将喪斯文也、後死者不得与於斯文也；天之未喪斯文也、匡人其如予何？"」の時のように、危機に陥っても、孔子は毅然・泰然としており、不安に慄いてはいなかったことを伝えてくれている。この条を、『論語集注』は、「愚謂言此以曉景伯、安子路、而警伯寮耳。〔愚（朱熹）が思うに、孔子はこう言って、景伯を諭し、子路を安心させ、伯寮に警告したのである。〕」と結論付けている。この条と三都攻略とには関係を見出していない。
　清（1616-1912）の劉宝楠の『論語正義』には、この条に下記のような解説が有る。

案…子路以忠信見知於人、不知寮何所得愬、而季孫且信之。朱子或問以為「在堕三都、出蔵甲之時」、說頗近理。当時必謂子路此挙、是疆公室、弱私家、将不利於季氏、故季孫有惑志。

　案…子路は忠信（うそ偽りのないこと）を以て世間から認知されている、公伯寮が何を以て讒言したのかは分からないが、季孫がそれを信じてしまった。朱子の『論語惑問(ろんごわくもん)』には、「三都を堕とす際、（三桓子が）私蔵していた鎧を出させた時（の話）」とあり、この説は頗る道理に近い。当時、子路がこれを実行したことを言っているのだろう。これは公室を強め、臣下を弱める。将(まさ)に季氏に不利に働き、それ故に季孫は（信用していた子路や孔子に）戸惑いを感じたのである。

　劉は朱熹の『論語惑問』を引くので、この案が朱熹の見解のように思われるかも知れない。しかし、『論語惑問』は朱熹の論語解釈の下書きとでもいうべき存在の書物で、彼の最終的な論語解釈は、『論語集注』に尽きる。彼は、「（私の『論語集注』は）添一字不得、減一字不得。（一字を添えることもできず、一字も減らすことができない。）」と豪語しているように、朱熹が『論語集注』に生涯改稿を加えたのに反して、『論語惑問』は朱熹48歳時に完成されてから、そのままに放っておかれた。かくして両者の間には齟齬が生じることになった[78]という。劉が引く『論語惑問』の解釈は朱熹のこの条に関する最終解釈ではなく、「在堕三都、出蔵甲之時」との理解は朱熹の解釈と言うよりは、劉の解釈と言った方が真実に近い。

⑤劉宝楠説に対する疑問

　劉は「子路は忠信（うそ偽りのないこと）を以て世間から認知されているのに、公伯寮が何を以て讒言したのかは分からない。」と言う。子路が忠信だったことは世間の知る所であるが、「それが何故他人の讒言を受けるのかは

分からない。」という、劉の発言とは上手く繋がらない。嘘偽りの無い人の発言は、時に他人を酷く傷つけることがある。子路の師である孔子はこの愛弟子を『論語』先進篇では以下のように続けて三条に於いて人物評価をしている。それらは、「由也喭。〔由：子路の本名の下の名〕や喭。〕『論語集解』は、「鄭玄曰、子路之行、失於吸喭。〔鄭玄が、『子路の行いは、吸喭（礼に適った振る舞いに欠ける）だ。』と言った。〕」と説明する。また、『論語集注』は、「喭、粗俗也。伝称喭者、謂俗論也。〔『喭』は、がさつである。伝称（伝聞）を『喭』というのは、俗論のことをいっている。〕」と言う。孔子はまた、子路を「野哉由也。」とも評価している。『論語集解』は、孔安国を引き、「孔安国曰、野、不達也。（孔安国は、野は、未だ達していないことだ、と言う。）」と解釈し、『論語集注』は、「野、謂鄙俗。責其不能闕疑、而率爾妄対也。〔野は鄙俗の意味、（つまり子路が）疑わしいことを其のまま疑わしいものとしておくことができずに、咄嗟にいい加減に応えることを責めたのである。〕」と説明する。割合に厳しい孔子の子路に対する評価である。さらには、「若由也、不得其死然。〔由のごときは、その死を得ざるがごとく然り。（由のような人は、普通の死に方はできないかもしれない。）〕」という過酷な批評迄下されている。そして、この孔子の予想は不幸にも的中した。『春秋左氏伝』哀公十五年には子路の最後の様子が記載されている。下記の通りである。

　　且曰、大子無勇、若燔台半、必舍孔叔。大子聞之懼、下石乞、盂黶敵子路以戈撃之、断纓、子路曰、君子死、冠不免、結纓而死。
　　（子路は）さらに、「大子（蒯聵：？－前478）には勇気が無い。（楼）台を半分も燔けば、必ず孔叔（孔悝）を釈放するぞ。」と言った。大子はこれを聞いて懼れ、（家臣の）石乞（生卒年不詳）と盂黶（生卒年不詳）を（楼台から）下し、戈を以て子路に立ち向かわせ、子路を撃つと、（子路の）纓（冠の紐）が切れた。子路は、「君子は死んでも、冠は外さない（ものだ）。」と言い、

纓を結び直している時（隙ができ、また斬られて）死んだ。

　なお、この話は、『史記』仲尼弟子列伝により詳しく出て来るし、『礼記』檀弓上篇、『孔子家語』曲礼子夏問篇、また『荘子』譲王篇もこの事件を記述している。[79]　上記の通り、臆病な貴人に対して、「嘘偽りなく」、臆病だと言えば、その言は善言とは言えず、逆に窮鼠猫を噛む状況に大子を追い詰め、子路は自分の「嘘偽りのない」発言の為に殺されたようなものである。なお、余程憤怒したらしく、蒯瞶は子路を殺した後、さらに子路を醢（塩辛）にし食したという。恐らく憎悪の極めの中、大子は大声で子路のことを笑いものにしながら、部下たちとの宴席で子路の肉を酒のつまみにして、気炎を吐き、子路への鬱憤を晴らしたのだろう。[80]

　「嘘偽りのない」子路は恨まれることも多く、この条を三都攻略時の出来事とするのは、興味深く、理解もしやすいが、その必然性は無く、その文献的根拠も全く無い。劉案は臆測の範囲を出ない。

⑥冉有・子路に季氏をきちんと補佐しろと指導する孔子

　孔子理解に一番信頼のおける古典文献の『論語』は、微子篇で「斉人帰女楽、季桓子受之。三日不朝、孔子行。〔斉の人達が女楽を饋った。季桓子はこれを受け取り、三日間政務を怠った。（それで）孔子は（魯）を出て行った。〕」とあり、また『孟子』告子下篇には、「孔子為魯司寇、不用、従而祭、燔肉不至、不税冕而行。〔孔子は魯の司寇と為り、用いられず。それで祭りに参加した時、燔肉が自分の所に来ないのを、非礼だとして怒り、祭り用の冠を外さないで（急いで）魯を立った。〕」とある。さらに、「君子之所為、衆人固不識也。〔君子の為す所は、（実に深くて、適格なので）普通の人には固より伺い知ることができないものなのだ。〕」とも言うことは前述した。

　これらの説が主張する所は、孔子が女楽による季桓子の政務放棄、あるいは、燔肉が来ない非礼を怒ったという内容だが、孔子は一体に誰に向って怒っ

ていたのであろうか？　季桓子に憤慨していたのであろうか？　孔子の原点とでもいうべき而立の際の出来事を思い出してほしい。本章・第三節・第一項の宗魯の話である。この話が雄弁に孔子とはどんな人であったかを語っている。この孔子の性格を思い出せば、ここでも、孔子の憤りの対象は、季桓子であるはずがなく、その補佐官である自分の弟子に激怒していたことは自明の理になってくる。弟子とは具体的に誰か？ 季氏の宰をしたのは子路と冉有（前522‐？）と仲弓（前522-?）と考えられている。「宰」とは、劉宝楠の『論語正義』子路篇は、「『宰』者、大夫家臣及大夫邑長之通稱。（『宰』は大夫の家臣及び大夫の邑の長の通称である。）」と言う。子路と冉有が季氏の家臣・家老として季氏を補佐していたのは、『論語』にも何度も記載されている。子路と冉有は、季氏をきちんと補佐しろとの再三の指導を孔子から受けている。仲弓に関しては、『論語』子路篇に、「仲弓為季氏宰，問政。子曰："先有司，赦小過，挙賢才。"曰："焉知賢才而挙之？"曰："挙爾所知。爾所不知，人其舍諸？"〔仲弓が季氏の宰となって、（孔子に）政治について尋ねた。孔子は『（部下である）役人を先に立てて仕事を任せ、（彼らの）小さな過ちを許す器量を持ち、才能に優れた人物を採用せよ。』と言われた。（仲弓は続けて）『どのようにして才能に優れた人物を知り採用すればよろしいでしょうか。』と尋ねた。（孔子は、）『まず、お前の知っている人物を採用しなさい。お前の知らない人物は他の人が捨てておかないよ。（知らせてくれるよ。）』と言われた。〕」とあるだけ、それ以外には、『論語』にも他の古典文献にも仲弓が季氏の宰としての働きぶりを記述した文章は見当たらない。「宰」が季氏の地方長官なのか、本部で季氏当主を補佐する家老だったのかは、『論語』及び古典文献からは判明しない。最も古い全釈の論語解説書の『論語集解』は、この件については全く言及がないが、その解説書である、皇侃の『論語義疏』には、「仲弓将往費為季氏采邑之宰。（仲弓は費邑に行って季氏の知行地の長官となった。）」とあり、同じく『論語集解』の解説書である、邢昺（932-1010）の、『論語注疏』には、「冉雍為季氏家宰〔冉雍

（仲弓の本名）は季氏家宰となった。〕」とある。朱熹の『論語集注』は、直接には、家宰とも、地方長官とも言及はしないが、范祖禹（はんそう）（1041-1098）を引き、「失此三者、不可以為季氏宰、況天下乎？〔この三者（安民統治の政策）を失えば、季氏の宰とはなることができない。ましては天下の統治ができないのは言うまでもない。〕」と言い、明らかに宰は家宰の意味にとっているので、仲弓が季氏の家宰だったと考える人も多いが、内野熊一郎は、「季孫氏が見込んで、季孫氏領有する土地の代官に抜擢した。」[81]と皇侃説を支持する。いずれにしても孔子の仲弓の季氏の宰としての評価は発見できず、孔子の激怒した弟子の対象外であると言える。

それでは孔子は子路か冉有のどちらに激憤していたのであろう？　文献を考慮すれば、本章・第五節・第一項で述べたように、「夫子可以行矣。（早くこの国を立ち去りましょう。）」と進言している子路に怒るのは不自然である。然れば、その弟子とは必然的に冉有ということになる。

冉有は季氏に仕えていながら、季氏の女楽遊びを止めさせることもできず、さらに、重要な祭りの燔肉を配るという礼さえ履行できなかった。先に本節第一項で、林の「（この指令は）『特別の指示』によるものである。季桓子が重臣全部に届けさせないように指示するはずはないので、届けなかったのは孔子だけということになる。」との主張を記載した。一方、『史記』孔子世家は、「郊、又不致膰俎於大夫。孔子遂行。（郊の祭りの日にも、祭肉が大夫に配られることは無かった。孔子は遂に行ってしまった。）」とか、『孔子家語』子路篇は「郊又不致膰俎。孔子遂行。（祭肉は配れることは無かった。孔子は遂に行ってしまった。）」とあり、祭肉は全ての大夫に配られなかったように読める。孟子の説はやや、林の指摘に近いようにも感じる。筆者は林説を採りたい。孔子に燔肉を送るなという、「特別指示」が出ていたのであろう。

この祭肉問題は孔子にとっては大問題で、主人・季氏が孔子の家、あるいは、大夫全員に祭肉を分配しないという非礼を善導できないのは、補佐官としての冉有の許しがたい失政であると孔子は判断したのであろう。もし、他

の大夫には祭肉が届き、自分の所だけに届かなったとすれば、それは孔子に対する最大の侮辱であり、そんなことさえ止めることができなかった冉有に、孔子は多分怒りを通り越して、自分の過去の賤民の辛さ・悲しさを思い出し、この弟子を何とかしたいという強い情念が孔子の胸に沸き上がって来たと筆者は推定する。復誦するが、孔子が許しがたいとしたのは、季氏ではなく、補佐役の冉有である。

　一方、季氏にとっては、祭肉問題などは、冗談のように軽い話であったであろう。『論語』には季氏が天子の舞である八佾(はちいつ)を自家の庭で行った為に、孔子が激昂したという記載が在る。[82]『春秋公羊伝』によると、この事件は昭公二十五年（前517）に起こり[83]、季氏当主は、季桓子の先代の季平子であり、孔子は35才であった。子供だった季桓子はこの事件の一部始終を実際に見ていたと推定される。さらに『春秋左氏伝』等から垣間見る季桓子、あるいは先代の季平子など、季孫氏当主の傲慢不遜で自己中心的な性格を勘案すれば、林の言う通り、「特別の指示」で孔子だけに祭肉を送らなかったとしても、それは季桓子にしてみれば、謹厳実直な孔子をちょっとからかう程度の悪意である。とても林のいうような、「露骨に孔子の辞職を求めた」とか、「体面のよい、事実上の国外追放であった。」つまり国内に留まれば、最悪は、抹殺までを意味する殺意を含んだ敵意、などはとても言えない。季桓子に言わせれば、祭肉を孔子に届けなかったことは、謂わば、気の利いた洒落程度の些細な出来事であっただろうと考える。

　『論語』には、孔子が弟子たちに主人を善導しろと説いている記事が何度も存在する。子路篇では孔子が冉有を叱責している。「冉子退朝。子曰："何晏也？"対曰："有政。"子曰："其事也。如有政、雖不吾以、吾其与聞之。"〔冉先生が会議から退出してきた。孔先生は、「何で晏(おそ)くなったのか？」と訊かれた。冉先生は対えて、「（重要な）政務が有りました。」と言われた。孔先生は、「其れは事務だろう。如し政務が有れば、私が名義だけの重臣であっても、私もその相談にあづかるはずだ。」と言われた。〕なお、この条は

冉有を冉子と呼んでおり、冉有門下の弟子たちの後学が保有保管していた資料と思われる。冉有から直接この話を聴きそれを文章化した竹簡を代々受け継いでいったものであろう。

　どこから「退朝」したについては、『論語集解』が、周生烈（生卒年不詳）を引き、「謂罷朝於魯君也。（魯の君主の政府から退出した）」と、言い、一方、『論語集注』は、「季氏之私朝也。〔季氏の家の会議から（退出した）。〕」とする。また、北宋（960‐1127）の邢昺の、『論語注疏』には、「鄭玄：以冉有臣於季氏、故以『朝』為季氏之朝。（鄭玄は、冉有が季氏の臣下であったので、『朝』とは季氏の家の会議だと言っている。）」とある。現代は多くの人がこの、「私朝」説を支持している。そうだとすれば、冉有は国家の為と言うより季氏の為に全力を尽くしていたことになる。孔子が季氏の為に良き補佐をしろと、弟子たちをたしなめる条が『論語』に散見する。

　『論語』八佾篇では卿の身分なのに、（魯君にしか許されない）泰山の祭りをしようとした季氏の僭越行為を、孔子は冉有に「女弗能救与？〔（季氏の為に）季氏を（非礼から）救うことは出来ないのか？〕」と問い詰めている。冉有は即座に、「不能。（無理です。）」と応えている。この時冉有は季氏の家宰だったと考えられており、主人を補佐する責任が一番重い職であった。孔子の冉有への期待と冉有の実態とには相当の懸け離れがあったようだ。

　『論語』季氏篇の第一条では、冉有と同じく季氏に仕えていた子路と共に、冉有は、また孔子に苦言を呈せられている。この条は全274字と、とても長いが、要は、季氏が自家の欲得の為に古くからの魯の保護国を自分の領地としようとした非礼行為を止めることができないのかと、冉有と子路を孔子が咎めたという逸話である。

⑦冉有は孔子が諸国遊説する前から季氏に仕えていた

　筆者が問題としたいのは、この長い条の内容ではなく、この条がいつの話を伝えているのかということである。つまり言い換えれば、冉有と子路はい

つ季氏に仕えていたかという問題である。『論語集解』は鄭玄を引き、「……後季氏家臣陽虎、果囚季桓子。〔……後、季氏の家臣の陽虎、果たして季桓子を囚う。〕」と言っている。この事件は定公五年（前505）に起きているので、孔子の指導はそれ以前ということになる。それに反して、劉宝楠は、『論語正義』で、「……陽虎囚季桓子、在定公八年、而二子事季、則在哀公十一年後、鄭氏此言、未得其実。（……陽虎が季桓子を囚えていたのは、定公八年迄で、冉有と子路が季氏に仕えていたのは、哀公十一年より後のことである。鄭玄さんのこの説は、正確ではない）」と反駁する。

　清の考証学の水準は極めて高いが、何分、清の時代は孔子が逝去してから二千年以上の時間が経っており、多くの貴重な資料が散逸していたことも事実である。例えば、本稿も引く、皇侃の『論語義疏』も、中国では早くに失われ、荻生徂徠（1666‑1728）門下の根本武夷（1699‑1764）が、足利学校蔵の室町写本を底本にしながら、他本との校勘を加えて刊刻したものが、清に逆輸入されて、当時の考証学者たちを驚かせ、皇侃の『論語義疏』は『四庫全書（1782年に完成した中国最大の漢籍叢書）』等に収録された歴史もある。鄭玄の頃は現在には無い貴重な資料が多数存在していたと考えられ、この件について言えば、哀公十一年前にも冉有が季氏に仕えていたことは絶対ないことではないと思われる。

　資料の原点の儒家古典文献に戻って、このことを考えてみよう。『荀子』宥坐篇には、「孔子為魯司寇……冉子以告。〔孔子が魯の司寇になった時……冉先生が、（季氏の言葉を）孔子に報告した。〕」[84]と言う記載が存在する。『史記』孔子世家によると、孔子が魯の大司寇になったのは、定公十年（前500）のことで、孔子52歳、冉有23歳の時である。定公十二から十四年の、孔子が遊説に旅立った年には『荀子』によれば、冉有は既に季氏に仕えていたことになる。同様の逸話が、『孔子家語』始誅篇にもある。[85] こちらは孔子が大司寇時の出来事としている。つまり、これらの古典文献を併せて考えれば、冉有は定公十年（前500）には季氏に仕えていたということになる。

⑧孔子と冉有間での善意のすれ違い

『論語』先進篇には、「季氏富於周公、而求也為之聚斂而附益之。子曰："非吾徒也。小子鳴鼓而攻之、可也。"〔季氏は周公より富んでいる。しかるに冉求は（主人の）季氏の為に人民の税金を取り立てて、季氏にさらに利益を上げている。孔子は、『（冉求は）私の弟子では無い。（その場に居合わせた弟子たちに向って）君たちは、（戦争の時のように）太鼓を叩いて襲い掛かるような気持ちで、（冉求を）攻撃してもよろしい。』と、言われた。〕」という記載がある。ここの「求」は「冉有」の本名の下の名で、他人を呼ぶ時には普通は字（あざな）を使うのが中国のしきたりである。ただここでは師が弟子を呼んでおり、弟子の下の名を師が呼び捨てにするのは一般的で問題は無い。あるいは、この条は冉有が独白・記録した文章とも考えられるが、その場合も自分のことは下の名で言うことも普通である。

朱熹は、『論語集注』で、「非吾徒、絶之也。小子鳴鼓而攻之、使門人声其罪以責之也。聖人之悪党悪而害民也如此。然師厳而友親、故已絶之、而猶使門人正之、又見其愛人之無已也。〔『非吾徒』は冉求を破門したのである。『小子鳴鼓而攻之。』は門人をして冉求の罪を責めさせることである。孔子が悪に党を組み、民を害することを憎んだのはこれ程であった。〔筆者注：『礼記』学記（がっき）篇に、『師厳、然後道尊。（師が厳格であって、それではじめて学問の道が尊重されるのである）』とあるように〕「師は厳格」で、友は親しい。故に孔子は冉求を破門しても、それでも猶（なお）、門人たちに冉求を是正させようとしたのである。ここでも、孔子が限りない愛を人に注いだことが見えて来る。〕」と、解説している。

朱熹の解釈は深いが、分かり易い説で、儒教が国教の下では、多くの読者の心を和ませ、また背筋を正させた好い解説であろう。しかし、多分これは孔子の真実の姿ではなく、現実には、孔子は文面通りに冉有に激怒していたのであろう。『史記』孔子世家には、以下の記載が在る。

「定公十四年、孔子年五十六、由大司寇行攝相事、有喜色。門人曰:"聞君子禍至不懼、福至不喜。"孔子曰:"有是言也。不曰'樂其以貴下人'乎?"〔定公十四年（前496）、孔子年56の時、大司寇より進んで宰相代行になった。孔子には浮かれて喜んでいた様子が有った。ある門人が、『君子は禍に至っても懼れず、福に至っても喜ばない。』と聞いています、と言うと、孔子は、『その言は確かに有る。しかし、こうも言うではないか、「其の貴を以て人に下ることを楽しむ。(高い地位に居ながら、他人に謙虚に接して生きて行くことを楽しむ。)」と。違うか?』と答えられた。〕」

なお、同じ内容でほぼ字句も同じ形で、この逸話は『孔子家語』の始誅篇にも出て来るが、そこでは孔子に質問した「門人」は仲由(子路の本名)と特定している。

このように、直情径行な言動は多くの人が認める孔子の性格である。上記の条は季氏に仕えていながら、季氏を善導できない冉有に孔子が激怒し、破門を言い渡したことを伝えていると考えると無理が無いのではないだろうか?ちなみにこの条も下記の条も冉有が回顧・記録し門弟がそれを保管維持した竹簡が元になっていると筆者は考える。

孔子の破門宣言に対する冉有の反応は、『論語』雍也篇の、「冉求曰:"非不説子之道、力不足也。"子曰:"力不足者、中道而廃。今女画。"〔冉求は、『先生の道を好まないと言うのではないのです。(私の)力不足なのです。』と言った。孔子は『力不足ならば、やれるだけやって、そしてもう限界と判断した後に、道を廃する。今お前は最初から、自分自身を見限っている。』と言われた。〕」であるとは考えられないであろうか?

そう考えると一層、この条は孔子にも冉有にも読者にも重く苦しい問題を投げかけることになる。前記の『荀子』、『孔子家語』の引用も季氏が孔子に苦情を言ったという設定であるが、孔子は全くの理想主義者で、普通の人から見ると尊敬は出来ても、あまり実際の役には立たない、面白みに欠けた人にも見えたのだろう。

それを少しでも改善するために、季氏に実益供与をしようとして、冉有は頑張ったと筆者は考える。孔門の人でも役に立ち、有益な実務ができると顕示したかったのであろう。ところがそれが、孔子には全く気に入らず、「非吾徒也！（吾が門徒ではない！）」と迄、激昂したのである。それは冉有の行為が孔子の理念に反するからだ。繰り返すが、30歳時の最初期の孔子の政治手法、宗魯に対する憤怒を思い出してほしい。つまり、孔子はきちんと説明すれば、卿にも君主にも必ずこちら側の話は通じるという考えの、謂わば、性善説の持ち主だったと筆者は考える。雇い主を善導できないのでは、臣下としての存在意義が無くなってしまうと考えていたのだろう。臣下の善導が無ければ、良い政治は実現できないというのが、孔子の理論だ。ちなみに、『春秋左氏伝』荘公十年（前684）に、「肉食者鄙、未能遠謀。〖〔曹劌（そうけい）（生卒年不詳）の言として〕肉食者（支配者階級）は鄙（いや）しく、遠謀をもつことはできない。〗」という記載が在り、支配者階級の人間の人柄・人徳は凡庸であるのが普通だから、臣下が遠謀を持ちきちんと補佐しなければ国政は成り立たないと、孔子より百年以上前の曹劌も指摘している。雇い主の支配者階級は、環境が良過ぎて、甘やかされて育つので、普通は自立できていないとする共通認識が当時からあったようだ。孔子を理解するためには、世襲制の当時の中国社会と普通選挙が行われている令和日本とでは、社会状況が大変に異なることへの認識・理解も必要であろう。

　前述の陽虎の仁か富かの二者選択で、孔子は師弟関係を破壊しても、仁を採った経過がある。しかし、冉有はどうしても、孔子のようには毅然と仁を行うことはできなかった為、先ず上司の機嫌を取り、上司に好かれ、信用されてから、徐々に仁を実践しようと考えていたと筆者には思われる。その考えは孔子にとっては全く受け入れることのできないものであったが、この条のように弟子が葛藤し、真摯に助けを求めて来ると、それを放ってはおけないのが孔子である。たとえ如何に厄介な問題であっても、目の前の問題をうやむやにするとか先送りするということは孔子には有り得ない選択[86]であっ

たと筆者は考える。

⑨孔子の出魯は冉有の再教育が動機で行われた

　優秀な冉有が毅然と仁を実践できない理由については、多分師弟共に明白な理解があっただろう。冉有は賤民の出身である。[87] 17歳まで賤民としての辛苦をなめ尽くしてきた孔子に冉有の対人関係における弱腰の気持ちが分からないはずがない。孔子は、冉有の出自が皆に知られている魯の国では、もうこれ以上冉有に期待するのは無理であると考えたとすればどうだろう？冉有は、とにかく違った経路に出て、違った場所で、縁もゆかりもない、故郷の人たちとは別の人々と交流していく過程の中にしか、賤民生活で深く傷ついてしまっている彼の自尊心を回復する方法が無いという判断に孔子は至ったのではないかと筆者は考える。幸い孔子は十代から諸外国に旅する、「東西南北人」であり、諸国の事情にも明るかったと推定される。これらの理由で孔子は魯を旅立ったと筆者は考える。孔子は弟子の教育の為に、冉有の首根っこを押さえるような形で、「お前、こんなままじゃ駄目だ！」と憤激しながら、冉有を引き連れて、出国したのであろう。無論、冉有にもその善意は伝わり、賤民として生まれ育ってきた冉有には、これ程、他人が自分を心配してくれたことなどは、多分生まれて初めての経験で、感涙にむせび乍ら孔子の指導に従ったと筆者は考える。『孟子』の言う、「燔肉不至、不税冕而行。〔燔肉が自分の所に来ないのを、非礼だとして怒り、祭り用の冠を外さないで（急いで）魯を立った。〕」にはこんな背景があったのではないだろうか？

　筆者の説を後押しするように、『論語』子路篇には次のような記載が在る。「子適衛、冉有僕。子曰："庶矣哉！" 冉有曰："既庶矣。又何加焉？" 曰："富之。" 曰："既富矣、又何加焉？" 曰："教之。"〔孔子が衛国に行かれた。冉有が馭者であった。孔子が言われた、『人口が多いね！』と。冉有が、『おっしゃる通りです。さらに何を（この国の人に）してあげましょう

か？』と言うと、孔子は、『(人民を)裕福にすることだね。』と言われた。冉有がさらに、『豊かになったら、(この国の人に)何をしてあげましょう？』と言うと、孔子は、『教育を受けさせてあげることだね』と言われた。〕」である。『論語』の今迄説明してきた冉有に関するいくつかの条とは打って変って、明るく、建設的な会話から、冉有の人生のやり直しに対する師弟の抱負や信頼感が髣髴する記述には思えないだろうか？なお、『論語集解』の本文は、「冉有」ではなく、「冉子」となっている。この条も冉有が繰り返し弟子たちに語った思い出の出来事かも知れない。

6. 諸国遊説

①冉有と子貢

　最終的に足かけ14年に渡った、孔子一門の諸国遊説は、何度も命の危険に遭遇した、大変剣難な歴遊生活であった。孔子のこの時期については、殆ど語り尽くされた感じも有るが、筆者は、自説の、旅の原因になった、冉有のその後を論じてみたい。『論語』述而篇には、次のような記載が在る。

　　冉有曰："夫子為衛君乎？"子貢曰："諾。吾將問之。"入、曰："伯夷、叔斉何人也？"曰："古之賢人也。"曰："怨乎？"曰："求仁而得仁、又何怨。"出、曰："夫子不為也。"

　冉有が言った、「先生は衛の君〔衛の太子・蒯聵の子、輒（ちょう）（？－前469）：出公（しゅつこう）〕を助けるだろうか？」と。子貢が言った、「任せなさい。私が先生に直接聞いて来るから。」と。子貢は（先生の部屋に）入って、「伯夷（はくい）（生卒年不詳）、叔斉（しゅくせい）（生卒年不詳）はどんな人でしたか？」と尋ねた。孔子は「古（いにしえ）の賢人だ。」と言われると、子貢は、「怨みましたか？」と尋ねた。孔子は、「彼らは仁を求めて、仁を得た。何を怨むことなどあろうか。」と答えられた。子貢は先生の所を出て、（冉有に）「先生は衛君を助けないよ。」と言った。

『史記』仲尼弟子列伝によれば、子貢は冉有より2歳だけ若い、同世代の弟子で、大変な賢才でもあり、冉有にとっては、魯国出国前には存在しなかった貴重な、気の置けない友人だったように思われる。

上記の逸話は、実は大変な危機が孔子一門に迫っていた時の話である。前述のように、衛のお家騒動に巻き込まれて、子路は殺され、塩辛にされている。この話の12年後の出来事である。

哀公二年（前493）に、衛霊公が亡くなると、実母の南子（なんし）（？－前480）を殺害しようとして、失敗し国外亡命中の息子、蒯聵が晋国の後押しを得て、衛に戻り、父の跡を継ごうとした。しかし、衛では、南子が次期君主に推薦する蒯聵の異母弟の公子郢（えい）（生卒年不詳）が、就任を自分の母親の生まれが悪いという理由で固辞し、蒯聵の息子が衛に居るのだから、息子の輒が適任者だと主張し、南子もそれを酌み、霊公の孫の輒を立て新君主としていた。[88]

確かに蒯聵は、父から、謂わば、義絶された息子である。しかし、孝を重視する中国社会においては、輒は父に尽さなければならない。この難しい問題に、知者としての名の誉れが高かった孔子がどうした解答を出すのかは、弟子たちだけでなく、恐らく社会全体の注目の的であったであろう。そういった背景の中での逸話である。

②伯夷叔斉

なお、伯夷叔斉については、『史記』伯夷叔斉列伝を抜粋したものを以下に通釈する。

伯夷と叔斉は孤竹国（こちくこく）（前17世紀‐前664。現在の河北省に存在した。）の二王子である。父（名：生卒年不詳）は末っ子の叔斉に跡を継がせたかった。父が亡くなると、叔斉は、伯夷に跡目を譲ったが、伯夷は「父の命だ」と拒絶し、孤竹国から逃亡した。叔斉も長幼の節を重んじ、君主になろうとはせ

ず、逃亡した。そこで、困り果てた孤竹の人々は、まんなかの息子（名：生卒年不詳）を君とした。その時伯夷と叔斉は西伯昌（後の周の文王）が老人を労わると聞いて、そのもとに向い落ち着いたということである。西伯が亡くなると、武王は位牌を車に安置し、父を文王と呼び、東へ向かって殷の紂王征伐に出かけた。伯夷と叔斉はその馬の手綱に取りついて、「亡くなられた父君を葬りもせず、しかも戦を起こすのが、孝と言えましょうか？臣下として君を弑いるのが、仁と言えましょうか？」と諫めた。すると側近が刃を向けた。太公望（生卒年不詳）は、「彼らは義人だ。」と言って、押し抱えて連れてゆかせた。武王は殷の乱を平定し、天下は周を主人とした。ところが、伯夷と叔斉はそれを恥として、義を守って、周の穀物を食べることを潔しとせず、首陽山（現在の山西省南端、涑水と黄河に挟まれた東西に延びる標高2000メートル余の低平な山地）に隠れ住み、薇を採って命を繋いだが、飢え死にが迫った時、歌を作った。「彼の西山に登り、其の薇を採りぬ。暴を以て暴に易え、其の非を知らず。神農・虞・夏〔全て神話の人物名：神農は、神農大帝とも尊称され、医薬と農業を司る神。虞は舜（生卒年不詳）、夏は禹（生卒年不詳）のこと〕も忽然（突然）として没せり、我安にか適きて帰せん。ああ、徂かん、命の衰えたるかな。」と。かくして首陽山に餓死した。このことから考えると、怨みがあったのであろうか、そうではなかったのかは分からない。（筆者注：本当は怨んでいたのだ。）[89]

伯夷叔斉は孔子が大変高く評価していた人物であるが、彼らについては現代日本人の目からすると少し奇妙にも思える所もあるだろう。『論語』のこの条では、孔子は伯夷叔斉が自国の君主の座を投げ捨てても、礼と仁を大切にしたが、その行動には何の後悔も無かったといっているのだが、司馬遷の上記の説によれば、武王を諫めても、聞き入れてもらえず、意地を張って首陽山に籠り、誰にも相手にされずに、餓死していった終末を、司馬遷は実は伯夷叔斉は後悔していたと言っているのである。

③伯夷・叔斉に対する人物評価の日中の差

　令和日本人の多くは、伯夷と叔斉を賢人とは見なさないのではないだろうか？現代だけでなく、社会体制が現代とは全く異なる江戸時代でも、そうであったようで、江戸時代を代表する大儒の伊藤仁斎（1627-1705）は、主著の『論語古義』のこの条の解説で、「……夷‐斉之事伝記不詳。孟子称非其君不事、非其友不友。不立於悪人之朝、不与悪人言。史記所載兄弟遜国之事不足考信。故特依孟子為断。……〔……伯夷と叔斉が賢人であったかどうかは、『史記』の記述だけでは分からないので、『孟子』の、『（筆者注：伯夷は）その君に非ざれば事えず、その友に非ざれば友とせず、悪人の朝に立たず、悪人と言わず。』（の記述）に依拠する。『史記』に書かれている兄弟が位を譲って他国に逃げたことは、信頼できないので、特に『孟子』によって決断を下した。……〕」と言う。仁斎は、譲国の逸話さえも信用できないと言っているのである。

　また、同じく碩学で、日本最高の儒学者の誉れの高い、荻生徂徠も、『論語徴』のこの条の解説で、以下のように述べている。

　伯夷叔斉諫伐之事、不可信矣。明王氏論之詳焉。二人以譲聞、而不称於孔門。独以悪不仁称。其迹似不得乎父而若怨。故子貢以怨乎問之。司馬遷亦曰、怨邪非邪。求仁而得仁、求仁人而得之也。謂帰西伯也。不以喪位為怨。帰仁人而楽之。人之有邦、猶己有之。故孔子曰、又何怨。孔安国曰、以譲為仁。豈有怨乎。

　伯夷叔斉が武王の討伐を諫めたことは信じることができない。明の王直（1379-1462）さんが、このことを詳細に論じている。[90] 兄弟は国を譲り合ったことで有名だったが、孔門では評価は高くなかった。唯、不仁を憎んだことで評価されていた。父からの跡目を得られなかったことに怨みを残していたように見えたので、子貢は「怨みたるか」と孔子に訊いたのである。司馬遷もまた、「怨みがあったのであろうか、そうではなかったのかは分からない。

（筆者注：怨んでいた）」と言っている。「求仁而得仁」は、仁者である西伯の薫風を受けることができた経験を言っている。伯夷と叔斉は位を失ったことを怨みとせず、仁者に帰したことを楽しんだ。人が邦を有つことを、自分が邦を有つように楽しんだ。だから孔子は、「又何ぞ怨みん！」と言われた。孔安国は、「（邦を）譲ることで、仁を為し遂げることができた。一体何を怨むことがあるのか！」といっている。（筆者注：孔安国のこの言葉は『論語集解』に出て来る）朱註（筆者注：『論語集注』のこと）は、之（前文の孔安国の「以譲為仁。豈有怨乎」のこと）に賛同するが、（筆者注：朱子は「求」が「訪ね求める」意味であることを知らないので、道学的に心の徳の問題にして、）「どうやって天理の正しさと同じになり、自分の心を安定させるかを求めた。（皆天理の正に合して、人心の安きに即く所以を求む。）」などと解釈するのである。

徂徠はまた、「二人以譲聞、而不称於孔門。（兄弟は国を譲り合ったことで有名だったが、孔門では評価は高くなかった。）」と言うが、何を根拠にしてこの意見が出たのは定かでなく、前述のように筆者の見解とは異なる。いずれにしても、我が国では、伯夷・叔斉の評価は少なくとも、江戸期からはずっと、決して高いとは言えない。

一方、中国では、二人の評価は非常に高く、「賢人」といえば、第一にこの兄弟の名が上がるであるように筆者には思われる。この条も、『論語集解』は、孔安国の説を採りあげ、「夷斉譲国遠去、終於餓死、故問怨乎。以譲為仁、豈怨乎。〔伯夷叔斉は国を譲って遠くに去り、餓死して生涯を終えた。そのため（子貢は）怨恨について質問したのである。（孔子は）『譲ることで仁を為したのに、どうして怨むことがあろうか！』と言っている。〕」と、伯夷叔斉が仁者であったと称賛している。

『論語集注』も、程伊川（1033－1107）の説を取り上げ、伯夷叔斉を賢人として賛美している。「程子曰、"伯夷、叔斉遜国而逃、諫伐而餓、終無

怨悔、夫子以為賢。故知其不与輒也。"〔程（伊川）先生が言われた、『伯夷、叔齊は国を遜って逃れ、（武王が殷を）討伐するのを諫めて餓死した。しかし最後迄、怨み悔やむことは無かった。それで孔子は彼らを賢と見なした。そのことから（子貢は）孔子が輒を与（くみ）しないことを知った。』と。〕」といった具合である。

　ここでも日中での人物評価の違いが浮き彫りにされている。日本では、仁を求めても、武王には相手にされず、しかも社会からは無視され、兄弟二人のみで山中で餓死して人生を終わった人たちなどは、賢人どころか仁者ですら到底有り得ないと考える人が多いのではないだろうか？「求仁而不得仁」が伯夷・叔齊の実態であり、彼らの生き方は、失敗人生と判断されるのではないだろうか？

　一方、孔子はじめ多くの中国人は、きちんと行動を起こし（それは周囲のしがらみ等があり、とても難しいのだが）、自分の信念通りに生き、それを貫き通した。結果などは余り問題では無く、その情念の純粋さ・強靭さが人生にとって肝要・貴重な要素であると考えているようである。

④活躍する冉有

　本題に戻る。朱熹は『論語集注』で、『荀子』[91] を引き、「君子居是邦、不非其大夫、況其君乎。（君子はその国に居ればその国の大夫を誹らない。ましてや君に対しては言うまでもない）」と言う。孔子一行は衛に滞在していたと考えられる[92]から、子貢は直接衛の公室の人名は出すことなく、当面の問題と類似した昔話を用いて、孔子の真意を確かめたのである。

　この条は、悪くすれば孔子一門にも身の安全が保障されないという背景の中での、孔子師弟を活き活きと描出しているのである。冉有は、本稿で『論語』から取り上げた前述の数条の印象とは、別人のように違う。ここでは危機の中に在りながら、楽しそうに状況に的確に対応している冉有・子貢の姿が浮き上がってくる。冉有は随分性格が明るくなったように感じる。出魯か

ら三年ほどたった時の逸話である。

　『史記』孔子世家によれば、この翌年、七代当主に就任した、季康子（？-前468）から、先代の季桓子の遺言の、「必召仲尼（必ず孔子を召し抱えなさい）」の実現の先駆けとして、先ず、冉有に仕官の話があったという。

　秋、季桓子病、輦而見魯城、喟然嘆曰："昔此国幾興矣、以吾獲罪於孔子、故不興也。"顧謂其嗣康子曰："我即死、若必相魯；相魯、必召仲尼。"后数日、桓子卒、康子代立。已葬、欲召仲尼。公之魚曰："昔吾先君用之不終、終為諸侯笑。今又用之、不能終、是再為諸侯笑。"康子曰："則誰召而可？"曰："必召冉求。"於是使使召冉求。冉求将行、孔子曰："魯人召求、非小用之、将大用之也。"是日、孔子曰："帰乎帰乎！吾党之小子狂簡、斐然成章、吾不知所以裁之。"子贛知孔子思帰、送冉求、因誡曰"即用、以孔子為招"云。

　哀公三年（前492）の〕秋、季桓子は病気になり、輦（てぐるま）に乗って魯の城壁を見て、溜息をついて、「昔この国は隆興の気運に有った。しかし私が孔子に罪を犯したので、国の気運は消えたなぁ。」と言った。跡継の康子の方を振り向いて、「私は程無く死ぬ。そしてお前は必ず魯の宰相になる。宰相になったら、必ず孔子を召し抱えなさい。」と言い残した。数日後に季桓子は亡くなり、康子が跡を継いだ。葬儀が終わった後、（康子は）孔子を召し出そうとした。公之魚（生卒年不詳）が、「以前先君（季桓子）は孔子を任用しましたが、最後までは用いることができず、結局諸侯の笑いものに成られました。今度も孔子を用いて、長続きしなければ、それは二度も諸侯の笑いものになられることでございます。」と言った。康子は、「では誰を召し出すが好かろうか？」と言うと、（公之魚は）「是非とも冉求を召し出されなければなりません。」と答えた。それで使いをやり、冉求を呼ぶことになった。冉求が出かけようとする時、孔子は、「魯の人が求を呼んだのは、軽く用いる為

ではあるまい。重く任用する心算であろう。」と言われた。この頃、孔子は、「帰ろうではないか、帰ろう。私の郷里の若者たちは熱狂的で、志は大きく、麗しい文様を織り成していたのだ。私はそれをどう仕立てるか、知らずにいたのだ。」[93]と言っていた。子貢は孔子が帰国したがっているのを知ったので、冉求を送って別れる時に、「もし重任を得たら、先生を呼ばせるように計らうんだよ」と釘を刺していたということである。

　当時すでに支配者層は、深く結束の強い各自の情報網を持っていたと考えられ、季孫家の先代からの重臣の公之魚も当然、孔子一行の状況は逐一把握していたと思われる。彼の話の内容から、冉有が、孔子と良好関係にあると公之魚が判断したであろうことが判る。成り行きで急遽孔子を呼んで、又失敗したらと恐れた時、代わりに以前季氏に仕えていた冉有を強く推したのは、冉有は季孫家にとって使い勝手が大変良い人だったという過去の思いがあったからであろう。
　この時、冉有がどれ程以前と変わったかは詳細不明だが、少なくとも、孔子はもう既に冉有に怒ったり、手を焼いたりはしていない様子がうかがえる。

⑤**六十而耳順**

　ここで『史記』の文献評価について考えてみたい。司馬遷は孔子を尊敬するあまり、孔子関連の話を美談に仕立てる傾向がある。また、前述のように司馬遷は秦より以前の事柄は、自分にはよく分からないと告白している事実もある。
　例えば、ここでの季桓子の遺言の逸話は、『春秋左氏伝』では全く違った内容の記事で現れる。それによると、季桓子の末期の言葉は、「(季桓子)曰、無死、南孺子之子、男也、則以告而立之。〔(季桓子が、臣下は)殉死するな、南孺子（今妊娠中の若い正妻）の生まれてくる子が男なら、彼を跡継にせよ。〕」というものだった。そして、果たして男児が生まれた。『春秋左氏

伝』は、「季孫卒、康子即位、既葬、康子在朝、……南氏生男。……康子請退、公使共劉視之、則或殺之矣。〔季桓子が死に、季康子が跡目を継いだ、季康子は葬儀を済ませ、朝見していた。……生まれてきた子が男だった。康子は退位を申し出たが、哀公が様子を見に大夫の共劉(きょうりゅう)（生卒年不詳）を派遣すると、その時には、既に何者かの手によって嬰児は殺害されていた。（結局季康子が跡を継いだ）〕」と綴っている。[94] 多分こちらの方が史実であろう。

また、孔子世家は上記の出来事は季桓子が亡くなった、哀公三年（前492）のこととするが、そうだとすると孔子が帰国する哀公十一年（前484）迄の八年間の長きに亘り、冉有は子貢の助言・提案に反して何もできなかったということになり、不自然である。司馬遷の文脈では、女楽の過ちで孔子を失い大変後悔していた季桓子が、「孔子を任用しろ」と季康子に遺言して亡くなっていったという方向で季桓子の話を括りたかったのであると考える。つまりこの話を美談にして終えたかったのであろう。しかし、この逸話は、『史記』と同じく、あるいは、『史記』以上に孔子称賛の傾向が強い、『孔子家語』には見えない。また、前述の如く、『春秋左氏伝』では上記のように全く内容の違った記事を掲載している。孔子世家のこの話は史実では無かろう。

『春秋左氏伝』には冉有は哀公十一年に初登場し、同書はそれ以前の冉有のことは全く伝えない。季孫から冉有を用いたいという要請が来たのは多分事実だろうが、それは季桓子が亡くなった哀公三年とは、どうしても考えにくい。哀公五年（前490）には、孔子は中牟で反乱を起こした、仏肸を助けに行こうとし、それは正道では無いと子路に強く反対されている。反乱軍側でも好いという程、孔子はこの時は未だに政治参加に積極的だった[95]。『論語』陽貨篇には下記のような記載が在る。

　　仏肸召、子欲往。子路曰："昔者由也聞諸夫子曰：'親於其身為不善者、君子不入也。'仏肸以中牟畔、子之往也、如之何！"子曰："然。有

是言也。不曰堅乎、磨而不磷：不曰白乎、涅而不緇。吾豈匏瓜也哉？焉能繫而不食！"

　仏肸が孔子を招聘した。孔子は行こうとした。子路は、「昔、私は、先生の『今その身で不善を働いているもの所には、君子は足を踏み入れない。』というお言葉を聴きしました。佛肸は中牟（晋の采邑）を根拠として反乱を起こしています。そこに先生が行くのは、どうしたものでしょうか！」と言った。孔子は、「その通りだ。確かにそう言った。しかし、世の中には、本当に堅いもの、つまりいくら擦り減らしても薄くならないもの：また本当に白いもの、いくら黒い土で染めても黒くならないものが有るというではないか。（それは私のことだ！）私が苦瓜だとでもいうのか？どうしてぶら下がったまま、人に食われないでいられようか！」と言われた。

　語釈をすれば、最後の「吾豈匏瓜也哉？焉能繫而不食！」は、解釈の分かれる部分で、『論語集解』は、何晏（かあん）（190-249）の説として、「匏、瓠。言匏瓜得繫一処者、不食故也。吾自食物。当東西南北、不得如不食之物繫滞一処也！（匏は瓠（ヒサゴ）。言いたいことは匏瓜（ヒサゴ）が一ヶ所に掛かっているのは、ものを食べないからである。人である自分が瓜のようにじっとぶら下がるだけで、何も活動をせず、ものを食べないでいる訳にはいかない！）」と説明し、朱熹も、『朱子語類』仏肸召章（ふつきつしょう）で、「古注是。（『論語集解』は正しい）」とし、劉宝楠の『論語正義』も、「『吾自食物』者、言吾当如可食之物、与匏瓜異也。〔『吾自食物』は、私は元々ものを食べること言っている。（ものを食べない）匏瓜とは違うことを言っているのだ。〕」と言う。なお、『論語正義』は皇侃の『論語義疏』を取り上げ、「一通云：匏瓜、星名也。（一説では、『匏瓜は星の名だ。』と言っている）」と言い、自説として、「今案：『匏瓜』星名、見史記天官書、此義亦通。（自説：『匏瓜』は星の名、『史記』天官書に、この名が見える。）」と言う。荻生徂徠も、『論語徴』で、「古来以為苦匏。焦弱侯独以為星名。得之。〔古くから苦匏（にがうり）と解釈してい

る。唯、焦竑(しょうこう)(1540‐1620)さんだけが星の名と為す。要を得た解釈だ。〕」と、星名説に賛同している。

　筆者の採った解釈は伊藤仁斎の『論語古義』の以下の説明による。「吾非如匏瓜無用之物。無資於世者也。（私は匏瓜のように、役に立たなくて誰にも食べられない、無用の長物とは違う。私は世の中の人の助けにならないような人では無いのだ！）」こちらの方が他の説より通りが良いよう筆者には感じられる。

　条の言語解説が長くなったが、どの説を採っても、孔子が全身全霊をもって政治参加を熱望していたことは強く伝わって来る。この仏肸の誘いが有ったのは、哀公五年（前490）、孔子62歳の時のことであった。孔子は大変葛藤しただろうが、結局反乱軍には加担していない。その理由は文献資料には登場しない。いくら頑張っても、最後の所で、孔子には諸国からの招聘は無かった。仕官できたとすれば、50歳時にあった、公山不擾の反乱軍と、12年後の今回の仏肸の乱だけであり、今回が最後の招請かも知れないという気持ちは孔子の中に強く有ったように思える。しかし、それを断ったのは何故であろう？孔子は飽く迄も正統路線で進もうと決意したからでは無いだろうか？それは取りも直さず、自分の代では、天命が達成できないという結論に達したことを意味する。自分の天命を二代目に受け継いで貰い、自分の代では日の目を見なくても好いから、正統路線を歩もうと決意したと筆者は考える。これが、孔子の回顧の弁の、「六十而耳順。〔六十にして、耳順(したが)う。〕」の具体的な内容であると考える。

⑥冉有の活躍で孔子の帰国が成る

　子貢が聞いたという、帰郷の言などは、孔子の極めて「直」な性格から考えると、哀公三年時には有り得ない話と言えよう。

　また、『春秋左氏伝』には、哀公七年（前488）に、子貢が季康子の代わりに呉の太宰嚭(たいさいひ)（？‐前473？）に対応した記事がある[96]ので、あるいはこの

辺りに、冉有にも季孫氏からの誘いが有ったのかも知れない。

　それでは、孔子はどのようにして帰郷を果たしたのであろう？『史記』孔子世家には以下のような逸話が、記載されている。

　其明年、冉有為季氏将師、与斉戦於郎、克之。季康子曰："子之於軍旅、学之乎？性之乎？" 冉有曰："学之於孔子。" 季康子曰："孔子何如人哉？" 対曰："用之有名：播之百姓、質諸鬼神而無憾。求之至於此道、雖累二社、夫子不利也。" 康子曰："我欲召之、可乎？" 対曰："欲召之、則毋以小人固之、則可矣。"……季康子逐公華、公賓、公林、以幣迎孔子、孔子帰魯。孔子之去魯凡十四歳而反乎魯。

　その翌年（哀公八年）冉有は季氏の為に、軍を率いて斉の軍と魯の郎(ろう)（地名）で戦い、之（斉）に克った。季康子は、「あなたの戦争能力は、学んだものなのですか？それとも生来えていたものですか？」と（冉有に）尋ねた。冉有は、「之を孔子に学びました。」と答えた。季康子は、「孔子はどんな人ですか？」と尋ねた。冉有は応えて、「彼を用いれば、国の名が上がります：その政策を百姓(ひゃくせい)（国民全体のこと）に施せば、諸鬼神に正しても遺憾とする所が有りません。孔子の道を求めれば、最上の正道に迄至るでしょう。たとえ、封地を千社（社は、書社：つまり、25家の里を言う。千社で2万5千軒の町を言う）を何倍に、積み重ねても、孔子は全く私腹を肥やしません。」と言った。康子は、「私は彼を召し上げたいが、できるだろうか？」と言った。冉有は応えて、「先生をお招きになろうとするのなら、小人扱いして卑しめるようなことが無ければ、大丈夫でしょう。」と言った。…………季康子が折しも公華(こうか)（生卒年不詳）、公賓(こうひん)（生卒年不詳）、公林(こうりん)（生卒年不詳）を遣わし、礼物を以て孔子を迎えに行かせたので、孔子が魯に帰ってきた。孔子は魯を去ってから凡(およ)そ、14年間で魯に帰った訳である。

　同様の話は、『孔子家語』正論解篇(せいろんかい)[97]にも、『春秋左氏伝』哀公十一年[98]に

も出て来る。「其明年」は、『春秋左氏伝』から、哀公八年ではなく、哀公十一年であるとされ、「後四年」と書き換える人たちもいる。[99]『孔子家語』には年代が殆ど記載されていないが、ここでも何時のことかは全く触れていない。「其明年」は司馬遷の誤記と考える。

「康子曰、『子之於軍旅、学之乎？性之乎？』冉有曰、『学之於孔子。』」の部分は『孔子家語』にも、ほぼ同じ内容で記述が有り、『春秋左氏伝』には、全く記載が無い。筆者が二章・一節・一項で述べた様に、孔子は衛霊公に対して、「俎豆之事、則嘗聞之矣：軍旅之事、未之学也。〔礼儀に関する事柄なら、（先輩から）これを聞き知っております：しかし戦争に関する事柄は未だ学んだことはありません。〕」と応えている。『論語』のこの言葉と、孔子世家、あるいは『孔子家語』の言葉とは明らかに矛盾している。『孔子家語』には、下記の記載が在る。

季孫謂冉有曰、「子之於戦、学之乎？性達之乎？」対曰、「学之。」季孫曰、「従事孔子、悪乎学？」冉有曰、「即学之孔子也。夫孔子者大聖、無不該、文武併用兼通。求也適聞其戦法、猶未之詳也。季孫悦。」

季孫（季康子）は冉有に、「あなたの戦い振りは見事でしたが、あなたは戦術を学んだのですか？それともそれは、生来の才能ですか？」冉有は、「戦術は学びました。」と応えた。すると季康子は、「（あなたは）孔子に従事（師事）しているのに、一体どこで学んだのですか？（筆者注：孔子には軍旅の知識は無いというのが、世間の常識だったのであろう。）」冉有は、「これこそ、孔子に学んだものなのです。孔子は大聖で、全ての分野を該(かね)えています。文武併に兼(とも)ねて通用しております。求（冉有の下の本名）は、孔子の戦法を習うことは出来ましたが、未だなお詳通しておりません。」と応えた。季康子は（これを聞いて）悦んだ。

『論語』衛霊公篇の、「俎豆之事、則嘗聞之矣：軍旅之事、未之学也。」

と言う孔子の言葉は、孔子が滞在していた衛の主君に向って、(いわば「採用面接」で)自分は戦争が専門ではなく、礼が専門ですと主張しているだけのことである。孔子は軍事力が不要だとは考えておらず、逆に民にきちんと軍事の基礎を教えなければならないと言っている。『論語』子路篇は、「子曰："以不教民戦、是謂棄之。"〔孔子は、『(軍事を)教えていない民に戦わせるのは、民を棄てることである。』と言われた。〕」という条で篇を締めくくっている。この前の条では、「子曰："善人教民七年、亦可以即戎矣。"〔孔子は、『善人が民を七年間教育すれば、民に戦争をさせることができる。』と言われた。〕」と教えている。孔子は軍事専門家では無いが、軍事は不要とは全く考えていなかったことが判る。さらに、『論語』述而篇には下記のような記載が在る。

　　子謂顔淵曰："用之則行、舎之則蔵、唯我与爾有是夫！"子路曰："子行三軍、則誰与？"子曰："暴虎馮河、死而無悔者、吾不与也。必也臨事而懼、好謀而成者也。
　孔子が顔淵(がんえん)(前521 - 前481。顔回の字)に、「採用されれば、(道を)行い、採用されなければ、世の中から隠れる。唯、私とお前だけがそんな生き方ができるなぁ！」と言われた。(自分の存在感を示したくて)子路は、「先生が三軍(三万七千五百人の軍隊)を指揮される時には、誰を連れて行きますか？(武功に長けた私しかいないでしょう！)」と尋ねた。すると、孔子は、「暴虎馮河(ほうひょうがひ)(素手で虎と戦ったり、黄河を歩いて渡ったりすること)、(そう云った無鉄砲な勇気が理由で)死んでも後悔しないような人とは、私は行動を共にしたくない。事(件)に臨みては、最悪を考えて慎重に行動し、謀(計画・想定)を好み、(全て想定実験をしてから)行動する、そんな人でなければ、私は絶対に共に行動することは無い。」と言われた。

「好謀而成者(謀を好みて成す者)」とは令和日本語では悪い意味にしか

成らないようにも感じるが、原義はそれと違い、「きちんと考えて、行動しなさい。」と素直に、言っているだけのことである。ここも日中の文化相違の一面を表している。

　上記の条からも、孔子は軍備自体を全く否定して居らず、また、子路の発言からは、孔子が戦略は持っていても、戦術は余り持ち合わせていなかっただろうことも分かる。

　『孔子家語』の、「求也適聞其戦法、猶未之詳也。〔求（私）は、孔子の戦法を習うことは出来ましたが、未だなお詳通しておりません。〕」という発言は、無論、季康子に冉有が孔子を売り込んだ政治的な要素はあるにしても、それが全くの虚構の宣伝活動とは言えないだろう。

　孔子世家にある、冉有の言の、「欲召之、則毋以小人固之、則可矣。（先生をお招きに成ろうとするのなら、小人扱いして卑しめるようなことが無ければ、大丈夫でしょう。）」は、古くから議論されてきた箇所で、『孔子家語』には、その部分は削除されている。先ず、「固之」だが、「之」は孔子で問題は無いのだが、「固」の意味がよくは分からない。「小人という固定観念で取り扱わなければ」の「固」と読むのが文法的な読みだろうが、常識的に当時の孔子を世間が小人と見なすことは普通考えられない。吉田賢抗（よしだけんこう）（1900 - 1995）は、「固は鄙陋。（固は見識が浅はかなこと。）」と言う。[100] 小川環（おがわたまき）（1910 - 1993）は、「小人として軽くごらんにならなければ、」と言う。[101] 吉田は、また、「崔述（さいじゅつ）（筆者注：1740 - 1816）は冉有の言は浅陋で聖人を称するに足る文ではなく、後人の偽託かといい、中井積徳（なかいせきとく）（筆者注：1732 - 1817。中井履軒の本名）は虚談だという（考証）」[100] と言う。

　筆者は、崔や中井の見解とは異なり、季康子に対する、冉有のこの助言は誠に要を得たものであると考える。それは、冉有同様に賤民生活を経験している孔子には、古い過去の心的外傷が、ちょっとした切っ掛けが元で、炸裂することが有り、その現場を冉有は直に見聞していたのだろうと推測するからだ。孔子の心底が深く傷ついていても、被差別の経験が無い人には、それ

が良くは分からなかった場合が多かったであろうが、冉有にはそれが痛いほど良く分かっていたので、この進言が出たのであろう。

いずれにしても、冉有の指南を季康子は採択したようで、季康子は万が一にも孔子に失礼が無いように、身分の高い公子三人に手土産を持たせ、最上級の敬意を以て孔子を招いた。そしてそれは見事に成功して、孔子は足掛け14年の遊説から魯国に戻ってきたということである。筆者の説では、孔子諸国遊説は、冉有の性格の弱さが原因で起こり、そして、その恩を返すように、今度は、冉有の働きで帰国が実現したということになる。

7. 魯への帰国とその理由

①孔子帰国時の状況

孔子世家は前記の「孔子帰魯。孔子之去魯凡十四歳而反乎魯。」に続けて、下記の記事を記載している。

　魯哀公問政、対曰："政在選臣。"季康子問政、曰："挙直錯諸枉、則枉者直。"[102] 康子患盗、孔子曰："苟子之不欲、雖賞之不窃。"[103] 然魯終不能用孔子、孔子亦不求仕。

　魯の哀公が（孔子に）政治について尋ねた。（孔子は、）「政治とは良い臣下を撰び採用することが肝要です。」と応えられた。季康子も政治について尋ねた。（孔子は、）「正直な人を挙げ、（心の）曲った人の上に置けば、曲った人も正直になります。」と応えられた。（季）康子は盗賊の多いことを患いていた。孔子は、「苟もあなたが無欲ならば、賞を与えても、（民は）盗まなく(いやしく)なりますよ。」と応えた。然るに、魯国は終に孔子を用いることは出来なかった。孔子もまた、仕官を求めなかった。

　この面談は孔子世家によれば、孔子帰国後すぐに行われたとされる。これ

は、実質上の孔子の採用面接である。子貢や冉有たちが、孔子が帰国したがっている、そして、魯の国で仕官したがっていると、考えての御膳立てだったが、上記の記事は、孔子には魯で仕官する気は初めから無かったように読める。非常な敬意をもって、招いてくれた季康子に対する、「苟子之不欲、雖賞之不竊。〔苟もあなたが無欲ならば、賞を与えても、(民は)盗まなくなりますよ。〕」などの孔子の発言などは、父の命に従わず、礼に反して跡目を簒奪した季康子への悪感情を差し引いて考えても、殆ど季康子を挑発している無礼な言葉に見える。しかし、あるいは、孔子は自分の指導を真摯に受け止めるなら、政治に参加してあげても好いという、謂わば、上から目線の考えの下で、故意に邪慳な対応をし、相手の反応を窺がっていたのかも知れない。孔子世家によれば、案の定、「魯終不能用孔子、孔子亦不求仕。(魯国は終に孔子を用いることは出来なかった。孔子もまた、仕官を求めなかった。)」という結末になっている。それ以後の孔子は、逝去に至る迄専ら著述に専念したという主旨の記述を孔子世家はしている。

　孔子には仕官する気が無かったようだ。それでは何故孔子は帰国したのであろうか？孔子が帰国したい気持ちになっていたことは、上記の『史記』孔子世家だけではなく、『論語』公冶長篇にも「子在陳曰："帰与！帰与！吾党之小子狂簡、斐然成章、不知所以裁之。"〔孔子が陳(現在の河南省南部にあった小国)にいた時に、さあ、帰ろう！さあ、帰ろう！私の党(五百軒の村)の若者達は意気盛んに行動して、華々しく文化活動をしている。しかし、(自分たちの活動に)どこで切りをつけるかを知らないでいる。(だから私が行って彼らを正しく教育してあげよう。)〕」の字句で記載が在り、確実なことであろう。

　この孔子の言葉から、子貢は孔子が帰国したがっている、そしてそれは取りも直さず、魯での仕官を望んでいると考えたのだが、それは孔子の、「吾豈匏瓜也哉？焉能繋而不食！"」との発言に、あるいは子貢も冉有も直接出会わしていたかもしれず、その時の孔子の政治参加への激情が頭から離れな

かったからであろう。しかし、この仏肸事件に不参加だった孔子には、前述のように、「六十而耳順」という、大きな心境の変化が有り、翌年の陳蔡之厄では愈々「耳順」の思いが深まったと思われる。こんな心境の変化が有った為、哀公十一年の帰国時には、孔子は司馬遷も言うように、「孔子亦不求仕。（孔子も仕官する気はなかった。）」といった心境だったのであろう。

②吾党之小子狂簡の「小子」は誰か？

　孔子が帰国を希望した主な原因は他にあったように思える。それは、儒学団指導者を顔淵へ継承し、それを魯国の支配層・知識人層に披露し、顔淵を彼らにきちんと認めて貰うことである。先の、狂簡な郷土の若者をちゃんと導いてやりたいというのは、謂わば孔子の情念的な帰国の動機であり、儒教集団の宗主の交代の諸手続きは、謂わば、孔子の、知性的な帰国の動機であったと言えよう。

　同様の話が、『孟子』尽心下篇にも出て来る。孟子は、「吾党之小子狂簡」の「吾党之小子」は、具体的に、琴張、曽皙（生卒年不詳）、牧皮（生卒年不詳）としているが、琴張については、本章・三節・一項で述べたように、孔子30歳の時に既に大人であり、孔子と年がいくつも違わないと現在は考えられているし、曽皙は孔子より46歳若い曽参の父親であり、牧皮については、『孟子』のこの箇所にしか古典文献の記述がない、正体不明な人物である。孟子の頃の伝承は分からないが、現在の学界の判断では琴張[104]も曽皙も当時はとても、若者（小子）とは言えなく、この孟子説は支持されていない。

　「吾党之小子」とは具体的に誰であるかは、やはり気になる点であろう。普通に考えれば、字の子張（前503-？）で呼ばれている顓孫師とか、四科十哲（孔子の高弟十人の称）の子游（前506-前443？）、子夏（前507-前420？）の両人とか、あるいは、『論語』に多く登場する、曽参も或る意味では、「狂簡」であるので、この中に数えられるかもしれない。また、あるいは、文献には出てこない無名の若者も孔子の眼中に有ったかもしれないが、文献から

確認できるのは、『論語』に登場する、これらの弟子である。孔子は彼らを大変気に掛け、細心かつ最深な指導をしている。

　また、以下の意見は文献の根拠に極めて乏しいので、筆者の臆測と言われても仕方が無いが、「狂簡」は、今となっては名前さえ分からない、子思（前469？‐前558？）の異母兄を、その概念の中心に位置付けた孔子の言葉だったという見解である。つまり、孔子は自分の孫をきちんと教え正したいとしたのが、帰国の情念的動機の中核を成していたのではないかという一説である。孔子には子思以外にも孫が存在したということは確実[105]であるが、そのあたりの詳細は文献に全く現れない。孔子に都合の悪いことなどは普通、記録に残さないというのが儒教文献の伝統であるから、嫡孫だった可能性も高いその孫にはいろいろ問題が有ったと考えるのが一番無理の無い解釈である。たとえば、彼の父である孔鯉（こうり）（前532‐前483）と激しく衝突し、家を飛び出したという事はありそうな推測に思える。子思は孔鯉が何歳の時の子かについては定説が無いが、遅い時の子であるとは考えられている。筆者は定公十四年辺りに子思は生まれたと考えている。それで孔子の新しい嫡孫の祝いを定公から頂き、そのお礼に遊説から魯に帰国したが、その時に衛生まれの賢才の子貢を礼先進国の魯に連れて来て礼を教育させようといたのではないかとも臆測する。鯉は若い側女が産んだ男児に、「伋（きゅう）」と名付けているが、これは、父の理不尽な命令に従って死んで行った、衛の太子伋（たいしきゅう）（？‐前701）を強く意識した命名であったとも臆測する。無論、正妻が生んだ上の子とは違い、畏父孔子が名を起こした孔家を絶やすことなく引き継いでほしいという、鯉の天に縋るような切実な願望であったからであると臆測している。今度の子には父親の言うことは何でも聴いて欲しいと鯉は心底思ったのではないかと臆測している。

　それまでは比較的自分の妻子などには淡々と接していたように見えた孔子だが、長い諸国遊説を経験し、身体には少し老齢化が進んだ晩年の今、その問題児の孫を何とか善導・更生させてあげたいというのが孔子の切なる感情

的願望であったとも考えられるのではと筆者は臆測する。

③顔淵を自分の後継者に据える

　本題に戻る。仁斎は、『論語古義』のこの条の解説で、「於是欲帰魯而裁之、是教法之所以始立也。……此雖夫子之不幸、然在万世学者、則実大至幸也。〔ここに至って、(孔子は)、魯国に帰って、若者たちを正そうとのぞんだ。これが孔子の儒教の教義の成立の初めである。……このこと(遊説先で仕官できずに帰国したこと)は孔先生にはとっては不幸だが、万世の後学にとって、実に大きなこの上の無い幸福である。〕」と、この条を絶賛する。孔子は若者をきちんと教育するために帰国し、結果としてそれが、儒学の教義の基礎を確定したという大事業を完成させ、予想外の余慶を後世の儒学者たちにもたらした。

　郷里の若者たちを教育するには、やはりしっかりとした学校としての組織作りが必要であろう。六十而耳順で政界引退を決めていた孔子の帰国後の一番の仕事は跡取り問題を明確に開示することであった。『論語』公冶長篇には以下の記載が在る。

　　子謂子貢曰："女与回也孰愈？"対曰："賜也何敢望回。回也聞一以知十、賜也聞一以知二。"子曰："弗如也！吾与女弗如也。"
　孔子は子貢に向って、「お前と顔回とでは、どちらが優れていると思うか？」と尋ねた。(子貢は)応えて、「私がどうして、顔回に挑みましょうか？顔回は一以て十を知ります。(一を聞いただけでその事柄の全てを把握します。)賜は一を聞いてせいぜい二を知るのみです。」と言った。孔子は、(嬉しそうに)「駄目だ、駄目だ。私もお前と同じで、顔回には及ばない。」と言われた。〕

　孔子は弟子の評価を多くしているが、弟子当人に自分の人物評価を尋ねた

のは、『論語』では、この条だけである。この条はどういう状況下でなされたかを考えてみると、やはり、帰国後、孔子の跡目は誰が継ぐかは世間の大きな関心の的であったであろうことがあげられる。孔子には大変優秀な弟子が多いというのは、当時の常識で、『史記』孔子世家には下記のような記事がある。

　昭王将以書社地七百里封孔子。楚令尹子西曰："王之使使諸侯有如子貢者乎？"曰："無有。""王之輔相有如顔回者乎？"曰："無有。""王之将率有如子路者乎？"曰："無有。""王之官尹有如宰予者乎？"曰："無有。"

　楚（前1046？-前223）の昭王（在位:515-前489）は書社七百（一万七千五百戸の土地）の領主として孔子を封じようとした。宰相の子西（生卒年不詳）は、諌めて言った。『我が君が諸侯に使いを出す時、子貢の如きものが居りますか？』、（王は）『おらぬ。』と言った。『吾が君の補佐の大臣の中で顔回の如きものが居りますか？』（王は）『おらぬ。』と言った。『吾が君の大将の中で、子路の如きものが居りますか？』（王は）『おらぬ。』と言った。『吾が君の官吏たちの中に、宰予（前522-？）の如きものが居りますか？』（王は）『おらぬ。』と言った。

　この逸話は、哀公六年（前489）、孔子63歳の時の出来事とされる。大国の楚でも、孔子学団の力を恐れていたことが判るが、昭王の庶兄で大変有能だった、子西が孔子の弟子の筆頭に挙げたのが、子貢である。前述の通り、子貢は定公十五年に魯の朝廷で定公の死などを予言したり、あるいはまた、この話の翌年の、哀公七年（前488）には季康子の代わりに呉の太宰嚭に対応したりして事態を収拾していることは前述した。また、子貢は大変な資産家でもあり、人々の信頼にも厚く、世間の評価は孔門中で一番高かった。孔子は跡継ぎを顔淵にと決めており、無論それは顔淵の内諾も得ており、門弟の多

くはそんな事情を知っていたことであろうと推定する。しかし、世間の評判があまりに高いので、子貢が自分こそ孔子の跡継に最適な人材だと、考えているかも知れないと、危惧を感じ、可愛い弟子に、孔子は心を鬼にして、「女与回也孰愈？（お前と顔回とではどっちが上だと思うか？）」と言い及んだと筆者は考える。すると、子貢は、満点の回答をし、孔子はそれを喜び、「吾与女弗如也。（君だけでなく、私も顔回には敵わないよ。）」と安堵すると共に、子貢を励ました出来事を言っていると考える。自説が少し突飛に見える方もおられるかもしれないが、『論衡』問孔篇に、「或曰、"欲抑子貢也。当此之時、子貢之凌在顔淵之上、孔子恐子貢志驕意溢、故抑之也。"〔ある人に、『（孔子は）子貢を抑えようとした。丁度この時、子貢の名声が顔淵を凌駕していたので、孔子は子貢の慢心を恐れ、これを抑えたのだ。』と言った。〕」と有り、また、『論語義疏』の引く、繆播（？-309）の説も、「故発問以要賜対以示優劣也。所以抑賜而進回也。〔そこで、（孔子は）子貢に顔淵との優劣を明確に示したくて、この質問をしたのだ。子貢を抑えて、顔淵を進めたい理由があったからだ。〕」と、自説を後押ししてくれる。

　これで、学団内はまとまり、統率者の引継ぎに、禍根を残さない状況になった。孔子は安心して、自学団の未来を夢見たと思われる。

第三章　孔子にとって顔淵とは誰だったのか？

1. 顔淵は孔子の母方の親族

　『論語』為政篇には、以下の条がある。

　子曰："吾与回言終日、不違如愚。退而省其私、亦足以発。回也、不愚。"
　孔子が言われた、「私は顔回と話をしても、顔回からは終日質問が出ない、まるで顔回は馬鹿みたいだ。しかし退いて、その私生活を見ると、（私を）ハッとさせることがある。顔回は愚かではない。

　この条の背景には弟子たちが顔淵は劣っていると見下している状況があり、孔子がその誤解を正そうとした時の発言と筆者は考える。
　「其私」は、『論語集解』は、孔安国を引き、「察其退還、与二三子説釈道義。発明大体、知其不愚也。（顔回が退き戻り、他の門人たちと道義を解釈し合い、その大要をひきだしているのを観察すれば、回が愚者で無いことが判る。）」とし、『論語集注』は、「私、謂燕居独処、非進見請問之時。（『私』は一人でくつろいでいる時を言い、孔子にお会いして質問している時のことではない。）」と言う。前述のこの条の発言時の状況下を考慮すれば、『論語集解』の説は、適切ではない。「与二三子説釈道義。（他の門人たちと道義を解釈し合う。）」をすれば、彼らが、顔淵の発言を非常に高く評価するだろうことが考えられ、他の弟子たちが顔淵を愚かだなどとは言わないだろうと推定されるからだ。従って孔子の回は愚かではないという発言の存在理由が無くなってしまう。ここは、『論語集注』の朱熹の説が正しいであろう。

ところで、一体どこで、顔淵は、「燕居独処（一人でくつろぐ）」しているのであろうか？普通に考えれば、顔淵の自宅で「燕居独処」しているのであろう。孔子の教場で「燕居独処」しているとは考えにくい。とすれば、孔子は顔淵の家を何度も訪れていると考えるのが、無理が無い解釈のように思える。

　顔淵の父は顔路（がんろ）（前545 - ?）で、やはり孔子の弟子であった。『孔子家語』（しちじゅうにていしかい）七十二弟子解篇によれば、「顔由、顔回父、字季路。孔子始教学於閭里、而受学、少孔子六歳。〔顔由（顔路）は顔回の父で、字は季路と言う。孔子が最初に教えを始めた閭里（りょうり）（村落、村民）からの弟子である。孔子より六歳若かった。〕」と言う。

　『論語』の上記の条の時、顔淵が何歳だったかは確定できないが、孔子諸国遊説前で、顔淵に対する孔子の評価の高さが、未だ教団内に浸透していなかった頃だとは推定できる。また、独立前の顔淵は風習に従って顔路の家に同居していたであろうと推定される。

　孔子が弟子の家を訪問したことは、『論語』にも出て来るが、それは病気重態だった弟子、冉伯牛（ぜんはくぎゅう）（前544 - ?）を見舞いに行った時[1]のみで、「（たまたま）一人でくつろいでいる」のを見る程、何度も、弟子の家に足を運ぶことは普通には考えられない。顔路は孔子の最初の弟子であったから特別に親しかったのだろうか？

　『史記』仲尼弟子列伝には、「父子嘗各異時事孔子。〔（顔氏）親子は別々の時期に孔子に仕えた。〕」とした上で、「顔回死、顔路貧、請孔子車以葬。〔顔回が死に、顔路は貧乏だったので、孔子に孔子の車を頂いて（顔回を厚く）葬りたいと願い出た。〕」と続ける。司馬遷によると、もうその時は弟子でもなかった顔路が、孔子の弟子の顔淵の為に葬儀を厚くするので、孔子所有の馬車を私に下さいと願い出たということになる。この要請は全く常軌を逸した要求であると断言できる。しかし、顔家を何度も訪れていただろうことをも考慮すると、顔路はもしかしたら、孔子の親族であったのではないか

との思いが出てくる。司馬遷によれば、孔子の母は顔徴在であり、顔氏である。顔路・顔淵が孔子の母方の親族であり、顔路は孔子の最初からの弟子であり、お互いの相性も良く、まるで兄弟のような濃厚な人間関係が長く続いたと仮定すれば、この無礼な要望もやっと理解ができる。また、それ以外の説明では、(魯君下賜の) 孔子の馬車を頂きたいと申し出た、顔路のこの行動は全く解明できないようにも思える。顔路・顔淵は孔子の母方の親族であると筆者は考える。

2. 顔淵への孔子の評価と顔淵の死の理由

①誕生期から青年期迄

　父親が孔子の最初の愛弟子であった顔淵は生まれた時から、孔子との接触が始まったと考えられる。他の弟子たちと比べて、極めて早い時期から孔子の薫風を受けて育ったであろう。『論語』子罕篇の下記の条は、顔淵の十代の頃の発言と筆者は推定する。

　　顔淵喟然歎曰："仰之彌高、鑽之彌堅；瞻之在前、忽焉在後。夫子循循然善誘人、博我以文、約我以礼。欲罷不能、既竭吾才、如有所立卓爾。雖欲從之、末由也已。"
　顔淵が、喟然（ため息をつくこと）として、感歎して、「孔子先生を仰げば、仰ぐほど高く、孔子先生を鑽（金属を切断したり削ったりするのに用いる鋼鉄製の手工具。ここでは動詞で使われている。）すれば、するほど、弥弥堅い；孔子先生を視て前に居られるかと思うと、忽まち後に居られる。孔子先生は循循然（秩序だった方法）として人を善く誘って導かれる。文（学問）を以て私の視野を広めてくださり、また礼を以て私をまとめ上げて下さる。私は先生から離れようとしても、それはできない。私は才能の限りを尽くしたつもりなのだが、先生は、さらに新しいものを卓爾（高くそびえるさま）して、私を

招かれる。先生に従いたいと欲しても、よるべき方法が無いのだ。」と言った。

　普通に考えて、現代でなら中高生のとても賢い子供が、自分の理想の先生に出会えた時の感動を熱っぽく、活き活きと語っている情景に思える。ところで、この文章はどういう経緯で、『論語』に収められているのであろうか？顔淵が弟子をとっていたかどうかは、不明で定説はない。仮に弟子がいたとしても、何の必要があって自分の十代の頃の話をしたかは不明である。映像も音声も録画・録音できなかった時代に、遠い過去の発言の一字一句これだけはっきり、覚えている顔淵以外の人がいたとすれば、それは父親の顔路であると考えるのが一番無理のない推測である。息子がいる人なら、今でいう中高生ぐらいの息子が目を輝かせて、素晴らしい先生に出会ったと感動して熱っぽく語る姿を 20 年経っても 30 年経っても、親は、はっきり覚えているのではないだろうか？孔子の三年の喪に、顔路も参加し、みんなと孔子の思い出を語っている際に、最愛の息子が如何に孔子を敬愛していたかを披露したと考える。顔路にとっては、今は亡き大切な息子の活き活きとしたあり様の思い出を語りたかったのであったと考える。

　なお、同じ内容の逸話が、『荘子』田子方篇にも多少の相違がある内容で出てくる。こちらの内容は、上記の顔路の言葉から、顔淵に興味関心を持った、多分 20 代の孔子の弟子たちが三年の喪中に、「顔淵没後の門人」を自称して、顔淵関連の資料を先輩たちから寄せ集め、それらを基にし、「顔氏之儒」一派を立ち上げた。その数代後の弟子に荘周（前 369 頃 – 前 286 頃）は師事したことがあり、その派の伝承が『荘子』に掲載されたと筆者は、一仮説を立てている。以下は『荘子』田子方篇の記事である。

　顔淵問於仲尼曰："夫子歩亦歩、夫子趨亦趨、夫子馳亦馳、夫子奔逸絶塵、而回瞠若乎後矣。"夫子曰："回、何謂邪？"曰："夫子歩亦歩也、夫子言亦言也、夫子趨亦趨也、夫子弁亦弁也、夫子馳亦馳也、夫子言

道、回亦言道也。及奔逸絶塵、而回瞠若乎後者、夫子不言而信、不比而周、無器而民滔乎前、而不知所以然而已矣。"

　顔淵が仲尼に、「先生が歩けば、私も歩きます、先生速足で進めば、私も速足で進みます、先生が駆け足で進めば、私も駆け足で進みます、先生が目に止まらない速さで走れば、私はただ目を見張って見つめているだけです。」と言った。先生は、「回、それはどういうことか？」と尋ねた。顔淵は、「先生が歩けば私も歩きますとは、先生が発言されれば、私も発言しますという意味です。先生が速足ですすめば、私も速足で進みますとは、先生が議論をすれば、私も議論をするという意味です。先生が駆け足で進めば、私も駆け足で進みますとは、先生が根源的な道の話をすれば、私も道の話をしますという意味です。先生が目に止まらない速さで走れば、私はただ目を見張って見つめているだけですとは、先生は発言しなくても、人から信頼を受け、身内だけを大切にすることは無く、万人を大切にし、君主の地位に無いのに、民が（徳を慕って）集まってき、それがどうしてそうなるのかが分からない程、全く自然に行われているという意味です。」と言った。

　『論語』と同じく、顔淵が如何に孔子に心酔していたかを描写した記事であるが、この記事は『論語』の記事と比べると、顔淵は十代ではなく、もう少し成長してからの、20代になってからの発言のようにも思える。こちらは、代々の顔氏之儒の学者たちが、顔路の発言を敷衍して出来上がった話であろうと考える。ちなみに、「夫子不言而信、不比而周。」の「不比而周」は、『論語』為政篇の、「子曰："君子周而不比、小人比而不周。"〔孔子は、『君子は誰でも大切に扱い、身内だけを大切にすることは無い。（それに反して）小人は派閥を組み、身内だけを大切にして、身内以外は大切にしない。』と言われた。〕」を想起させられる。なお、『論語』と『荘子』の関連性についてははそれだけで、一論文が作成できる大問題なので、ここでは詳しくは触れない。

②顔淵青年期への孔子の評価

『論語』先進篇に以下のような孔子の弟子評価発言が出てくる。

子曰："回也其庶乎、屢空。賜不受命、而貨殖焉、億則屢中。"
孔子が言われた、「顔回は（私の理想に）近いかも知れない。しかし、よくボーっとしている。賜は（天）命を受けることなく、財産を増やしている。憶測すればよく当たる。」

この発言は衛で弟子入りしたとされる子貢が出てくることから、孔子諸国遊説後になされたのは確かだろう。「憶測」とは具体的には、前述の定公十五年の魯国の朝廷での郲子や定公の死の予言と皇侃[2]や、邢昺[3]は言い、それでも良いであろう。また、吉川幸次郎（1904‑1980）は、新説を挙げ、「『億』とは商業的な推測、すなわち投機とも読めそうである。投機がしばしば的中する、おかしな奴だ、という意味とすることも、一説であろう。」[4]とするのも捨て難い解釈である。

さて、問題は、顔淵の、「空」の解釈である。『論語集解』が「空匱（貧窮）」とし、『論語集注』も朱熹は『論語集解』を受け継ぎ「空匱」とし、また、范祖禹を引き、「屢空者、箪食瓢飲屢絶而不改其楽也。〔『屢空し』は、食べ物や飲み物がしばしば底がついても、（回は）相変わらず自分の楽しみを維持していたこと。〕」とする。

筆者の見解としては、「空」を貧窮とする解釈は、司馬遷の『史記』伯夷列伝での、「仲尼独薦顔淵為好学。然回也屢空、糟糠不厭、而卒蚤夭。天之報施善人、其何如哉？〔仲尼はただ独り顔淵を好学として推薦した。それなのに、回は何時も貧窮しており、酒糟や糠でさえ腹いっぱい食べることができず、その結果、若死にした。天が善人に対する報いや施しは、一体どんなことなのか？（おかしではないか！）〕」との見解を嚆矢とする。司馬遷

は、無実の罪に拘わらず、武帝の怒りを買い、その後誤報が武帝に届いたこともあり、結局、司馬遷は宮刑に処せられたが、自害に走らなかったのは、父の遺言でもあった、『史記』を完成させるという使命があったからだ。彼は内面に深い心の傷を死ぬ迄を抱えていた。そんな司馬遷だから、非常に尊敬していた孔子とその一門を、しばしば自らの心緒の方向に引き付けて解釈する傾向がある。顔淵が孔子の一番愛した弟子であることは明白な事実であるが、この顔淵にも、司馬遷は鏡の中の自分を見るような心境で解説しているように思える。顔淵が善人であったにもかかわらず、餓死するほど貧乏だったという筋書きは、司馬遷自身の不幸な人生に対する自責・後悔の苦しみに癒しを与えるからだ。

　司馬遷の気持ちは分かったが、彼は一体どのような資料を根拠にして、「然回也屢空、糟糠不厭」と発言したのであろうか？彼の尊重する『論語』には、雍也篇に、「子曰、『賢哉、回也！一箪食、一瓢飲、在陋巷。……"〔孔子は、『賢かったなぁ、回は！割子一杯のご飯、瓢（ひさご）一杯の飲み物（しか一日に摂らない）。陋巷（ろうこう）（狭い露地。粗末な住居の譬え。）に住んでいる。……〕』と言われた。」とあり、司馬遷の説と大いに異なる。孔子の時代の孔子の住んでいた華北地方では、コメは殆ど生産されていない、高価で貴重な食糧であった。『論語』には顔淵が「糟糠」を食べていたという記載は全くない。この発言は上記のように司馬遷が自分の願望に基づいて作り上げた彼の「顔淵ストーリー」を、強引に記述したものであろう。『論語』から考えれば、顔淵は決して貧乏ではなく、高価なコメを毎日食べている程の資産家で、自分の都合で粗末な住居で一日一食を続けていた。それを彼の修行の一環と見なしていた孔子は「賢哉、回也！」と激賞したという事になる。

　自説を後押しするように、顔淵が貧乏で若くして餓死したという逸話は、司馬遷以前の戦国時代の書物には出てこない。

　『荘子』人間世（じんかんせい）篇には、「顔回曰："回之家貧、唯不飲酒、不茹葷者数月矣。如此、則可以為斉乎？〔顔回は、『我家は貧乏で、飲酒とか、生臭い

もの食べ物（臭気の強い野菜）は数ヶ月口にしておりません。こんな具合ですから、（私は既に）斉戒をしているとは言えませんか？』と（孔子に）言った。〕」とある。この文章からは、顔淵の家が貧しいと言っても、とても毎夜は飲酒ができない程度の貧乏で、食べるものが無くそれで餓死する迄の貧乏ではない状況は明らかに読み取れる。

さらに、『荘子』譲王篇には、「顔回対応曰："不願仕。回有郭外之田五十畝、足以給饘粥：郭内之田十畝、足以為絲麻：鼓琴足以自娯。〔顔回は（孔子に）応えて、『仕官は希望しません。何故なら、私には城外の田んぼが五十畝（著者注：広さ不明）あり、以って饘粥くらいは作れます：また、城内の田んぼが十畝あり、以って（桑や麻を植えて）糸くらいはつむげます：琴を奏でれば、以って自ら娯しむに足りますので。』と言った。〕」[5]とあり、こちらの方が顔淵の日常の生活を正確に記述しているように思える。この記述からも顔淵は働かなくても生活が成り立つ、謂わば悠々自適の暮らしをしていたことになる。古典資料から考えれば、司馬遷が言うような、「糟糠不厭、而卒蚤夭。〔（顔淵が）糟糠すら充分に食べられなく、（栄養失調で）若死にした。〕」、という事実は全くない。

本題に戻る。『論語』衛霊公篇には、「子曰："志士仁人、無求生以害仁、有殺身以成仁。"〔孔子は、『志士仁人は、命が欲しくて仁を害することは無い。（逆に）身を殺しても、仁を成すことはある。』と言われた。〕」と、あるのは前述した。同じく、『論語』衛霊公篇には、「子曰："君子謀道不謀食。耕也、餒在其中矣：学也、禄在其中矣。君子憂道不憂貧。"〔孔子は、『君子が学問をするのは、いかにしたら道を求め得ようか、と謀り、衣食を謀るのではない。農民が耕しても、凶年にあい飢えることもある。反対に、（学問するのは衣食が目的ではないけれども）学問をすれば、俸禄を受けることにもなる。それ故に君子は、道の得られざるをことこそ憂いるが、（用いられずして）貧乏になることなど憂いはしない。』と、言われた。〕」ともある。

そんな孔子が、弟子の評価にわざわざその弟子は貧乏であるとなど指摘をするだろうか？『論語集解』はこの条と『論語集注』が前の条とする、「柴也愚、参也魯、師也辟、由也喭。〔柴（前521‐？：子羔の下の本名）は愚かで、（曽）参は魯鈍、師（子張の下の本名）は見栄っ張りで、由は粗暴だ。〕」をこの条とつなげて一条とするが、内容は全て、孔子の弟子に対する人物評価であり、「回也其庶乎、屢空。」の後半部は、苦言と筆者は考える。しかし、貧乏であることなどは、孔子にとっては浮雲の如く、取るに足らないことで、わざわざ、弟子が貧乏であることを指摘するどころか、苦言を呈するとは考え難い。「回はほゞ満点だが、財産が無い。」との解釈は、いかにも不自然である。この解釈で司馬遷と彼の同類の後世の弟子たちが、多少は心が癒されたかもしれないという長所は有るが、この解説では孔子の実相が見えてこないと言える。

　『論語集解』は、名前は出さずに、一説として、「屢、猶毎也。空、猶虚中也。以聖人之善、教数子之庶幾、猶不至於知道者、各内有此害也。其於庶幾、毎能虚中者、唯回。懐道深遠。不虚心、不能知道。……〔屢は毎のような意味。空は、虚中の意味である。孔子が善道によって、身近な数人の弟子に教えても、彼ら（柴・参・師・由）が道を知るに至らないのは、各自が内面にこれらの害（愚、魯、辟、喭）が有るからである。身近な数人の弟子の中で、いつも虚中であるのは、唯（顔）回だけである。（回は）道を懐（おも）うことが深遠であるからである。虚心でなければ道を知ることができない。……〕」という、分かりやすく言い換えれば、「顔淵は他の弟子たちとは違って、唯一人、人生に拘るところが無かった。だから、道を知ることができたのだ。……」という解釈も挙げている。

　深遠な、興味深い解釈であり、もし公の場での孔子の弟子説明が行われたとすれば、その解釈でも好いだろう。そのような、たとえば、三桓子による孔子の弟子に関する採用諮問のような場所だったとすれば、孔子が弟子の短所ばかり言うことも有りえないだろう。この条は孔子が、自分の教場で、暇

な時に雑談でざっくばらんに、弟子たちについての素直な意見を言っている情景を描いていると、筆者は考え、公の場で弟子たちへの真剣な評価をしている場面とは考えないので、『論語集解』の別説は、それは的を射た弟子たちの評価であっても、孔子のこの発言に対する真相からは、遠くかけ離れた、深読み解釈と考えている。

　『論語』陽貨篇の、「子曰："飽食終日、無所用心、難矣哉！不有博弈者乎、為之猶賢乎已。"〔孔子が、『飽食し、なお終日何も工夫しない者は、困ったものだ！博(すごろく)弈(碁)というものがあるではないか、それらをやる方が、まだ（何もしないでボーっとしているよりは）ましだ。』と言われた。〕」を思い出して欲しい。

　『論語』では、「空」の字は、ここ以外には、子罕篇の、「子曰："吾有知乎哉？無知也。有鄙夫問於我、空空如也、我叩其両端而竭焉。"〔孔子は、『私は知っていることを出し惜しみすることがあるだろうか？そんなことはない。田舎の無知な人が私に何かを尋ねたとする、私は（彼が何を言っているのか分からず）空空如(唖然として、ボーっとしてしまう様子)だ。それでも、私は彼の質問の最大値と最小値を叩き出し、検討し尽くす。』と言われた。〕」の条にしか出て来ない。この条は難解で、さまざまな解釈が存在しているが、筆者は前記のように解釈する。つまり、空空如とは「ボーっとする」の意味である。本題の条でも、顔淵がよく、自分の世界に入り込み、目に見えない何かを探求し、それと会話している姿が、孔子には「ボーっとしている」ように見えたのであろう。

　「回也其庶乎、屢空。」の指摘は、筆者は孔子の諸国遊説中、いろいろと危険がある外国に在った時の発言であると考える。顔淵は30代であったとする。この年代の弟子たちには、「及其壮也、血気方剛、戒之在闘。(30・40代になると、血気が絶頂にあるので、争いをしないように警戒しなければならない)」[6]と、孔子は指導している。顔淵は他人と争う気配など全く無く、それどころかよくボーっとしている。剣呑な異国に在って、ひとり学団から

第三章　孔子にとって顔淵とは誰だったのか？

はぐれて、死の危険にも遇ったことなども有り、行動が余りにも現実生活から乖離している顔淵を見て、孔子はつい、一言ぼやいてしまったとは考えられないであろうか？

　自説によれば、この時期、20代から30代の顔淵には、孔子は未だ満点の評価を下していなかったということになる。

③陳蔡之厄での孔子の顔淵評価

　孔子学団の陳蔡の厄は、大変話題性があった事件であったらしく、『論語』、『史記』孔子世家を始めとして、多くの古典文献にそのことについての論評がある。具体的に挙げれば、『墨子』非儒下篇。『孟子』尽心下篇。『荘子』天運篇、山木篇、譲王篇、盗跖篇、漁父篇。『荀子』成相篇、宥坐篇。『呂氏春秋』慎人篇、任数篇。『晏子春秋』巻八に2度。『韓詩外伝』巻七。『列子』力命篇、楊朱篇。『孔子家語』在厄篇。『説苑』善説篇、雑言篇。『論衡』逢遇篇、累害篇、感虚篇、是応篇、正説篇、自紀篇。『孔叢子』の詰墨篇に2度、居衛篇。等である。

　ただし、掲載文はそれぞれに相違がある。時代考証面での矛盾があるものも多く含み、史実としては認めがたい話も多数ある。

　『史記』孔子世家と、『孔子家語』在厄篇は、この危機状態の中での孔子の顔淵への人物評価を記載する貴重な文献資料である。『孔子家語』在厄篇の記事は、王粛が『史記』孔子世家を素に書き上げたと思われる。ここでは、この二書にしか現れない顔淵と孔子の会話を考察してみたい。

　孔子世家の記述はかなり長く、ここでは孔子が顔淵をどう見ていたかを考える為の手段として扱う資料であり、必ずしも原文である必要性も無いので、主旨を日本語で要約する。「孔子一行が陳と蔡の辺りにいる頃、楚王が孔子を招聘しようと使いを送った。陳・蔡の政治を司っていた大夫たちは自分たちが孔子に評価されていないと考えていたので、もし孔子が大国の楚で重用されれば、自分たちは無能と孔子に切り捨てられてしまうと危惧し、大夫たちは

協力して、孔子一団を野外で取り囲み、楚に行けないようにした。孔子一行の食料は欠乏し、弟子たちは疲れ果て、立ち上がることさえできなくなる人も出たが、孔子は相変わらず学問を講義し、琴を弾き歌うことも辞めなかった。ここに至って、子路は怒って孔子に抗議し、子貢も顔色を変えて、孔子に相談しに来た。孔子はここで初めて弟子たちが孔子を疑い始めていることを知った。

そこで、孔子は子路にも、子貢にも、詩経の詩を引いて、『軍人でもないのに、戦闘に巻き込まれる』というのはどういう意味であろうか、私の道は間違っているのだろうか？私はなぜこんな目に遭うのかと尋ねるが、二人とも孔子の満足する答えは出せなかった。最後に顔淵を呼んで、孔子は同じ質問をすると、顔淵は、『先生の道はとっても大きく、それ故に天下の人は受け容れることができません。それでも先生はお構いなくその道を推し進めていられます。世間に受け容れられることがなくても、何を憂いることがありましょうか？受け容れられなくてこそ、逆に君子の徳であるということが顕れるというものです。道を修めることをしないのなら、それは私たちの醜(はじ)です。道がまことに大きくて、その道を修めているのに、社会が受け容れてくれないのなら、それは国の君たる人の醜です。世間に受け容れられなくても、何を悩むことがありましょうか？（繰り返しますが）社会に受け容れられなくて初めて君子の徳が顕れるのですから。』と応えた。

孔子は嬉しげに笑いながら、『全くその通りだよ、顔氏の子よ。もしお前に大きな経済的な財産があれば、私はお前の家の執事になるのになぁ。』と言われた。」[7]となる。

孔子と他の弟子たちの会話は、上記の要約には省略したが、子路は、自分たちの努力が足りないのでしょうかと尋ね、孔子はにべもなく、お門違いな見解だとし退け、子貢の、自分たちの理想が高すぎ、社会が受け容れることができないのだから、ここはこちらが一歩譲歩して世間に歩み寄ってみたらどうでしょうかとの答えには、孔子はやはり、けんもほろろに、「お前の志は

低すぎる」と切り捨てている。

　顔淵の回答は上記の通り、「先生は今まで通りに道を進めていけばいいだけです。」との内容だった。無論、孔子もそう思っていたのだが、弟子たちは今迄は何度も生命の危険に巡り合いながらも、一度も孔子を疑ったことはなかった。前述の通り、死の淵に立ちながらも、孔子が、「天生徳於予、桓魋其如予何？」と、弟子たちに、はっきりと主張したと、または、「子畏於匡。曰："文王既没、文不在茲乎？天之将喪斯文也、後死者不得与於斯文也；天之未喪斯文也、匡人其如予何？"」と、弟子たちを諭したと、捉えていた。それが弟子たちの孔子像であった。

　それが今回は、食が尽き、立ち上がれなくなる者の出る程の悪状況に陥り、弟子たちの多くが孔子を疑い始めていたことを実感した孔子は、実は、どうして好いか分からなくなってしまい、高弟たちに意見を求めた時の情景をこの逸話は描写している。顔淵の答えは、孔子の気持ちを代弁してくるものであり、自分を理解する弟子がいることを実感し、孔子がそれを非常に喜んだところまでは、すんなりと理解できる。

　理解に苦しむのは、「孔子は嬉し気に笑いながら、『全くその通りだよ、顔氏の子よ。もしお前に大きな経済的な財産があれば、私はお前の家の執事になるのになぁ。』と言われた。（孔子欣然而笑曰、有是哉顔氏之子！使爾多財、吾為爾宰。）」の部分である。『孔子家語』在厄篇では、「孔子欣然歎曰："有是哉、顔氏之子！吾亦使爾多財、吾為爾宰。"」[8]と、多分、王粛が孔子世家の記述を解説したと思われる記載となっている。王粛は、さらに、「宰主財者也。為汝主財。言志意同也。〔『宰』は財を主る者。（孔子は）お前（顔淵）の経理係になると言う。つまり、（孔子と顔淵の）意志が同じであることを言っている。〕」と言う。

　なお、孔子は生まれてから亡くなられる迄、貨幣が流通していない社会に暮らしていた。銭は確かに存在していたが、現実社会にはほんど流通していなかった。だから、ここでの「財」には貨幣は含まれない。当時の貨幣の事

情については本章、第三節で詳細に解説する。

『孔子家語』のこの記事の、語釈から始めると、「欣然」は、嬉しそうなさま。「歎」は、溜息をつくさま。「有是哉」は、「これだよね！」くらいの感嘆の言葉。「顔氏之子」は、無論顔淵のことで、顔氏之子という表現でも儒学文献に多出し、この言い換えに特別の意味は無い。「吾」は、無論孔子。「亦」は、「また」で、難解。ここでは、もう一度の意味ではなく、顔淵の善言にお返しするくらいの意味だと解釈する。「吾亦使爾多財」は、「私はお返しに、お前を大いに富ませさせて」くらいの意味。「吾為爾宰」は、私はお前の下で組織に必要な雑務を全て上手く取りさばこうくらいの意味。

言語は明瞭になったが、意味は依然、不明である。先ず、師が弟子の家臣として働くなどということは、多分、日本史上、師弟関係が最も緩やかな令和の時代でも、まずあり得ないことである。儒者たちと言うと、連想されるのは、やはり朱熹などの一切妥協を廃した、師弟関係が厳しい、新儒家の世界であろう。しかし、孔子の時代は未だ原始儒教の段階にあり、師弟関係は新儒家時代ほど固定化されておらず、自説によれば、前述の如く、孔子自身が、師であった陽虎のもとを離れ、自分の主義・主張によって生きてきた経過がある。『論語』公冶長篇にも、「子貢問曰、『孔文子何以謂之文也？』子曰、『敏而好学、不恥下問、是以謂之文也。〔子貢が（孔子に）質問して、『孔文子（？－前480）はどうして「文」（という最上の贈り名）を得たのですか？』と言った。孔子は、『生まれつき利発ながら学問に熱心で、目下の者にも教えを請うことを恥と思わなかった。故に「文」という贈り名を受けたのだ。』と言われた。〕」とあり、孔子自身も下問（目下の者に教えを請うこと）を恥とはしていなかったのは、上記の陳蔡の厄で、高弟たちに、「詩経の詩を引いて、『軍人でもないのに、戦闘に巻き込まれる』というのはどういう意味であろうか、私の道は間違っているのだろうか？私はなぜこんな目に遭うのか（"詩云'匪兕匪虎、率彼曠野'。吾道非邪？吾何為於此？"）」と尋ねたことで実証済みである。孔子は自分を超える素晴らしい人になら、年

第三章　孔子にとって顔淵とは誰だったのか？

齢・身分などは無視してその人に仕えたとしても不自然ではない人物である。孔子は15歳の志学以来ずっと、自分の仕事は周建国の功臣であった周公旦を目標にした補佐官と決めており、また、儒学団は設立当初から補佐官養成所の側面があった。つまり、孔子が弟子の顔淵の下で働いたとしても孔子の哲学には理論矛盾はないと云うことである。

　次に、「富や貴を浮雲のようにどうでも好いものだ」[9]とした、孔子が、何故顔淵をして、財産家にしようとしたのであろう？宰になって、事務手続きを上手く処理してやろうという孔子の言から、孔子が顔淵の為に、組織を作ろうとしていたと考えられる。筆者は、「司馬遷は偉大な歴史家であるが、彼自身、『史記』外戚世家篇で、『太史公曰、「秦以前尚略矣。其詳靡得而記焉。」〔太史公（司馬遷）は、『秦より以前のことは悠遠であり、記録も簡略であり、其の詳細は記述することは出来ない。〕』と告白しているように、孔子時代の事柄は詳細には分からず、……」と、前述したが、ここも孔子時代の社会状況はよく分からない。唯、司馬遷の時代よりは、公権力はずっと弱く、法もきちんと整備されてはおらず、経済も未発達で貨幣も実質流通しておらず、社会全体がより、のんびりとしていた状況であったとは言えよう。

　『史記』貨殖(かしょく)列伝には司馬遷の時代の話として、「凡編戸之民、富相什則卑下之、伯則畏惲之、千則役、万則僕、物之理也。（およそ戸籍に編入されている一般の平民は、財産が自分の十倍の相手には卑下し、百倍の相手には心に恐れを懐き、千倍の相手には使われ、万倍の相手にはその奴隷となるのは、道理というものである。）」とか、あるいは、「為権利以成富、大者傾郡、中者傾県、下者傾郷里者、不可勝数。〔権利（権力と財力）によって富豪となれば、その大なる者は、一郡を動かし、中くらいの者は、一県を動かし、その下の者でも村里を動かしたが、彼らの数は多すぎてとても数えきれない。〕」と、ある。さらに、貨殖列伝は、「千金之家比一都之君、巨万者乃与王者同楽。豈所謂『素封』者邪？非也？〔千金の富豪は（領内に）一つの都会を持つ諸侯に肩を並べ、巨万の金があれば、それこそ王者と

楽しみを同じくする。かれらが前述の『素封』という訳である。そうではあるまいか？」とも言っている。これらの記載から、財産が莫大なら、実楽も名誉も付随していたと分かる。つまり、大きな財産があれば、民を僕(しもべ)として使うことができ、諸侯並の名誉も味わえていた訳である。土地は諸侯から下賜されるのが普通だったが、司馬遷の言葉からは、孔子の時代には、帰属がはっきりしていない辺境の地ならば、土地をそこに居住していた民を含めて、財産で手に入れることができたのではないかとも考えられる。そうなると顔淵に「多財」があるかどうかが、初めて問題になってくる。この逸話で、顔淵の前に孔子と面会した子貢は、『史記』貨殖列伝に登場する、素封家であったので、孔子には直前に面会した子貢が心理的残像としてまだあり、ついこんな言葉を発したのではないかと筆者は考える。

最後に、孔子が「笑」ったり、「歎」じたりしたのは、孔子には顔淵が財産づくりになど、取り組むはずが無いことが明確に分かっていたからであることを付け加える。

この逸話は、孔子ができれば顔淵の下で仕事をしたいと言ったが、現実には顔淵は多財では無く、かといって、子貢の資産を使って一つの共同体を作り、顔淵を頂点に持ってくることなどは、たとえ、子貢が賛同、協力してくれても、独立心のつよい孔子の望むところではなかったであろう。ここで、孔子は、ならば既存の自分の学団を顔淵に譲ろうとの決意をさらに強めたと筆者は推測する。

陳蔡の厄で、孔子の顔淵への評価は最高潮に達し、顔淵に満点の評価をここで付けたと言えよう。

④中国伝統文化での個人のやる気の出し方

陳蔡の厄で、孔子は顔淵をどう評価したか考えてみよう。前項で筆者は、「顔淵の答えは、孔子の気持ちを代弁してくるものであり、自分を理解する弟子がいることを実感し、孔子がそれを非常に喜んだところまでは、すんな

第三章　孔子にとって顔淵とは誰だったのか？

りと理解できる。」と述べた。この出来事を精神的な意味での動力源に焦点を当てて、考察してみたい。筆者の言う「精神的な意味での動力源」とは、令和日本語なら、「ゲンキ」とか、「やる気」などと表現されている事象である。儒教理論は実践・行動を大前提に展開しているので、どうしたら「ゲンキ」が出るかを詳細に解説してくれる儒学古典は殆ど無いが、『孟子』公孫丑上篇には、下記のような関連記載が在る。

「敢問、夫子悪乎長？」曰、「我知言。我善養吾浩然之気」。「敢問、何謂浩然之気？」曰、「難言也。其為気也、至大至剛、以直養而無害、則塞于天地之間。其為気也、配義与道。無是餒也。是集義所生者、非義襲而取之也。行有不慊於心則餒矣。我故曰『告子未嘗知義』、以其外之也。必有事焉。而勿正。心勿忘。勿助長也。無若宋人然。宋人有閔其苗之不長而揠之者。芒芒然帰、謂其人曰、『今日病矣。予助苗長矣』。其子趨而往視之、苗則槁矣。天下之不助苗長者寡矣。以為無益而舍之者、不耘苗者也。助之長者、揠苗者也。非徒無益、而又害之」。

〔孟子の弟子である公孫丑（生卒年不詳）が言った、〕「あえてお聞きしますが、先生（孟子）はどの点が〔告子（生卒年不詳：孟子の好敵手）よりも〕優れているのでしょうか？」（孟子が）言った、「私は（他者の）言葉をよく理解する。私は自らの浩然之気をよく養っている」。（公孫丑が言った、）「あえてお聞きしますが、どのようなものを浩然の気というのでしょうか」。（孟子が）言った、「説明するのは難しいが、浩然の気というものは、極めて大きく極めて強いものであり、正しく養い、損なうことのないようにすれば、天と地の間に一杯に満ちる。浩然の気というものは、義や道と分かち難く結び付いているものであり、これら（義と道）がなければ、（浩然の気は）飢えてしぼんでしまう。浩然の気は義の実践を積み重ねる過程で自然に生ずるものであって、（正）義がこの気を外から取り込むわけではない。人が何かをなすに当たり、（道義を欠いて）心にやましいことがあれば、たちまち（浩

然の気は)飢えてしぼんでしまう。だから私が『告子はまだ義というものを理解していない』と言ったのは、彼が義を心の外にあるものと考えているからである。(浩然の気を養うよう)努めなければならない。「気」だけを充実させようとしてはならない。だが「気」を養うことを心に忘れてはならない。無理に成長を助けようとしてもいけない。無理に成長を助けようとしてもいけない。あの宋の人のようにしてはいけない。〔筆者注：前政権の殷人は嘲りの対象として、戦国期を通して、文献に現れる。この「助長」だけではなく、例えば、「守株(しゅしゅ)」の語は、『韓非子』五蠹(ご)篇が出典である。失敗する人には殷人の末裔である宋人(そうひと)とするのが定番であった。〕それは、宋の人で、苗がなかなか成長しないことを心配して、この苗を引っ張って伸ばす者がいた。くたくたになって帰宅すると、家族に言った、『今日は疲れた。苗の成長を助けてやったからな』。その子が(不審に思い、畑に)駆け付けて苗を見ると、苗は枯れてしまっていた。世の中には、苗の成長を無理に助けたりしない(賢明な)者は少ない。(浩然の気を養うことを)無益だと考えてこれを放棄する者は、いわば畑の雑草取りをしない者である。これを無理に成長させようとする者は、いわば苗を引き抜く者である。(浩然の気を無理に成長させる行為は、)単に無益であるだけでなく、却って害をなすのである。」と。

　次に、古典ではないが、宋儒の文献には、朱熹が、偶々自宅を訪れた、呂祖謙(りょそけん)(1137-1181)と協力して、十日間で朱熹の儒学内での学派である「道学」の先学諸子〔具体的には、周濂渓(しゅうれんけい)(1017-1073。本名は周敦頤)、張横渠(ちょうおうきょ)(1020-1077。本名は張載(ちょうさい))、程明道(ていめいどう)(1032-1085。本名は程顥)、程伊川(ていせん)(1033-1107。本名は程頤(ていい))など〕の著作から編纂して、素稿を書き上げ、丸二年弱での共同作業で、編纂し終わった[10]とされる、『近思録(きんしろく)』という朱子学の入門書がある。同書の聖賢気象章(せいけんきしょう)で、生気に関する程明道の解説が下記の様に存在し、現在も広く支持を集めている。

第三章　孔子にとって顔淵とは誰だったのか？

　仲尼元気也。顔子春生也。孟子並秋殺尽見。仲尼無所不包、顔子視不違如愚之学於後世、有自然之和気、不言而化者也。孟子則露其材、蓋亦時然而已。仲尼、天地也。顔子、和風慶雲也。孟子、泰山岩岩之気象也。観其言皆可見之矣。仲尼無迹、顔子微有迹、孟子其迹著。孔子侭是明快人、顔子尽豈弟、孟子尽雄弁。

　孔子は、元気（あらゆる気の根元となっている気）を持った人だ。顔淵は、ものを生じる春の気の人だ。孟子にはそれに秋殺（激しく、厳しい秋の）気を併せ持ちそれが尽く露見している。孔子は、すべてをつつみこむ人だ。顔淵は、まるで愚か者であるかのように、師の教えにまったく忠実だといった学び方を後世に示し、自然の和気があり、何も言わずに化（りっぱに変身：精神的に一つ上の段階に進化する事）した人だ。孟子は自分の才能をはっきり出しているが、それは多分、時代の要請であったからだ。孔子は、譬えれば天地のように完璧な人だ。顔淵は、なごやかな風、めでたい雲のような人だ。孟子は泰山が岩でごろごろしているような様子である。三人の言説を観れば、それがわかる。孔子は、迹（拘り）がない。顔回は、やや迹がある。孟子は迹がはっきりあらわれている。孔子は、とても明快な人だ。顔回は、とてもゆったりとした人だ。孟子は、とても雄弁な人だ。

　これは、儒家の祖師である孔子と、一番弟子である亜聖の顔淵と、元時代（1271‐1368）以降はやはり亜聖として大いに尊重された孟子の「あるべき理想の姿」を、一般の儒者に分かりやすく解説し言い広めているだけで、孟子は別としても、実際の孔子・顔淵の姿とは程遠い解釈である。このことは本稿の主題である、「最晩年の孔子の思想と生活」（第五章）で詳細に解説するが、明道の孔子・顔淵の解説は全く事実と異なる。明道の人物描写も荒唐無稽である。「仲尼無迹、顔子微有迹、」とするが、これは真逆で、顔淵には生死を含めて、人生に全く拘りが無く、孔子には最晩年以前にも、一つだけ強い拘りが有った。その拘りとは、「天命思想」である。「天道」とも言い換

えが可能である。その理論だけは孔子にはどうしても譲れない拘りの真実・信条であった。

⑥孔子と顔淵のやる気の出し方

　筆者が中国古典文献に詳細な言及箇所を見出せない、人の動力源問題に関して、現代英国作家のCollin Wilson（コリン・ウィルソン：1931 - 2013）は、下記のような見解を述べている。

What Machado is pointing out is that human identity depends largely upon other people. We see ourselves reflected in the mirror of their eyes. It is true that we have a certain power to resist other people's opinion of us. If they regard us with contempt, it does not necessarily make us feel contemptible. But that is only when we have established an inner-feeling of identity. Such a sense of identity has to be created, either through the opinion of other people, or by inner-effort. Schubert's career as a composer was undoubtedly aided by the admiration of a circle of 'Schubertians'. On the other hand, Einstein created the special theory relativity single-handed, while working as a clerk in a patent office: in this case, his sense of identity came from his development of his powers as a scientist.[11]

　ここで、マチャード（筆者注：Machado de Assis：1839 - 1908。マチャード・デ・アシスはブラジルの小説家）は、人の自分は一体何者であるかという判断は、実は他人からの評判に大きく依存しているということを指摘している。言い換えれば、私たちは他人の目という鏡に映った自分を見ているのである。勿論、私たちは自分に関する他人の評価評判にあらがうことができる一定の能力は、確かに、持ちあわせている。他人が私たちを軽蔑しているとしても、それで必ずしも私たちは軽蔑されていると感じるわけではありません。しかしそれは、私たちが自分自身の実像を創れるほどの、しっかりと

した内部意識を確立している時のみの話である。そういった強い内部意識が生ずる原因は二つしかない（人の動力源は二種類しかない）、それらは、他人の（称賛）意見から作り出すか、あるいは、内部意識（を追及すること）によって作り出すしか方法は無い。シューベルト（1797 – 1828）の作曲家としての経歴は、「シューベルト狂」とでもいうべき取り巻きたちの熱狂的な称賛によって後押しされたことは疑うべき余地はない。これとは反対に、アインシュタイン（1879 - 1955）は、特許局の職員として働きながら、独学で特殊相対性理論を生み出した：彼の場合は、科学者としての精進の結果から、彼の自己意識が生まれたのである。

　ウィルソンによれば、二種類しかない人の精神的な動力源であるが、孔子の動力源は明らかに、シューベルト型である。それは、門下生たちや好意的同調者たちの強い称賛同調意見に後押しされた内部意識であり、顔淵の動力源は、アインシュタイン型で、自分自身を探求しその結果から、生まれた強い自己意識である。前項で陳蔡の厄の最中、あれだけ孔子を強く信奉していた弟子たちの心が離れていき、孔子は途方に暮れ、高弟たちに下問したことは解説した。孔子の原動力では、行き詰まり、埒が明かなかった状況のなか、顔淵はぶれることなく、毅然と孔子のあるべき姿を提言した。そこで、孔子は驚き、自分より途轍もなく強い破格な動力源を持っている弟子を発見し、その彼、顔淵ならば、その下で働きたいと迄発言したということである。つまり、孔子は顔淵の動力源の強靭さ、絶大さに感動し、顔淵を非常に高く評価したのである。その人物は自分以上と率直に驚嘆を以て判断したと言える。

⑥帰国後の顔淵への評価

　哀公十一年（前484）、孔子は満を持して魯に帰国した。孔子68歳の時であると筆者は推定する。孔子は跡取りと決めていた、顔淵を直ぐに儒学団の二代目夫子として国中の重要人物にお披露目したかったのであろうが、しな

かった。このことは、『論語』に明記されている。具体的には、雍也篇の、「哀公問：" 弟子孰為好学？" 孔子対曰：" 有顔回者。好学、不遷怒、不貳過。不幸短命死矣！今也則亡、未聞好学者也。"〔哀公が、『弟子の中で誰が学問好きか？』と尋ねた。孔子は、『顔回という者がござりました。学問好きでありました、そして腹を立てても八つ当りせず、同じ過あやまちを二度としませんでした。ところが不幸にも短命で亡くなりました。今はもう（顔回は）おりません。それ以外には本当に学問好きと申すべき者を存じません。』とお答えした。〕」や、先進篇の、「季康子問："弟子孰為好学？" 孔子対曰："有顔回者。好学。不幸短命死矣！今也則亡。"〔季康子が、『弟子の中で誰が学問を好みますか？』と尋ねた。孔子は、『顔回という者がおりました。学問を好んでおりました。ところが不幸にも短命で亡くなりました。今はもう（顔回は）おりません。』と言われた。〕」である。顔淵は死ぬ迄、哀公にも、魯国最高実力者の季康子にも一度も会ってはいないのである。ちなみに、哀公も季康子も、顔淵が「夭折」し、孔子が大変悲しんでいるという情報は当然得ており、そこで彼らは、秀才門下生が多数いる孔門で顔淵以外にも優秀な弟子が居るじゃないですかと、孔子の気持ちを軽くしようとしてこう質問したと考えるが、孔子の落胆は非常に大きく、顔淵以外に「好学」はいないと、取り付く島もなく、他の弟子たちを切り捨てている。

「好学」の語は説明が必要であろう。孔子直接弟子の中で最も学者肌な人物と言えば、それは子夏であると筆者は考える。孔子は、「起予者商也！始可与言詩已矣。〔予（孔子）を起こす（ハッとさせる）者は商（子夏の下の本名）也！（君となら）始めて一緒に詩を語ることができるね。〕」[12]と、子夏を褒めている。しかし、孔子は雍也篇では、「子謂子夏曰、『女為君子儒、無為小人儒。』〔孔子は子夏に、『お前は、君子の儒になるんだよ、小人の儒になっては駄目だからね。』と言われた。〕」とも指導している。これを子夏はきちんと受け容れ、学而篇で、「子夏曰、『賢賢易色、[13]事父母能竭其力、事君能致其身、与朋友交、言而有信。雖曰未学、吾必謂之学矣。』〔子

夏は、『賢者（著者注：個性が強く「厭な奴」が多いのだが）は、賢者として認めて、（相手の厭な面には目をつぶり、尊敬して）顔色を変え大切にお付き合いする。父母に事えるには其の力を竭（つか）くす。君に事えるには其の身を致（ささげ）る。朋友と交わる時には、言に信がある。（そういう人なら）未だ学んでいないと（本人が）言っても、私は必ずこの人を学んだ人だと言おう。』と、言った。」との発言をしている。つまり、孔子の言う「好学」とは、仁を実践する為の手段であり、学問の為の学問ではないということである。学問の為の学問をする儒者を「小人儒」と孔子は呼び、子夏にそうならないように戒めたのである。孔子の「学」に対する見解は、子路篇の、「子曰、『誦詩三百、授之以政、不達：使於四方、不能専対：雖多、亦奚以為？』〔孔子は、『（詩経の）詩を三百（「全て」の意味で使われている）を暗誦しても、その人に実際の行政をやらせてみると、使い物にならず：四方の隣国に外交官として使者となっても、自己の判断で対応できないのなら：多い（豊富な教養）と言っても、一体何の役に立とうか？』と、言われた。〕」にも如実に顕れている。

　一方、顔淵といえば、『論語』には、孔子と『詩経』や、『書経』の応答は全く出てこない。また、成人以降は礼を実践していなかったことも明らかである。『論語』顔淵篇の冒頭の、「顔淵問仁。子曰、『克己復礼為仁。一日克己復礼、天下帰仁焉。為仁由己、而由人乎哉？』顔淵曰、『請問其目。』子曰、『非礼勿視、非礼勿聴、非礼勿言、非礼勿動。』顔淵曰、『回雖不敏、請事斯語矣。』〔顔淵が（孔子に）仁について質問した。孔子は、『克己復礼（こっきふくれい）が仁である。（たった）一日にでも、「克己復礼」が実践できれば、(今迄取るに足りないと見なしていた）天下の人々が仁者に見えてくる。（復礼すれば、世間の人々もお前を認め、大切に扱ってくれる）仁を実践するのは自分自身だ、どうして他人に頼ることがあろうか？（先ず、他人からがお前に仁を以て接してくれることを期待してはならない！）』と言われた。顔淵は、『（克己復礼実践の）重要な項目をお教えください。』と、尋ねた。孔

子は、『礼に非ざれば、視る勿かれ。礼に非ざれば、聴く勿かれ。礼に非ざれば、言う勿かれ。礼に非ざれば、動く勿かれ。(全ての言動を礼の法則に従って行え)』と言われた。顔淵は、『回は至らぬものでありますが、先生のお言葉を物にできるように頑張ります。』と言った。〕」を読めば、明白である。孔子は仁を為すには復礼することが必須であると教えているのだが、成人以降の顔淵が復礼した記述は『論語』を始めとする古典文献には、殆ど無い。[14] 自説によれば、顔淵は賤民の出である。『礼記』曲礼上篇には、「礼不下庶人、刑不上大夫。〔庶民には礼法を要求されない。大夫(指導者)は刑を問われない。〕」とあることも、顔淵が礼に冷淡に見える原因の一つかもしれない。しかし、それは顔淵の礼に対する最初の疑問点だっただけで、復礼しない本当の理由は、顔淵が社会あるいは社会活動に疑問を懐き、それ故社会改善運動にも何も実績を残さなかったのでは無かったと筆者は考える。顔淵は、孔子が、「屢空」と評価したように、世間離れした、目に見えない何かを、をいつも探し求めていたのではないかという見解である。それは究極の意味での自分との対話を追求し実践していたとも言える。前項のウィルソンの主張に置き換えれば、特許局の職員として働きながら、独学で特殊相対性理論を生み出したアインシュタインのように、顔淵は孔子を離れて独自に自己を追求し、その求道者の精進の結果から、彼の強靱な自己意識が生まれたのであると考える。

　克己復礼をしない顔淵に対して、孔子は『論語』雍也篇では、「子曰、『回也、其心三月不違仁、其余則日月至焉而已矣。』《孔子が、『回は、其の心が三月〔『論語集注』の説：三月、言其久。(具体的に三ヶ月間をいうのではなく、長い時間の意味である。)〕の間、仁に違うことは無いので、其の余(仁以外の文学や政治の徳目)は、(別に努力しなくても、)月日が経つうちに自然に習得できるだけの話だ。(『論語古義』の説：其余蓋指文学政治之事類。而言猶其余不足観也。已之意日月至者謂以日月自至也。)と言われた。』」と、発言し、孔子は顔淵が、よく仁に親しんでいるので信頼がお

第三章　孔子にとって顔淵とは誰だったのか？

けると評価している。仁の心を理解し実践するのは非常に難しく、孔子は多くの優秀な弟子たちの中でも顔淵にしか、きちんとはそれができなかったと、顔淵を激賞するのである。

　儒学団二代目の披露については前章の最後の部分で、顔淵は二代目就任に、（多分孔子を喜ばす為に）内諾した旨を述べたが、いざ話が実現化されそうな時になって、顔淵は、内諾は自分の真意ではないので、非常に困惑し、孔子にお披露目はもう少し待って欲しいと嘆願したと考える。
　『論語』季氏篇に、「孔子曰：“見善如不及、見不善如探湯。吾見其人矣、吾聞其語矣。隠居以求其志、行義以達其道。吾聞其語矣、未見其人也。〔孔子が、『善を見たら、（直ぐ追究しなければ）追いつかないような気持で追及し、不善を見たら、湯の中に入った手をさっと引っ込めるようにする。私はそうした人を見たし、そうした古語も聞いている。隠居（隠遁）することによって、自分の本当にしたいことを発見し、義を実践することで自分の道を実現する。私はその古語を聞いたが、未だそういう人を見ていない。』と言われた。〕」とある。
　『論語集注』は、「求其志、守其所達之道也。達其道、行其所求之志也。蓋惟伊尹、太公之流、可以当之。当時若顔子、亦庶乎此。然隠而未見、又不幸而蚤死、故夫子云然。〔『其の志を求める』とは、自分の達した道を守ることである。『其の道を達する』は、自分が求めた志を行う（実践する）ことである。ただ、伊尹（いいん）（生卒年不詳。殷の成立に大きな役割を果たしたとされる功臣）、太公（たいこう）（周の太公望）の流れ（類）の人のみが、これに該当する。当時（孔子の時代）は、若かった顔子（顔淵）などもこれに近かった。しかし、（顔淵は伊尹や太公望と違い一生）隠れて世間に現れず、また、不幸にして蚤死（そうし）（若死にのこと）した。だから孔子はこのように言ったのである。〕」と解説する。
　具体的には、顔淵は上記の古言、「隠居以求其志、行義以達其道。」を

取り上げ、孔子に後継者問題で少し考える時間を下さいと請願したと筆者は考える。孔子は儒学団二代目就任が有力な弟子たちの夢で、顔淵にとっても、決して悪い話ではないと思っていたであろうし、あるいは顔淵も大喜びしてくれると思っていたのかも知れない。だから、二代目夫子就任に躊躇する顔淵を見て、孔子は少し変だなぁと思ったに違いないが、弟子のしたいようにさせてあげるのが孔子の教育方針だから、そうさせてあげたのであろう。[15]
しかし、その結果、帰国の三年後の哀公十四年に顔淵は隠遁中、41歳で逝去してしまった。この期間に顔淵に何が有ったのであろう？

『孔子家語』観思(かんし)篇に以下の話が載っている。

孔子北遊於農山、子路、子貢、顔淵侍側。孔子四望、喟然而歎曰："於斯致斯、無所不至矣！二三子各言爾志、吾将択焉。"子路進曰："由願得白羽若月、赤羽若日、鐘鼓之音、上震於天、旌旗繽紛、下蟠於地：由当一隊而敵之、必也攘地千里、搴旗執馘、唯由能之、使二子者従我焉！"夫子曰："勇哉！"子貢復進曰："賜願使斉、楚、合戦於漭瀁之野、両塁相望、塵埃相接、挺刃交兵：賜著縞衣白冠、陳説其間、推論利害、釈国之患、唯賜能之、使二子者従我焉！"夫子曰："弁哉！"顔回退而不対。孔子曰："回！来、汝奚独無願乎？"顔回対曰："文武之事、則二子者既言之矣、回何云焉？"孔子曰："雖然、各言爾志也、小子言之。"対曰："回聞薫、蕕不同器而蔵、堯、桀不共国而治、以其類異也。回願明王聖主輔相之、敷其五教、導之以礼楽：使民城郭不修、溝池不越、鋳剣戟以為農器、放牛馬於原藪、室家無離昿之思、千歳無戦闘之患、則由無所施其勇、而賜無所用其弁矣。"夫子凜然而対曰："美哉、徳也！"子路抗手而問曰："夫子何選焉？"孔子曰："不傷財、不害民、不繁詞、則顔氏之子有矣。"

孔子は（自宅の）北にある農山(のうざん)（王粛は魯の山だと言う）に遊んだ（遠出をした）。子路、子貢、顔淵が側らに侍す(かたわ)（付き添っていた）。孔子は四方

第三章　孔子にとって顔淵とは誰だったのか？

を望んで、溜息をついて感心して、「斯に於いて思いを致せば（思索すれば）、至らざる所無し（何でも考えて解決することができる）！二三子（君たち）各々の自分の志を言ってごらんなさい、私がまさに（君たちの意見の良し悪しを）択んであげよう。」と言われた。子路が進み（出て）、「私は月のように白く輝く羽と、（太陽のように）赤く輝く羽とを旌として、（進軍・退却の合図の）鐘や太鼓の音は、上は天を震わせ、（敵・味方の）旗は入り乱れ、下は地を巡りまわる：私は一隊（百人の軍隊）を率いて戦い、必ず千里ほど敵を追い攘い、（敵の）旗を奪い、馘（敵を殺した証拠として左耳を切りとる）をして印としたいです。唯私だけが之ができます。二子（ここでは子貢と顔淵のこと）は私に付き従いさせます！」と、言った。孔子は、「勇ましいことだね！」と、言われた。今度は子貢が、進み出て、「私は斉と楚を広野で戦わせ、両軍の塞が向き合う中、両軍が巻き上げる砂塵が一つになり、兵が白刃を抜いて剣を交えた時：私は縞衣白冠（白い練り絹の衣と白い冠）を着て、両軍の間に割って入って陳説（述べ説くこと）し、（両軍の）利害をきちんと論じ、国家の患いを取り除いてやりたいと思います。唯私だけが之ができます。二子（ここでは子路と顔淵のこと）は私に付き従いさせます！」と、言った。孔子は、「雄弁なことだね！」と、言われた。顔回は、退ぞいて、答えなかった。孔子は、「回！来なさい、どうしてお前だけが願うことが無いのか？」と、言われた。顔回は応えて、「文武のことは、二子（ここでは子路と子貢のこと）が既に言いました。私が何を云いましょうか？」と、言った。孔子は、「それはそうだが、各自が（ここでは）自分の志を言うことになっているんだよ。君も志を言いたまえ。」と、言われた。顔回は、「私は、薫る草と蕕（クマツヅラ科の多年草。悪臭を放つ）は同じ器に蔵しはしないし、堯（生卒年不詳。儒家伝統では最初の聖人と位置付ける）と桀〔生卒年不詳。夏王朝（前2070年頃‐前1600年頃）の最後の王。暴君とされる〕は共に国を治めることは無い、と聞いております。それは類を異にするからです。私は明王・聖主を得てその方たちを補佐して、（儒教の）五教を行きわたらせ、民を導くのに礼

115

楽を以てし：民に城郭や、お堀の補修や工事はさせず、剣戟（剣やほこ、武器）を鋳つぶして以て農器具にして、牛馬を野原や沢に放牧し、一家離散のむなしい思いをさせることなく、千年も戦闘の患いを無いようにしたい。そうすれば、由も其の勇を発揮することも無く、賜もその舌弁を用いることが無いです。」と、言った。孔子はこの言葉に身を引き締めて、「美しいものだ、徳の力だね！」と、言われた。子路は挙手して尋ねて、「先生は（三人の志のうち）どれをお選びですか？」と、言った。孔子は、「（国の）財政を傷つけず、民を害せず、多弁にならない、顔氏の子に、これが有る。」と、言われた。

なお、この逸話は『説苑』指武篇と、『韓詩外伝』巻九にも見える。上記の、「回聞薫、猶不同器而蔵、堯、桀不共国而治、以其類異也。〔回（私）は、薫る草と猶は同じ器に蔵しはしないし、堯と桀は共に国を治めることは無い、と聞いております。それは類を異にするからです。〕」の記述は、どうしても、「私は、由や賜とは違います。一緒にしないでください！」と、孔子に訴えたとしかとれない。この部分を、『説苑』指武篇では、「回聞鮑魚蘭芷不同篋而蔵、堯舜桀紂不同国而治、二子之言与回言異。回願得明王聖主而相之。〔私は、鮑魚（塩漬けにした魚。悪臭を放つ）と蘭芷（ふじばかま、と、よろいぐさ。どちらも好い香りを放つ）は同じ木箱に貯蔵しないし、堯・舜（よく堯と連呼され、『堯舜』と呼ばれ、聖人の代表の意味で使われる）と、桀・紂（生卒年不詳。殷の最後の王で暴君とされる。よく桀と連呼され、『桀紂』と呼ばれ、暴君の代表の意味で使われる）は、同じ国を治めることは無い、と聞いております。二子（ここでは子路と子貢のこと）の言と私の言は異なります。私は明王・聖主を得てその方たちを補佐します。〕」とし、顔淵が、はっきり、「私は由や賜とは違う。」という強烈な発言をしたとしている。これは『説苑』が成立した当時の学界、つまり漢儒たちが顔淵を亜聖[16]として尊重していたという経緯を差し引いても、『論語』から受ける顔淵の温厚な性格からは、かなりかけ離れた発言である。

第三章　孔子にとって顔淵とは誰だったのか？

　『論語』公冶長篇には、孔子の自宅で、顔淵が子路と共に、孔子のそばで仕えていた時、図らずも孔子に抱負を聞かれて、「願無伐善、無施勞。〔善事をしてもそれを鼻にかけることなく、難しく厭な仕事を他人に押し付けることが無いことを願います。(『論語集解』の孔安国の説：無以労事置施於人也)〕」と顔淵が応えたと記載されている。この印象が、普通に考えられている顔淵像である。しかし、農山（『韓詩外伝』では、「戎山」とする）の談話会では、顔淵は、明らかに自分の善行を鼻にかけているとしか読めない。子路、子貢の目の前で、「お前たちは、鮑魚で、桀紂だ！」と言っているのである。そう言われた二人は、あまりに予期せぬ発言に全く対応できなかったのであろう。この時顔淵の内面に劇的な変化が有ったと考えるのが無理のない解釈である。

　ところで、筆者はこの遠出は、孔子一行が帰国後の出来事と推測する。前述の通り、顔淵は、「孔子に後継者問題で少し考える時間を下さいと請願したと筆者は考える。」と述べたが、引き籠って、隠遁中の顔淵を、山水好きの孔子[17]はたまには、みんなで遠出でもして、山から四方を望み好い気分になり、山の好い空気でも吸って、同門同士で語り合えば、独居中の顔淵の悩みも全て、あるいは悪くしても、多少は解消するに違いないと考えての提案だったと思われる。

　そのみんなで和気あいあいと語る場所が裏目に出て、孔子が大好きな余り、顔淵が無意識の内に押し殺していた自分の本音が偶然言語化されてしまったという皮肉な結果になったと筆者は考える。

　孔子の善意に対して、「私は、由や賜とは違います。一緒にしないでください！」とは、前述の通り、あんまりの発言で、顔淵は、言いたいことは無いと言っているのに、自分に発言を強要する孔子につい、こんな強い語調で反応してしまったのであろう。この発言は顔淵の秘められた真意であったが、しかし直ぐに我に返って、孔子を気使い、この発言の直後には顔淵は明らかに、孔子が気にいることだけを言って、師の御機嫌を取っている。

顔淵が孔子の御機嫌を取る行動は『論語』にも何度か記載されている。衛霊公篇には、「顔淵問為邦。子曰："行夏之時、乗殷之輅、服周之冕、楽則韶舞。放鄭声、遠佞人。鄭声淫、佞人殆。"〔顔淵が邦の政治の方法を尋ねた。孔子は、『暦は夏の時代のもので行いなさい、輅（くるま）は殷時代の車に乗り、今の周王朝の冕（かんむり）を被りなさい、音楽は韶舞（舜が作ったと言われる韶という舞楽）を用いなさい。鄭（前806-前375。現在の河南省に在った国）の声楽を放逐し、佞人（ねいじん）（口先だけの人物）を遠ざけなさい。鄭声は淫（みだら）だし、佞人は殆（あやう）いからだ。』と言われた。〕」とある。前述の通り、復礼もせず、仕官もしたことが無い顔淵が、本気で「為邦」など考える筈がない。これは明らかに孔子を喜ばす為の社交辞令であるが、孔子はこの質問に喜んで、無防備な生活をする顔淵に不安を覚えているので、悪い人に騙されたり、悪い習慣をつけたりしないようにと、本気で政治の手法を説いている。一方顔淵からこの質問の動機を考えると、飾り気のない顔淵が孔子の気に入りそうな質問をしているという事になる。外交辞令である。これは、孔子は顔淵にとっては、かけがえのない大切な唯一の先生であった証である。分かりやすい言葉で言えば、顔淵は孔子に弱かったのである。

　しかし、今回の山歩きは、表面は、気の知れた同門の和やかな集いであるが、その裏面に顔淵の強い厭世観が読み取れる。その厭世観が顔淵の本音であったと言える。仲間の同門の子路や子貢に、堯舜・桀紂ほどに自分と君たちは違うと発言したというのは、顔淵の現実社会に対する絶望感は並外れた深く強い感情だ。それに対して、「夫子凜然而対曰："美哉、徳也！"（孔子は、この言葉に身を引き締めて、『美しいものだ、徳の力だね！』と、言われた）」とあるように、孔子は顔淵の内面の切迫した心情の窮乏には全く気が付いていない状況であった。少なくとも晩年の顔淵の哲学とか心情とかは、孔子は殆ど理解していなかったと言える。

⑦顔淵の死の理由を理解する為の読者側の条件

　上記の山歩きの後、顔淵は俄然として自分の世界に閉じ籠り、飲食も疎かになってきたと筆者は考える。孔子には絶対服従という心底の強い縛りが綻び始めた顔淵は自由自在に思索を広め、且つ深めていったであろう。そしてやがては、孔子への強い服従感覚が崩壊し始めたと筆者は考える。この頃の顔淵の心境を正確にあらわすことのできる中国古典文献は、実は、無いのではないかと筆者は考えているが、敢えて探し出せば、『荘子』の至楽篇の、次の、荘周と髑髏との寓話に隠居（隠遁）末期の顔淵の境地が薄っすらと映し出されていると考える。「荘子曰："然。"髑髏曰："死、無君於上。無臣於下、亦無四時之事、従然以天地為春秋、雖南面王楽、不能過也。〔荘子は『そうだ（聴きたい）』と言った。髑髏は、『死ねば、上に君主もいない、下に家臣もいない、また四季折々の仕事もない、従然（落ち着いた様子）として、飄々と自由に天地の永遠の時間を過ごす、南面する王の楽しみも、之に過ることはない。』と言った。〕」[18]

　顔淵の死は普通の死とは大変懸け離れており、顔淵の立場に立たないと、その原因・理由が見えてこない。文献を漁るだけでは顔淵の心の状態は決して分かることは無く、顔淵の生活の追体験も彼の死の理由解明には必須条件である。先ず、令和の日本では親孝行とは、親に迷惑を掛けないことくらいの意味で使われており、顔淵の生きた時代の中国では常識であった、親の言うことには全てに完璧に従うべきだという親孝行の感覚は大変に分かり辛い。『春秋左氏伝』僖公四年、『礼記』檀弓上篇、『国語』晋語一には、父に死ねと命じられ、それを誠実に実行し死んで行った晋の申生（？－前656）の話が語られている。『礼記』檀弓上篇は、父親からの嫌疑を晴らすことができないと云うなら、せめて他国に逃れてくれと懸命な説得をする、異母弟の重耳〔後の晋の文公（在位：前636－前628）〕に対して、申生は、「不可、君謂我欲弑君也、天下豈有無父之国哉！吾何行如之？〔それもできない、（父）君は私が（父）君を弑したがっていると見なされている。天下（世界中）の

第一部　孔子の思想と生活

どこに父の無い国があろうか！（たとえこの国から逃げ出しても、不孝な男と決めつけられるのだから酷い迫害を受ける）どこにも逃げる所はないであろうね？〕」[19] と応えたと描写している。

　また、『春秋左氏伝』桓公十六年には、やはり、父に死を命じられ、それを父に命じさせた若い新しい母親の長子（異母弟）による決死の説得（自分の正義感と義理の兄を大切にしたのがその行動の動機）にも応ぜず、自分の代わりに殺された義理の弟の後を追い、父の命令に従って殺された、衛の急子（太子伋の別名）の話が出て来る。異母弟の懸命の説得に対して、急子は、「曰、『棄父之命、悪用子矣？有無父之国則可也。』〔『父の命を棄てたら、どこに子の存在意義があるのですか？父を蔑ろにしてよい国などがあれば、話は別ですがと言った。（そんな国はこの世に存在しない！）』」[19] と応えた事実を、多分、「無父之国（父を蔑ろにしてよい国）」である令和の日本に住む人の大多勢の人たちがどう解釈するのかは、筆者には不明だ。

　ともかく、上記の逸話が当時の親子関係に関する常識を示唆してくれる。顔淵の時代の親孝行に関するこの常識を肌感覚で理解しようとするなら、最低でも一年間、できれば三年間以上、親の言うことは全て受け容れ、誠意を尽くして、親の命実現のため行動する必要がある。しかし、それができる令和日本人は極めて稀であろう。それは、そういう行動自体に、そういう種類の親孝行にほとんど意味を感じない人が大多数であると思われるからだ。つまり、顔淵の感じていた親との距離感が判る、令和を生きる日本人は殆どいないということになる。当時の親孝行の観念は令和時代から見ると、殆ど強迫観念に近く、論外の考えにも見える。しかし、古代中国では、絶対自由な精神の世界の帝王をめざした、道家の荘周でさえ、超越者の子来（生卒年不詳）に「父母於子、東西南北、唯命之従。（親の言い付けとなれば、子たるものはその言葉を絶対として、東西南北何処へでも飛んで行かなくてはならない）」[20] と言わせている。卓越した中国一の自由人と評せられる荘周にも、親子の絶対的な絆からの解放は全く見られないと言える。このように、当時

120

の中国社会では堅固な親子関係が規定され、定着していたのである。このことはしっかりと把握する必要がある。

　顔淵の死の原因理由を理解するためには、次には、絶食が絶対不可欠条件である。令和日本で餓死する人は極めてまれであり、大多数の令和日本人は、一日三食、しっかり食事を摂っている。そのような日常生活を送りながら、顔淵の死の原因理由を理解することは、如何に才能があり、中国あるいは哲学の学識と想像力に富む人にとっても、それは殆ど不可能である。もし顔淵の死因を理解したいとすれば、まるで食欲がわかなくなる程度の状態になる迄の絶食が絶対に必要である。その人の体質によるので、一概に日数の特定はできないが、最低でも三・四日間の絶食は必要であろうことは推測できる。摂水は、無制限でも大丈夫だし、少量の塩があると便利だと筆者は思う。

　以上これらの二つの条件、つまりは最低でも一年間できれば三年間以上、親の言うことは全て聴き入れ、誠実にそれらを実践することと、また最低でも三日間の絶食を実行すること（無論複数回も可能であるが、それは当事者の健康を害さない程度内での話である）、これらを達成してくれないと、下記の筆者の顔淵の死の原因の見解が充分には理解できない可能性が極めて高いことを明記する。

⑧顔淵の死の理由

　顔淵は長く深い思索の結果、森羅万象の真理に辿り着いたと筆者は考える。中国の伝統には存在しないが、人生の全ての目標を達成した時にも行われるという、サンターラー（santhārā）／サッレーカナー（sallekhanā)、という自死の伝統（実際に行われるのは老齢か病気の場合が殆どである）が、インドのジャイナ教に存在するという。ジャイナ教で、もっとも理想的な死はサッレーカナー、つまり「断食を続行して死にいたる」ことであるともいう。[21]
また、ジャイナ教と同程度の長い歴史を持つ仏教にも涅槃（ねはん）という概念があり、悟りを啓けばそのまま飲食を断ち自死に至る無余涅槃（むよねはん）が、悟ってもそのまま

生きながらえる有余涅槃より優れていると考えられている。顔淵は初期の中華文化圏にありながら、独自の潜考でこの道に行きつき、それを実践したと筆者は考える。人生の全てが分かったと確信した時の強烈な歓喜があり、人間社会での営みに、非常に強い拒絶感が湧き上がってくる。顔淵はこの時は、孔子からの縛りも、父親からの縛りも断ち切っており、自分の好きなようにしたと思われる。そしてそんな日々に自悦し、何も思い残すことは全く無く、そのまま思索の楽しみを続け、ついには食を全く採らず、しかし水は適時飲んでいたと筆者は考えるが、結局は栄養失調死に至ってしまった。適時に摂水をしていなければ、情緒不安定になり、やがて妄想が出始め、二日も絶水すれば、全身至る所で筋肉痙攣が起き、強烈にもがき苦しむことになるという。[22] 孔子が、「人不堪其憂、回也不改其楽。」と発言した根拠は、孔子の負けず嫌いな性格が主因の一つであろうが、全く根拠のなかったわけではなく、顔淵が安らかな顔で死んでいた事実にも由来すると筆者は推測する。また、もし顔淵が最後迄毎日、「一箪食」を摂っていたと仮定すれば、「箪」が何グラムに相当するかは現在では詳細が不明であるが、毎日ご飯を丼一杯食べていれば、餓死することも、栄養失調死することも有り得ないことである。ちなみに、我が国の昭和期のコメの配給が成人男子で一日330グラムであった。太平洋戦争中、あるいは、戦後、コメの配給が遅配を続け、やがては欠配になったため、大問題へと発展したのであり、[23] 配給量が少な過ぎるということは、少なくとも表ざたの問題には全くならなかったようである。顔淵は労働もせず、ただ思索に明け暮れていたので、「一箪食」で少なくとも数年間は充分栄養補給が可能であり、普通の生活が送れたであろう。孔子の、「人不堪其憂、回也不改其楽。賢哉、回也。」発言の動機は、今となっては証明が難しいが、この辺りに顔淵の死の実態があると筆者は考える。貧乏で食べるものが無く、失意の内に餓死したとする司馬遷などの解釈とは違い、真実は顔淵が自分の意向で絶食をし、得意の内に、安らかな顔で死に至ったのであると考える。

なお、上記の司馬遷の『史記』の貧困による（失意の中での）餓死説が朱子学以前はほぼ定説になっていたが、異論は古典文献中にも存在し、後漢（25 - 220）の王充(おうじゅう)（27 - 97頃）は、自書の『論衡』命義(めいぎ)篇で、「顔淵困於学、以才自殺。〔顔淵は学問に行き詰まり、才能が有ったので、（そんな自分に耐えられずに）自殺した。〕」とあるのを付記する。ここの王充説への所見を述べれば、王が顔淵の自殺原因と指摘する程度の才能がある人は人材がとても豊かだった孔子直接弟子の中にはありふれており、また孔子はその境地を好しとはせず、賢とはせず、弟子たちには上を目指して、さらに精進するように指導していた。前述の通り、孔子は、子夏に小儒になっては駄目だよと教示したが、王の言う「以才自殺」は孔子の言う「小儒」そのものである。顔淵がその程度の人だとしたら、孔子が顔淵を賢と見なし、あれ程高い評価を与えることは無かったのは明白な事実である。顔淵の死に対する、王のこの解釈は長年の間、田舎在住の独学専思の思想家の悪い点が露出したと言われても仕方が無い解説であろう。

3. 顔路の孔子に対する怒り

①顔路が孔子の車の譲渡を懇願する

　本章一節で、『史記』弟子列伝は「顔回死、顔路貧、請孔子車以葬。〔顔回が死に、顔路は貧乏だったので、孔子に孔子の車を頂いて（顔回を厚く）葬りたいと願い出た。〕」と言っていると筆者は述べたが、この逸話を『論語』先進篇は下記のように、より詳しく綴る。

　顔淵死、顔路請子之車以為之槨。子曰、「才不才、亦各言其子也。鯉也死、有棺而無槨。吾不徒行以為之槨。以吾大夫之後、不可徒行也。"
　顔淵が死んだ。顔路は孔子の車を貰って、それで顔淵の外棺作ってやろうとし、孔子に願い出た。孔子は、「才能が有ろうと無かろうと、それぞれに自

分の子は可愛い。鯉が死んだ時、内棺だけで外棺は無かった。（車を手放せば、無論外棺を作ることができたが）私は外棺を作り、自分が徒歩でしか外出できない境遇にはなれなかったからだ。末席ながら大夫の地位にあるので、徒歩で外出はできないからだ。」と言われた。

　非常に意味難解な条である。前提として先ず、この当時、貨幣は存在した[24]が、一般には流通していなかったことを再指摘する。顔路は孔子の車を売って貨幣に替えるのではなく、外棺などと物々交換をしようとしたのである。『論語』には、「金」の字も、「銭」の字も、一度も出てこない。孔子の死後、十年程で誕生したと考えられる、墨子の日常生活を綴った、『墨子』耕柱（こうちゅう）篇には、「曰："後生不敢死、有十金於此、願夫子之用也。[25]〔弟子の耕柱（生卒年不詳）は、〕『元気でやっております。ところで、ここに十金があります。どうぞ先生、お好きにお使いになってください。』と、言った。〕」とあるのを始めとして、『墨子』には、「金」とか、「銭」とか、あるいは、「金銭」とか「銭金」とか云う語は多出する。『墨子』以降の書、『孟子』、『荘子』、『荀子』等でもお金の話はよく出てくる。
　ところで、『論語』郷党（きょうとう）篇には、「沽酒市脯不食。〔売っている酒や、市場の干し肉は（孔子は）食べなかった。〕」と、ある。郷党篇は孔子が魯国にいた頃の日常生活のありさまを記述したものであるが、当時の魯国では、貨幣ではなく、物々交換で物の売り買いが行われていたと思われる。歴史学者の山田勝芳（やまだかつよし）（1944 -）は、「しかし、春秋時代に各国で使われ始めた青銅製の貨幣は、一般的交易では、物々交換や、米穀・塩などの実物が価値表示機能を果たすことが多かったために、その広範な流通はまだ見られなかった。やはり紀元前五世紀以降の戦国時代の、貨幣・貨幣経済の社会的定着と全面的展開を待たねばならない。」[26]と言い、筆者の説を後押ししてくれる。

②孔子が顔淵の哀願を断った理由

　次に、なぜ、孔子の子や弟子に外棺を作ってはいけないのであろうか？文献文脈からは、鯉の場合は、孔子が貧乏であった為であり、弟子の顔淵の場合は、それが身分不相応で礼に反するということがその理由と思われる。しかし、「大夫之後（大夫の末席）」にある孔子は貴人であり、その息子に外棺を作れなかったという行為が、礼に適っているかどうかは全く不明である。孔子には多くの弟子からの授業料もあり、子貢のような財産家や、冉有のような季孫氏の高官から多大な寄付を受けていたことを考慮すれば、外棺を作る程度の経済的余裕は車など売り払わなくても、孔子には充分に有ったと考えるのが妥当であろう。先に引いた『論語』郷党篇には、孔子の食事内容がかなり充実したものであったことも記載されている。孔子は決して貧乏ではなかった。

　しかも、『礼記』檀弓下篇や、『孔子家語』屈節解篇には、孔家より身分が格段に低いと推定される、原壌（生卒年不詳）の母（姓名：生卒年不詳）の葬式の際に、古くからの友人だというだけの理由で、孔子自身が自ら外棺を作ってあげたという逸話が残っている。以下は『礼記』檀弓下篇の記述である。

　　孔子之故人曰原壌、其母死、夫子助之沐槨。原壌登木曰："久矣予之不托於音也。"歌曰："貍首之斑然、執女手之巻然。"夫子為弗聞也者而過之、従者曰："子未可以已乎？"夫子曰："丘聞之：親者毋失其為親也、故者毋失其為故也。"

　孔子の旧い友人に原壌という人がいた。原壌の母が死に、孔子は原壌を助け槨（外棺）を沐（＝治）めた（作ってあげた）。原壌はその材木の上に登って、「母が亡くなってから久しい間、僕は音楽から遠ざかっているよ。」原壌は、「木目は狸の頭のように筋目がはっきりしていて美しい、（孔子の）執る手は女のように柔らかい。」と歌った。孔子は聞こえないふりをして聞き流

したが、従者が、「先生は直ぐに（歌を）止めさせることは出来ないのですか？」と言った。孔子は、「丘はこう聞いている：親族にはその親しみを失ってはならない。旧い友人にはその友情を失ってはならない。」と言われた。

　ちなみに、『孔子家語』では「従者」を、「子路」と、特定している。[27]『礼記』喪大記篇には、「君松槨、大夫柏槨、士雑木槨。〔国君の為には松の槨、大夫には柏（著者注：日本の桧の一種）の槨、士には雑木の槨を用いる。〕」と、ある。『礼記』が成立したのは孔子没年のずっと後のことであるにせよ、士分以上が槨を用いるという習慣が孔子の時代にも、多分、あったと考えられる。しかし当時は、未だ厳格な規定は無く、臨機応変に葬儀が行われていたのであろうと推定する。原壌は孔子の幼馴染というから、子供時代の孔子と同じ賤民であったと考えるのが妥当と思われるが、孔子が原壌に槨を自ら作ってやったのに反して、跡取り息子、つまり大夫の息子待遇の鯉の槨を作らなかった理由を、『論語注疏』も、『論語集注』も、劉宝楠の『論語正義』も、『論語古義』も、孔子が貧乏だったからだとするが、前述の事実を考慮すれば、その理由付けはどう考えても無理がある解釈である。孔子が鯉の槨を作らなかったという事実が最初に有り、それに後付けした解説であるように思える。そもそもかりに、孔子が息子の葬儀にあったって槨も作れない程貧乏であれば、車をひっぱる四匹の馬を維持管理することなどは、とてもできないのは明白な事実である。また、孔子自身も貧乏に長居することを好しとはしなかったし、物理的に豊かな生活を送っていたのは『論語』郷党篇の記述からも明らかである。ちなみに、徂徠は正直な性格のせいか、『論語徴』には、この条自体の解説が全く無い。

　上記の、『論語』「顔淵死、顔路請子之車以為之槨。……」の条での孔子の顔路に対する弁論は、魯公から下賜された車を手放したくないだけの、つまり、自ら非礼はできないという必死の言い逃れである。孔子の母のように顔氏も賤民であったのであろう。それにしても賤民の原壌には、自ら槨を作っ

てやった。しかし、最愛の弟子顔淵の槨作りに孔子が強く反対するのは、筆者の説によれば、礼の芳信者としての、儒家、それも自分の跡継ぎとして二代目儒家当主を心に決めていた、顔淵には、「庶人・賤民には槨を用いない」という礼に厳格に則った完璧な葬儀を行いたかったというのが強い動機であった。一方、鯉の葬儀の際に槨がなかったというのは、礼に反する行為であり、多分事実ではない。孔子の言動は「克己復礼」言い換えれば、「守礼」の原理で貫通されていたからである。しかし、全身全霊で激怒し、孔子に詰め寄ってきた顔路から、何とか逃れる為の孔子の咄嗟の必死の虚辞であったと筆者は考える。孔子の必死の形相に、顔路も長年師事した師に多分憐憫の情を抱き、見えの見えの嘘で事は収まったと推定する。

③孔子の指導に従った結果、自慢の息子が衰弱死してしまった

　さらに、今度は孔子ではなく、顔路の側に立ってこのことを分析してみる。当時の馬の価値はよく分からないが、前出の歴史学者の山田勝芳によれば、西周後期には、「この衛器（筆者注：青銅器の名）やその他の金文から推測される交換比率は次のようになる。……四匹良馬＝三十田　五人奴隷＝一匹馬＋一束絲（絹糸）≒一〇〇守（銅地金の単位）」[28]と言う。「田」の広さ、「束」の量は現在では不明である。「一匹の馬が五人の人（奴隷）を超える値段」であったほど、馬は高価なものであった。「馬一匹」どころか、馬四匹で引く孔子の車全部を葬儀のために、要請するとは、筆者の説の通り顔路が孔子の馴染みの深い間柄の親族であったことを差し引いて考えても、全く荒唐無稽な話である。『論語集注』は、胡寅（1098-1156）を引き、「大夫不可以徒行、命車不可以与人而鬻諸市也。〔大夫は車に乗らず、徒歩すべきではない。命車（君から授かった車）は人に譲渡してそれを市で売ることはできない。〕」と言う。下賜された車を譲渡することは、臣下として最悪な非礼行為であり、孔子にそんなことが絶対できないことは、無論、顔路は重々承知していたはずである。また、孔子が反対しても、顔路は最初から息子の

顔淵の為に椁を作るつもりでいたことは後述するが、おとなしく黙ってそうする前に、どうしても孔子に一言いって、孔子を困らせてやりたかったように思える。顔路が孔子に何か強い怒りを感じていたことが推定される。顔路は六歳上の実の兄のような、親類の孔子の何に対して激怒していたのであろう？

『論語』述而篇に、「子曰、『飯疏食飲水、曲肱而枕之、楽亦在其中矣。不義而富且貴、於我如浮雲。』〔孔子は、『疏食〔『論語集注』の説では、「食、音嗣。……疏食、麤飯也。（食、発音は嗣。……疏食は、精白していない米：玄米。）となっている。『論語集解』は、本文を「蔬食」とし、孔安国を引き、「蔬食、菜食也。（おかずが野菜だけの食事）」とする。〕を食べて、水（白湯）を飲み、肱を曲げて、それを枕にして（横になっても）、楽しみはこうした生活の中にもちゃんとある。不義（不正）によって得た富や貴（名誉）は、私に言わせれば、浮雲（はかなく、あてにならないことの譬え）のようなものだ。』と言われた。〕」という条がある。これはいつ、何のために孔子は発言したのであろうか？この条と雍也篇の、「子曰、『賢哉、回也！一箪食、一瓢飲、在陋巷。人不堪其憂、回也不改其楽。賢哉、回也！"〔孔子は、『賢かったなぁ、回は！割子一杯のご飯、瓢一杯の飲み物（しか一日に摂らない）。陋巷（狭い露地。粗末な住居の譬え）に住んでいる。（普通の）人はそんな生活の不便さ、切なさに堪えることができないが、回は自らの楽しみを改めず、貫き通していた。（本当に）賢かったなぁ、回は！』と言われた。〕」の条とを結び合わせて山田勝美（1909 - 1989）は解釈する。[29] これらの条の共通点を指摘するのは朱子学以来、斯界のほぼ常識である。

顔淵は、当時の隠者の慣習通りに、「一箪食、一瓢飲、在陋巷。」の生活を妻子と共にしていたのであろうか？あるいは、慣行にとらわれない、非常に独創的な顔淵のことであるから、一人で隠遁生活に入ったのかも知れない。たとえそうだとしても、妻（姓名：生卒年不詳）は、食事、洗濯、掃除等の家事をしに、毎日のように顔淵の住居に現れたと考えられる。「一箪食、一瓢

飲」は、無論顔淵の指示であるが、用意をしたのは妻であろう。妻はやせ細る顔淵を見て、唯ならぬ恐怖を感じたであろうが、それを夫に訴えても、男尊女卑が甚だしいのが当時の社会慣例であり、顔淵は、風習通りに、妻の言うことに耳を傾けるはずもなかったであろう。当時、確実に顔淵を動かすことができたのは、父親と師の孔子だけである。顔淵の妻は、直ぐに舅に泣きついたと考える。顔路も自慢の大切な息子の体格の激変に驚き、直ぐに対処したかったが、兄とも師とも仰ぐ、孔子の意見を訊かない訳にも行かず、孔子にどうしたらよいか尋ねたと推測する。その時の孔子の答えが、「子曰、飯疏食飲水、曲肱而枕之、楽亦在其中矣。不義而富且貴、於我如浮雲。」であり、要するに、「回は大丈夫だから、余計なおせっかいをして回の修行の邪魔などしないで、回をそっとしておいてあげなさい。」と言う内容だったと筆者は考える。前述の通り、当時の常識では父の命は絶対で、顔淵も、父の命令とあれば、それに従い飲食を普通に戻したことは確実である。そういう背景があったと考えれば、顔路の孔子に対する激しい怒りや嫌がらせも説明できる。

④自慢の息子を失ってしまった顔路の怒りと悲しみ

　孔子は学団の統帥交代の機が熟したと、満悦の素振りで、顔淵への禅譲を行おうとしたが、顔淵にはそれが相当の負担で、断りたかったが、生まれた時から面倒を見て貰い、父のように慕っていた孔子には、自分の素直な気持ちを押し殺し続けるしかなかったのであろう。この辺りの顔淵の心の彩はごく一般的なもので、たとえ口にしなくても、聖人孔子にはすぐ伝わりそうなものであるが、あいにく、孔子は父親を幼児期に亡くし、自分の父親の思い出、接触が殆ど無く、自分を守ってくれる父親のいない子供の苦しさ悲しさ辛さとその対応策には精通していたものの、息子が父親を慕う心理とその行動には全く鈍感であったと言える。令和時代の日本人から見れば、顔淵の秘めていた孔子への、理不尽な強い拘りを、孔子が主催した山歩きで偶発的に自覚することになり、その

後の隠遁生活で、孔子への執着心が最終的には雲散霧消したとの旨の自説は前述した。繰り返すが、顔淵は自由自在に思索の世界に遊び、中華伝統には無い段階の心境に達した。それは、インドのジャイナ教のサンターラーとか、あるいは仏教の無余涅槃のような境地である。一度悟ってしまえば、それで人生を終えるのが最高の人生であり、最良の死であるという発想だ。

　兄のように慕っていた師に対する顔路の激怒は、一言苦言を呈したことで何とか収めることができたようだ。『論語』先進篇には、「顔淵死。門人欲厚葬之。子曰、『不可。』門人厚葬之。子曰、『回也視予猶父也、予不得視猶子也。非我也、夫二三子也。』〔顔淵が死んだ。門人[30]は顔淵を厚く葬むりたいと欲した。孔子は、『駄目だ。』と言われたが、門人は顔淵を厚葬した。孔子は、『回は私を父親のように視てくれたのに、私は、回を子のように視ることができなかった（礼に適う適切な葬儀ができなかった）。私のせいではないぞ、あの二三子（顔路の二三人の門人）のせいだぞ。』と言われた。〕」と、ある。孔子の言葉の背景には、誤った指導をして、顔淵を死なせてしまったとの思いも強く、顔路には強い引け目を感じていた孔子は、自分の望まない顔淵の厚葬を、とても顔路のせいだとは言えず、「夫二三子也」とすることで、自分の痛恨の念を顔路の弟子たちに振ったのではないだろうかとも筆者は考える。顔淵の厚葬は、顔路の最初からの決定事項で、車を譲ってくれと駄々をこねたのは、兄とも慕った師である孔子に対する顔路の精一杯の反抗だったとは読めないだろうか？血を見るような騒動はさすがに無かったようだが、この時点で顔路は孔門を一度は去ったと考えるのが妥当であろう。[31]

　最後に、現在定説のようになっている、司馬遷の『史記』仲尼弟子列伝の、「父子嘗各異時事孔子。顔回死、顔路貧、請孔子車以葬。〔（顔氏）親子は別々の時期に孔子に仕えた。顔回が死に、顔路は貧乏だったので、孔子に孔子の車を頂いて（顔回を厚く）葬りたいと願い出た。〕」という説は上記の説明の通り、事実ではないと思われる。顔氏親子は、ほぼ同時に孔子と死

別・決別し、顔路は厚葬ができる程の財産があったと考えるのが妥当であろう。通説通り、顔淵の弟子にせよ、自説のように顔路の門人にせよ、僅か二三人の弟子たちで手厚い葬儀の費用を捻出できるはずがないからである。顔路が貧しかったとか、別々の時期に親子が孔子に仕えたとするのも、先に結論ありきの、司馬遷一流の創作仮説と言えるであろう。

第四章　顔淵の死が孔子を滅ぼした理由

1. 先学諸説

①顔淵の死が孔子の唯一の真の理解者を失ったことを意味した

　『論語』先進篇には、「顔淵死。子曰："噫！天喪予！天喪予！"」の条がある。顔淵の死が、何故孔子を滅ぼしたかについては、先学の研究は多くある。それらは二系統に大別できる。一つは、孔子が自分のよき理解者を失ったことを「天喪予！（天が私を滅ぼした！）」と嘆いたとする解釈である。

　『論語集解』では、「天喪予者、若喪己。再言之者、痛惜之甚也。〔天が私を滅ぼしたとは、（顔淵が死んだことは、天が）自分（孔子）を滅ぼしたようなものであることを言う。これを再び言うのは、（顔淵の死を）悼み悲しむことが甚だしいからである。〕」と、言う。

　『論語義疏』は、「云天喪予者、喪猶亡也。予我也。夫聖人出世、必須賢輔、如天将降雨、必先山沢出雲。淵未死則孔道猶可翼、……今淵既死是孔道亦亡。故云天喪我也。〔天喪予は、喪とは亡の意味である。予は我の意味である。聖人が世に出るのに、必ず賢人の補佐が必要であるのは、雨が降るのに、必ず先ず山や沢に雲が出るのと同じである。顔淵の生きている時には、孔子の道を（顔淵が）翼(たすけ)ることができた。……今、顔淵が死に、孔子の道もまた滅びたのだ。それで、天が私を滅ぼしたと言ったのだ。〕」と、言う。

　劉宝楠の『論語正義』は、劉歆(りゅうきん)（？‐23）を引き「漢書董仲舒伝賛：劉歆以為伊呂乃聖人之耦、王者不得則不興。故顔淵死、孔子曰：『噫！天喪余。』唯此一人為能当之、自宰我、子贛(さん)、子游、子夏不与焉。〔漢書・董仲舒(とうちゅうじょ)（前176？‐前104？）伝賛（他人の美徳をほめたたえる言葉）に言う。：劉歆は伊尹と呂望(りょぼう)（太公望の別名）は二人の補佐官であり、もし王

者が彼らを手に入れなかったら、興起できなかった。それと同様に、顔淵が死ぬと、孔子は、『噫！天喪予。』と言い、唯だ此の一人（顔淵のこと）がよく自分を補佐してくれたとしており、宰我(さいが)（前 522 ？‐前 458 ？）、子貢、子游、子夏といえども、これに与(あずか)らなかった。〕」と言う。

また、我が国の徂徠は、『論語徴』で、「天喪予、朱註、悼道無伝。宋儒哉。夫聖人之興、必有毗輔。苟無毗輔、雖聖人何能以一人為乎。故顔子之死、天意可知。是所以傷也。不爾、子路之死、天祝之嘆。其謂之何。何必謂公羊皆妄乎。〔『天喪予』を朱註（『論語集注』）は、（孔子が顔淵の死によって）道が絶えることを悼んだという。（朱子の解釈はいかにも道統を言う）宋儒らしい考えである。聖人が登場する場合は、必ず顔淵のような補佐する人物がいるのであり、補佐する人物がいなければ、たとえ聖人といえども一人では事を為すことは無い。そんなわけで、顔淵が没したので、孔子は天意を知り嘆いたのである。なお、（筆者注：『春秋公羊伝』哀公十四年にあるように）、孔子は（顔回のみならず）子路が死んだ時も天祝（著者注：祝は断、「見捨てる」の意味）と、嘆いている！これはどういう意味だろう。どうして公羊（『春秋公羊伝』）に書いてあることが皆妄想だといえようか！〕」と、言う。

②唯一の真の理解者が亡くなり、孔子の道の伝承が失われた

二つ目は、上記の徂徠も言及しているように、顔淵の死によって、孔子には自分の道を正確に伝えてくれる人が居なくなり、孔子の教えが絶えてしまうことを、「天喪予」と嘆いたという解釈である。

『論語集注』は、「悼道無伝、若天喪己也。〔（顔淵の死で）道の伝承が失われたことを悼んでいる。それはまるで天が私を滅ぼしたようなものだ。〕」と、解説する。

本邦の仁斎も、『論語古義』で、「此悼顔子之死、而歎学之将絶、若天喪予也。〔孔子は顔子の死を心から悲しまれた。そして天が自分を見はなし、

顔子を死なせて、自分の学を絶えさせようとしているのは、自分を滅ぼすと同じだと嘆いているのである。〕」と、道の伝承が失われることは孔子にとっては自分の死と同じだと嘆息しているとの解説をしている。

上記の、孔子が自分のよき理解者を失ったことを「天喪予！（天が私を滅ぼした！）」と嘆いたとする解釈や、顔淵の死により、孔子には自分の道を正確に伝えてくれる人が居なくなり、孔子の教えが絶えてしまうことを、「天喪予」と嘆いたという解釈は、両説共に一理ある、卓越した解説である。

2. 顔淵の死により孔子の天命理論が完全に消散した

①天命理論に対する初めての孔子の疑問

飲食を断てば、いずれ人の身体が死んでしまうのは、顔淵の例を見たとおりである。また、人には身体の世界だけではなく、謂わば精神の世界も有り、精神的にも動力源になるもの、精神的な食糧が必要である。それは、楽しみとか好みの類であるが、深く思索を巡らせば、これらは人の信条とか信念にその源を発していることが分かる。ある人が、「自分には、宗教とか哲学とかは特に無い。」と言ったとしても、人間は必ず、何か信じる所、つまり、信条とか信念をたとえ不可全な形であったとしても、それを必ず持っている。それがなければ、楽しみも全く生ぜず、人生が無味乾燥化して、とても精神の正常性を保って生きて行くことはできないという、極めて強い必然性が有るからである。

筆者は孔子の、「天喪予」発言の理由を、人の精神的動力源に焦点を当てて、考えてみたい。孔子の場合は、15歳で「志学」以来、自己の人生に対する強い感動を背景に、天の存在、天道を確信し、それが具体的には天命という形で徐々に言語化されて行き、孔子を導いてきた。孔子は、天命を受け容れがたい時も何度かあったが、「耳順」と自ら発言しているように、60歳までには、天命を全て容認・受諾できるようなっていた。70歳では、「七十而

従心所欲、不踰矩。（70歳には、欲望のままに行動しても、礼を逸脱することは無い境地に達した。）」と、豪語するに至っていた。この発言は具体的には長男の鯉に先立たれても、礼を逸脱する言動は無かったことを言っていると筆者は考える。このように、孔子は、15歳を原点とした夢・人生企画が、ずっと70歳迄維持することができた稀有の人物であると言える。孔子のこの人生企画は、苦難に満ち納得の行かない人生を送っている世間の大多数の人には、文字通り少年の空想であり、はかなく、非常に危険な人生計画に見えるだろう。しかし、孔子は天命と呼んでいた、その夢・計画を15歳から70歳迄、臨機応変に何度も手直しし、夢が実際にずっと機能し続け、豊かで充実した人生を送っていたのである。帰国後は、儒学団の跡取りを顔淵に受け渡すのが、孔子の人生企画であった。言い換えれば、その人生企画が天命であった。

　ところが、顔淵は死んでしまった。絶食による栄養失調死であった。言語化されていた明確な自分の人生計画が、潰れたのは孔子にとっては初めての経験であった。顔淵の死は明らかに自死である。しかし、『書経』には、君子は長寿であり、君子は自殺などしないという天命教義があり、当たり前すぎて同書には自殺の言及がないほどである。顔淵は君子であると孔子は認定していた。それで、顔淵が君子であるという、孔子の考えが、天命教理とぶつかり合ってしまった。

②顔淵の死で孔子の天命思想は完全に消散した

　孔子は顔淵を評して、「人不堪其憂、回也不改其楽。」と言っているのだから、その結果顔淵が亡くなっても、顔淵の死は不幸な死とは言えないし、41歳の死は短命とは言えない。[1] 孔子の時代より、二千五百年程後世の、比較にならない程に医療事情が進歩していた、我が国の明治・大正時代の男性の平均寿命ですら、数えで43歳前後だったという。[2] であるから顔淵の死は、客観的には、「不幸短命」死とは言えない。では何故孔子は、顔淵の死が、「不

幸短命」死だと強弁したのであろうか？『書経』高宗彤篇(こうそうゆう)には、以下の記述が有る。

(祖己) 曰："惟天監下民、典厥義。降年有永有不永、非天夭民、民中絶命。民有不若徳、不聴罪。天既孚命正厥徳、乃曰、其如台？"
　祖己(そき)（殷の高宗の子とされる。生卒年不詳）は、言った、『惟れ、天は下(界の)民を鑑(かんが)み、厥(そ)の義を典(つかさど)る。降年〔＝享年：天から享(う)けた年の意、人がこの世に生存していた年数が原義で、死んだときの年齢を意味するようにもなった。〕が、永い人も有れば、永くない人も有るが、(これは)天が民を夭折させたのではなく、民が中(なか)ばにして(自分の)命を絶ったのだ。民のなかに徳に従わなかったりするもの〔具体的には、『尚書正義(しょうしょせいぎ)(『尚書』は『書経』の別名称)』は、「民自不修義。(民が自分の都合で、義を修めないこと)」と解説する〕、(自分の)罪をきちんと清算しないものがいたりするから民は死ぬのだ。天が既(すで)に命を孚(はぐく)んだのだから、(民が)厥の徳を正(そ)せば、乃曰(＝於是：ここにおいて)、天は(民の寿命を。如台＝奈何)どうすることができようか？(天が民を若死にさせたいのではない)

有徳者は長寿であるという見解は『書経』の他の篇にも散見し、その天命理論を疑うこと無く、半世紀以上の長きにわたって無条件にその理論を受け入れてきた孔子にしてみれば、有徳者顔淵の 41 歳の死は、「短命」であると結論付けざるを得なかったであろう。『書経』洪範(こうはん)篇には、人の不幸を分類した下記のような記述が有る。

六極：一曰凶、短、折。二曰疾。三曰憂。四曰貧。五曰悪。六曰弱。
　六つの極め：第一が凶、短、折。第二が疾病。第三が憂いごと。第四が貧乏。第五が悪事。〔『尚書正義』は孔穎達(くようだつ)(574-648。孔子 32 世孫とされる)の説として、「悪貌状醜陋。(容貌が醜い)」を挙げている。〕そして第六は

心身が弱いことである。

　「一曰凶、短、折。」の意味については、諸説紛々で、実は完全にはどういう意味かは、今となっては分からない。筆者は上記の『尚書正義』が引く一説、「鄭玄以為、凶短折、皆是夭柱之名、未齔曰凶、未冠曰短、未婚曰折。〔鄭玄が考えるには、凶短折は、皆な是れ、夭逝を分類した名称で、未だ齔(歯がわり)していない年で亡くなることを凶と言い、未だ(元服して)冠を付ける前〔20歳未満：『礼記』曲礼上篇に、「二十曰弱、冠。(20歳を弱と言う、冠を被る。)」とある。〕に亡くなることを短と言い、未だ結婚していない年で亡くなることを折(子孫が居ない状況)と言う。〕」という説を採りたい。

　顔淵は、凶でも、短でも、折でもない。妻も息子もいた。息子の名は顔歆(がんきん)(生卒年不詳)と言い、子孫は現在に迄も至っている。

　顔淵は41歳で逝去した。前述の通り、天命理論では、「降年有永有不永、非天夭民、民中絶命。〔享年が、永い人も有れば、永くない人も有るが、(これは)天が民を夭折させたのではなく、民が中(なか)にして(自分の)命を絶ったのだ。〕」と説明する。顔淵は自死であるので、この天命理論に矛盾点は無い。天命理論は、また、「民有不若徳、不聴罪。〔徳に従わなかったり(民が自分の都合で、義を修めないこと)、自分の罪をきちんと清算できなかったりした〕」ために、その徳に相応の寿命だったと説く。この点に関して、孔子は天命理論に大きな疑問を持ったと筆者は考える。それは、陳蔡の厄を通して、顔淵ほど、強く途轍もなく莫大な動力源を持っている人はいないと孔子は判断していたからである。孔子は顔淵ならば、その下で働きたいと迄発言した程である。つまり、孔子は顔淵の動力源の強靭さ、絶大さに感動し、顔淵を非常に高く評価したのである。筆者の言う「(精神的)動力源」を、ウィルソンは、"an inner-feeling of identity"等と呼ぶ。そしてこの語に当たる、中国古典用語は「徳」であると、ArthurWaley(アーサー・ウェイリー：

1889‐1966）は主張している。（この説については第五章一節第四項で詳説する）また、ウェイリーは、同義語の 'moral force（内部エネルギー）' を徳の翻訳の基本語としている。つまり顔淵は非常に強い精神的動力源を持っており決して、「不若徳（徳に従わない）」とは呼べないし、第三章二節五項で前述したように、顔淵は「不貳過（同じ過ちを繰り返さない）」であり、過ちをしてもきちんと清算していたというのが孔子の評価なので、「民有不若徳、不聴罪。（民のなかに徳に従わなかったりするものや、自分の罪をきちんと清算しないものがいたりする。）」のために、その徳に相応の寿命だったと説くこの天命理論は、顔淵を失って心理的な大混乱にあり、大変怒りっぽくなっていたと想像される孔子には到底是認できない見解に変貌してしまった。15歳から半世紀以上常々感動し、現実生活では、小さな手直しを続け、ずっと愛用・実践していた天命思想に、ここでは、「回が不徳であったはずがない」と、孔子は怒りを以て向ったと筆者は考える。また顔淵の死については、孔子の心情では、かつて匡の暴徒に包囲された時、独り学団からはぐれ、一度はその死を覚悟していた顔淵が、「子在、回何敢死？（孔子先生がいらっしゃるのに、どうして私が先に死ねましょうか？）」[3]と、多分笑顔で言った20年ほど前の顔淵の顔が、何度も何度も、殆ど際限なく、壊れたレコードのように再生されている状況だったと考える。この時孔子は、「そんなはずがない！そんなはずがない！何かの間違いだ！」と絶叫していた混乱ぶりであったと筆者は考える。この時、当然、今迄の生活の中心にあった、天道の教義が決河之勢で、修復が全く不可能な程、崩壊してしまっただろう。あるいは、孔子が顔淵を高く評価しない天命理論に激怒して、自ら、その思想を一擲したという方がより実相に近い表現かも知れない。顔淵の徳がたった41歳の寿命に相応しいはずがないという理論構成である。顔淵の死という現実を、孔子は、「天喪予！」と言語化し、慟哭したのであると筆者は考える。だから自説によれば、「天喪予」は「そんなはずがない！何かの間違いだ！」という日本語訳になる。

顔淵の自殺だが、孔子の精神的な動力源であった、天の存在、天命理論によれば、有徳者の顔淵が41歳で亡くなるはずがないのである。また、天命理論で顔淵の死を解釈すれば、顔淵には大した徳は無かったということになり、こちらの発想も到底孔子が受け容れることもできなかった。孔子は天命思想を放擲するしか方法が無かったと考える。

　孔子の、「天喪予」発言の原因は、先学諸子の、「良き理解者を失った為」あるいは、「儒学の正統な後継者を失った為」という理由の他に、「（今迄孔子の生活の中心となっていた、夢であり人生計画であり、精神的な動力源であった）天命理論が完全に消散した為」というより大きな原因もあるように思える。また、筆者には自説の原因が孔子の最晩年の生活と思想を導いた主因のように思われる。

第五章　最晩年の孔子の思想と生活

1. 顔淵逝去から子路逝去迄

①以思無益不如学也

　『論語』衛霊公篇に、「子曰：『吾嘗終日不食、終夜不寝、以思。無益。不如学也。』〔孔子は、『私は、終日絶食し、徹夜して、考えたことがある。（ところが結局）無駄だった。考えることは、学ぶことに及ばない。』〕」という条がある。「発憤忘食」の性格の孔子が、「終日不食、終夜不寝、以思。」という行動をした可能性があるのは、孔子の人生でただ二回しか筆者には思いつかない。第一は、士分になる以前、17歳迄の十代の時期に、なぜ自分には父親がいないのだろう？と徹底的に思索したことは現実にあっただろう。この時の話であるという可能性は全く無いとは言えないが、何故十代の頃の話が『論語』に登場するのかは不明だ。十代の弟子に分かりやすいように、自分を例に挙げ指導している痕跡は見当たらない。第二は、前章で取り扱った顔淵の死である。何故、顔淵が、二代目就任を躊躇し、挙句の果ては、自死を以て就任を拒絶したのか、その理由の探求である。逞しく、しかも品よく、常識の世界を生きていた、孔子には、顔淵が何故跡目相続を一蹴したのかが、どうしても理解できなかったのであろう。孔子は、考えても無駄だ！やはり学んで、ここを切り抜けるしか無いとの結論に達したという話だ。これなら、無理なく受け入れることができる。[1] ちなみに、孔子には決断力があり、決断に要する時間は短い、この決断は顔淵が逝去して、遅くても数日中には完了していたと筆者は考える。[2]

②下学而上達

　『論語』憲問篇に、「子曰："莫我知也夫！"子貢曰："何為其莫知子也？"子曰："不怨天、不尤人。下学而上達。知我者、其天乎！〔孔子が、『私を分かってくれる人はいないなぁ！』と言われた。子貢は、『どうして先生のことを分かってくれる人が居ないなんて言われるのですか？（一生懸命に先生を支えようとしている弟子の我々に対して、あんまりのお言葉じゃあないですか！）』と言った。孔子は、『（回を奪った）天を怨まないで、人（自死した回／自分を分かってくれない子貢を含めた弟子たちあるいは世間の人や社会）も咎めない。私は、下学して上達するだけだ。（多分、人には私が分からず）私を分かってくれるのは天だけであろう。』と言われた。〕」という条がある。なお、ほぼ同じ文章が、『史記』孔子世家にも出てくるが、いずれにしても、孔子は前項の「不如学也」を実践する決意を子貢に語っている。「下学而上達」方式を孔子は選択するという宣言である。

　しかし、これはかなり難しい方法である。下学すれば下達するのが普通だからだ。孔子は同書、同篇で、「子曰：『君子上達、小人下達。』」ともいっている。孔子は、「上達」の手段は説いていないが、当然それは、「上学」であろう。普通、「下学」を「地道な人事」くらいの意味で解釈されているが、司馬遷の『史記』孔子世家によれば、この条の発言は孔子の死の二年前の哀公十四年（前481）になされたという。[3] そうだとすれば、老熟した孔子が、何故、初心者が励むのが普通である、「地道な人事」などをしなければならないのか、原因が不明である。顔淵の逝去したのは、この年（哀公十四年）の四月迄の期間[4]である。

　孔子の志学以来の天命理論では、最善最強の君子である顔淵は長寿であるし、自殺などするはずがないのである。これは明白な孔子の理論であった。それが、顔淵の自殺で、孔子の精神的な動力源であった、天の存在、天道の教義が決河之勢で、修復が全く不可能な程、崩壊してしまった。今迄のように、天道を信じて、爛々と目を輝かせて、注意細心な学問（上学）をすることは、

もはや、とてもできる状態ではなかった。顔淵の自死により儒教教義及び動力源であった、「志学」の熱情が雲消霧散した結果、学問すると言っても、深く大きな心の傷を抱えながら、何の精神的な支えも無い状態でしか、学問ができなかったのである。夢も希望もほとんどない心境での学問、それを孔子は、「下学」と呼んだと考えるのが一番無理のない解釈である。それ迄は、孔子は当然、「上学而上達」していたのである。

「下学」の内容が「地道な人事」とするのに違和感を覚えるというのが筆者の意見だが、それでは、「下学」とは、具体的に何を学問するのであろうか？『論語徴』は、「下学而上達者、下謂今、上謂古也。謂学先王之詩書礼楽而達於先王之心也。〔下学して上達すとは、（下学の）下は今のことを言い、（上達の）上は古えを言う。先王の詩書礼楽を学び先王の心に達することを言っている。〕」と言う。文献からも、この発言時の孔子は、顔淵の死に遭遇した後とも考えられる。この時の孔子は、15歳からずっと大切に維持管理してきた自分の人生計画である、天命思想が音を立てて崩れ去り、教団の後を託した自分の息子のように可愛がった顔淵に先立たれ、孔子の精神状態は大混乱していた。そんな中で、孔子が興味を持てる学問分野と言えば、世間から正当な評価も受けず、「不幸短命」死した、最愛の弟子、顔淵を正当評価して世間に広めることくらいしかなかったであろう。「下学」とは、具体的には、「公の仕事ではなく、個人の仕事として、顔淵の正当評価を世間に流布させること。」と筆者は考える。その過程の中で、それまでの中国哲学には無かった、新しく、より深い意味を「徳」に付加し、「華伝統の進展を大いに促した」と考えるが、これが「上達」と言えるとも考える。

③顔淵は有徳者か

孔子にとっての顔淵とは、顔淵の下で執事をしても良いと言った程、敬愛する人物であった。しかし、顔淵は本当に有徳者であったのであろうか？儒学を学習する人は、早い時期に、『論語』先進篇の、「子曰："從我於陳、蔡者、

皆不及門也。"德行：顏淵、閔子騫、冉伯牛、仲弓。言語：宰我、子貢。政事：冉有、季路。文学：子游、子夏。」の条を習う。『論語集解』は、「鄭玄曰、『言弟子之從我而厄於陳蔡者、皆不及仕進之門而失其所也。』〔鄭玄は、『（孔子が）陳蔡（の厄）の際に私に従った者たちは、皆仕官の門に至れず、その居場所を失っている。』と言っている。〕」と説く。

続いて、徳行では顏淵、閔子騫（びんしけん）（前536-前487？）、冉伯牛、仲弓（ちゅうきゅう）（前522-？）。言語では、宰我、子貢。政事では、冉有、季路。文学では、子游、子夏であると言う。この条は、『論語集解』による表記で、その後の注釈書は『論語義疏』を始めとして殆どが、「徳行：顏淵、閔子騫、冉伯牛、仲弓。言語：宰我、子貢。政事：冉有、季路。文学：子游、子夏。」の、後半部を切り取り、新しい条として独立させている。この方が、言語は分かりやすくなる。この条には、「子曰」がない。この点を、『論語義疏』は、「此章初無子曰者、是記者所書、並從孔子印可而録在論中也。〔この章（条）には昔から、『子曰』が無いのは、この条の編集者が孔子の印可を得て記録したものが『論語』の中に在るからだ。〕」と、説明する。『論語義疏』は、范寗（はんねい）（生卒年不詳）を引き、「徳行謂百行之美也。四子俱雖在徳行之目、而顔子為其冠也。〔徳行は百行の中でも一番美しい行為だ。四子（顏淵・閔子騫・冉伯牛・仲弓）はみんな徳行の様子を備えているが、顏子がその中でも一番と為している。〕」との説明通り、顏淵が筆頭に上がる有徳者と孔子は判断したからだと普通は解釈されている。

ところで、『論語』里仁篇には、「子曰："徳不孤、必有鄰。"〔孔子は、『（有）徳（者）は孤立しない。必ず、隣（助ける人）が居る。』と言われた。〕」と大変人口に膾炙した条がある。しかし、『論語』を始めとする古典文献から見えて来る顏淵には、彼の隣にいる人がうまく見えてこない。大体は一人ぼっちでいるようにしか見えない。顏淵の生活上の必要時以外の話し相手は孔子だけにも見えて来る。とするとこの「徳」は顏淵をさしているるのではないだろうか？　一見一人ぼっちで孤立しているように見える顏淵に

も、実は自分(孔子)という良い理解者がちゃんと居るぞと孔子が公言して、生前・没後の顔淵を励まし続けたのだと筆者は考えている。その孔子自身が、「回也其庶乎、屢空。〔顔回は(私の理想に)近いかも知れない。しかし、よくボーっとしている。〕」とも言っている。

また、この言葉に続けて、孔子は、「賜不受命、而貨殖焉、億則屢中。」と言われており、子貢を顔淵と対比している。その子貢が「不受命」と言うのだから、普通に考えて、顔淵はその反対で、「受命」していたと孔子は、この発言時点では、考えていたことが判る。しかしそれは孔子の謂う意味での「受命」は顔淵には無かったようで、その後予期しなかった顔淵の急死の際に孔子は大変混乱して、慟哭し、弟子たちを困らせた事実がある。この事件から、孔子は顔淵を全く誤解していたことが判る。従来の儒家の教えに拠れば、「受命」している人が絶食し、自殺などするはずがないからである。

さらに、『論語』憲問篇には、「子曰：“有徳者、必有言。有言者、不必有徳。……〔孔子が言われた、『有徳者には必ず主張がある。しかし、主張がある人が何時も有徳者とは限らない。……』〕」という孔子の発言がある。「必有言」の部分を、『論語集注』は、「英華発者外。〔英明さ華やかな立派さを外に発する。(『礼記』楽記篇の言葉を朱熹はそのまま引用)〕」と解説する。顔淵が自分の意見を進んで、外に発信したことは文献からは、ほとんど確認できない。『論語』では、一度だけ、孔子に促されて、初めて自分の意見をとても控えめに表明する顔淵が記載されている。[5] この発言からは、「華：華やかな立派さ」は、全く見えてこない。本書第三章二節六項では、孔子が顔淵・子路・子貢を引き連れて、農山に遊んだ逸話を取り上げたが、山の好い空気の中で、仲間内の雑談で、子路・子貢が自己の主張を滔滔と弁じ立てる中で、顔淵のみは、特に意見は無いとし、発言は差し控えていたが、孔子に、実質、強要されて自己の主張をしたことを思い出せば、顔淵には「英明さ華やかな立派さを外に発する」ことは無かっただろうという推測が、確信に近いものに変わってくる。すると、顔淵は儒家の伝統的な教えの説く、有

徳者とは呼べなくなってくる。

　しかし、先に取り上げた、『論語』先進篇の「徳行：顔淵、閔子騫、冉伯牛、仲弓。……」には、子曰が無いため、孔子の言葉とは断定はできないが、説明した通り、これは孔子の考えだっただろう解釈されている。そこからも孔子が顔淵を有徳者と考えていたことが強く推測される。

④徳の意味変遷

　そもそも、「徳」とはどういう意味であろう？令和日本では、「徳」を、「人徳」とか「美徳」の意味で使うことが一番多いように思える。しかし、「悪徳商法」とか、「悪徳商人」などの用語もよく使われ、一字の「徳」は根底には必ずしも良い意味を持っているとも限らないようにも思える。一方、英米の研究者たちの間では、「徳」を"virtue（「男らしさ」、「人徳」、「美徳」：何時も良い意味で使われる）"と翻訳されることが多かった。これは中国古典の英語への先駆的翻訳者であるJames Legge（ジェームズ・レッグ：1815 - 1897）が、ラテン語"virtus〔語源は、vir（男、男性）+-tūs（抽象名詞を作る時の接尾語）〕"からの借用語である、この"virtue"の語を多用しているのがその理由であろう。しかし、レッグのこの見解に強く異議を唱えたのが、第三章二節二項で言及した、ウェイリーで、彼の『論語』の翻訳書の付録部分の用語説明のTE（徳）の欄で、下記のような意見を述べている。

This word corresponds closely to the Latin *virtus*. It means, just as *virtus* often does, the specific quality or 'virtue' latent in anything. It never (except by some accident of context) has in early Chinese the meaning of virtue as opposed to vice, but rather the meaning of 'virtue,' in such expressions as 'in virtue of' or 'the virtue of this drug.' In individuals it is a force or power closely akin to what we call character and frequently contrasted with *li*, 'physical force.' To translate it by 'virtue,' as has often been done, can only end by misleading the reader, who even if forewarned will be certain to interpret the

第一部　孔子の思想と生活

word in its ordinary sense (virtue as opposed to vice) and not in the much rarer sense corresponding to the Latin *vitus*. For this reason I have generally rendered *te* by the term 'moral force,' particularly where it is contrasted with *li*, 'physical force.'[6]

　徳：この語は、ラテン語のヴィルツスと強く関連付けられています。徳は、丁度ヴィルツスと同じで、特質とか、或は全てのものに潜在している、「長所」を意味します。徳は、決して（意図的な文脈操作が有れば話は別ですが）中国古典では、我々が悪徳と対比して使うヴァチュー（筆者注：美徳）という意味は無く、むしろ「〜のお陰で」とか、「この薬が効いて」の意味で使う「ヴァチュー（筆者注：効力）」といった意味が有りました。人物に使われれば、徳はエネルギーやパワーの意味で、それは、個性と関連性を持ち、そして徳はよく、「外的なエネルギー」である、利と対比して使われます。徳を「ヴァチュー（筆者注：美徳）」と訳すことは、それはずっとそう訳され続けてきていますが、（筆者注：虚偽を真実と信じ込ませて）読者を惑わし、必ず、中国古典の誤解を招く羽目に陥る結果となるでしょう。それはたとえ読者が予め誤読を警戒していても、徳を普通の意味でのヴァチュー（美徳）と解釈し、ラテン語のヴィルツス（筆者注：特質・潜在的長所）と解釈することは滅多にないだろうことは確実だからです。こういった理由で私は通例徳を「内的なエネルギー」と訳すのです、徳が「外的なエネルギー」の利と対比されている場合は、特に（筆者注：いつも）そう心がけています。

　「徳」は「美徳」だけではなく、「悪徳」も含む、「力」や、「効力」の意味であるとウェイリーは言う。人物に使われれば、「徳」は「エネルギー」や「パワー」の意味で、それは、個性と関連性を持ち、ラテン語のヴィルツス（特質）と近い。そしてウェイリーは、「徳」を普通は、「内的エネルギー」と訳し、この語が「外的なエネルギー」である、「利」と対比して使われている時には特に（筆者注：いつも）そうだとも言っている。

次に、中国古典文献から「徳」を解釈してみる。『礼記』楽記篇には、「徳者得也。（徳は得である）」とある。現代日本語でも、「お徳用」と言う言葉があり、「お得用」とも言い換えが可能だ。「価値があるもの」・「利益」・「もうけ」の意味である。我が国の古文でも、「有徳者(うとくしゃ)は鎌倉時代からよく表れ、徳＝得であり、福徳有る人という意味で、金銀財宝をたくさん所有する裕福な人を指す。」とあると、『日本国語大辞典』は説明する。第二の意味として『論語』顔淵篇には、「子張問崇徳、弁惑。子曰："主忠信、徒義、崇徳也。……"〔子張が徳を高め、惑を弁別しそれから逃れる方法を問うた。孔子は、『忠実と信義を旨として、義を実践するのが、徳を高める方法だ。』と言われた。……〕」とある。忠実や信義を実践することで徳は高まるというのである。徳の意味は、「まごころを尽くし、偽りがない」心境である。つまり「人徳」や、「美徳」のことである。第三は第二の意味をさらに展開している。『論語』述而篇には、「子曰："天生徳於予、桓魋其如予何？"」とあることは、第三章二節五項で前述した。この徳は、「人徳」や「美徳」という徳の性質に焦点を合わせた解釈ではなく、徳の動力源・効力に焦点を合わせた解釈であり、「意気込み」とか、「やる気」である。孔子はそういった動機を天が自分に与えていると言っている。つまり、天が自分に、（特別に、尋常でない強い）「やる気」・「意気込み」を与えているとの意味である。第四は、「徳」とは、「無為(むい)（何もしないこと）」の意味である。これは解説が長くなるので、次の段落で詳説する。

『論語』為政篇に、「子曰："為政以徳、譬如北辰、居其所而衆星共之。"〔孔子は、『徳を以て政治を為すことは、譬えれば、北辰（北極星）[7]がいつも同じところに居て、衆星（多くの星）が、それを中心にして秩序正しく運行するようなものである。』と言われた。〕」とある。『論語集解』は、包咸を引き、「苞氏曰，"徳者無為。"〔苞氏（包咸）は、『徳とは無為のことである。』と言う。〕」と解釈している。『論語集解』の解説書である、『論語義疏』の註では、「鄭玄曰[8] 徳者無為……〔鄭玄は、徳は無為であるという……〕」と

し、疏（注の解説部分、注につけた注釈）で、「故郭象云『万物皆得性、謂之徳。夫為政者奚事哉、得万物之性。故謂徳而已也。』〔故に郭象（252 - 312）は、『万物が皆な性を得ること、これを徳と謂う。そもそも為政者は、奚を仕事とするのか。万物の性を得ることである。故に（為政者の仕事は）徳ということだけだ。』と言っている。〕」と、皇侃自身の説を郭象の言に託して述べている。『論語注疏』の注では、「苞氏曰、"徳者無為。"〔苞氏（包咸）は、『徳とは無為のことである。』〕」とし、疏では、「為政以徳者、言為政之善、莫若以徳。徳者得。物得以生、謂之徳。〔為政は徳を以てするとは、為政が善であることは、徳を以てするに若くは莫きことを言う。徳は得だ。物、得て以って生ず（物が生じることができること）、これを徳と謂う。〕」と、邢昺の説を展開している。『論語集注』は、「為政以徳、則無為而天下帰之、其象如此。〔為政に徳を以てすれば、無為にして天下は之（理想の姿）に帰する（行きつく）のは、丁度、北辰がいつも同じところに居て、衆星が、それを中心にして秩序正しく運行するようなものである。〕」と言い、それに続けて、「程子曰：『為政以徳、然後無為。』范氏曰：『為政以徳、則不動而化、不言而信、無為而成。所守者至簡而能御煩、所処者至静而能制動、所務者至寡而能服衆。』〔程子（程伊川）は『為政に徳を以てすれば、もうそれだけで特に何もしなくても好い。』と言われた。范氏（范祖禹）は、『為政に徳を以てすれば、（為政者は）不動にして（民は）教化され、（為政者は）不言にして（民から）信じられ、（為政者は）無為にして、（物事が）成立する。維持するものが簡略の極みであっても、煩わしいものを御ぐことができ、至静にしていても、動きまわるものを制することができ、最小限のことしかしなくても、みんなを服従させることができる。』と言った。〕」と記述する。

「以徳」を「無為」とする解釈は広く支持されており、定説と言える。しかし、筆者の分類した、「徳」の第一から第三〔「価値があるもの」・「利益」・「もうけ」：「人徳」・「美徳」：（特別な、尋常でなく強い）「やる気」・「意気込

み」〕までの意味と「徳」は「無為」という意味のこの第四の解釈との齟齬は大きく、多分その理由で、少数意見だが、「為政以徳」の「徳」は「無為」ではないと主張する人たちもいる。

徂徠は『論語徵』で、「以徳、謂用有徳之人。（徳を以てとは、有徳者を用いることだ）」と言っている。つまり、「徳」は、「無為」という人の「行為」ではなく、「有徳者」という人あるいは、人たち、つまり「人物」の意味であると解釈している。また、權純哲（1956 - ）は、丁若鏞（1762 - 1836）が、「つまり、彼ら（筆者注：包咸と邢昺）は、天文学の知識を類比の論拠として、徳治即ち無為政治を主張しているのである。」と言い、さらに、「こうした解釈は誤っている。清浄や無為を重んじるのは、漢代の黄老（黄帝と老子）学と晋代の清談思想だが、それらは天下を混乱させ万物を大事にしない異端邪術のなかでももっとも甚だしいものである。いつわが儒家の聖人が（また老子と同じように）無為が模範的政治だと言ったのか。もし無為であったなら、政治はないことになる。孔子は明らかに、『為政』すなわち政治を行うと言ったのに、儒者はここで『無為』すなわち為すことがなかったと言うが、これでいいのか。」[8] と丁は語気を強めていると言う。

丁の義憤が浮かび上がってくる名訳文だが、孔子が「無為」という概念を非常に尊重したことも事実としてある。「以徳」は「無為」だと主張する人たちが拠り所とする文献資料が『論語』に存在するのである。それは、同書の衛霊公篇にある、「子曰："無為而治者、其舜也与？夫何為哉、恭己正南面而已矣。"〔孔子は、『何も人為的な事をせずに、上手く政治をしたのは舜であろうか？舜は何をしたというのだ、ただ自分を恭しくして、南面していた（天子としての座り方で坐っていた）だけである。』と言われた。〕」という孔子の言葉である。これを、丁は「このような孔子のレトリックは、人に（抜擢されるような賢人になるように）勇気づけるためのことである。（其言抑揚頓挫、令人鼓舞）」[9] とすると權は言うが、筆者は丁が晩年の孔子の思想の大転換を全く認めていないがための誤った解釈だと分析する。また、丁

の解釈は少し強引過ぎる面もある。

　自説の徳の分類の第一から第三までの意味と、第四の意味ではとても埋めがたい食い違いがある。第四の徳は無為とする考えは確かに、普通の孔子像からは出にくい発想である。しかし、これらは全て孔子の言葉であり、孔子の哲学である。その理由は、ただ一つしか考えられない。孔子が従来の徳の概念に第四の発想である無為を新設し、付加したとしか考えられない。『書経』には222度、『詩経』には72度「徳」の字が現れるが、そのどこにも、「徳」が、「無為」だという発想・解釈は出てこない。

　前項で、顔淵は、従来の儒教の教えの範疇では「有徳者」とは言えないと筆者は述べた。孔子が顔淵を「空」だと評価したのは前述の通りであるが、自説の「徳」の分類で、第一から第三までの意味では「空」は、「徳」の反対語である。しかし、第四番目の意味では、「空」は「徳」の類語であると言える。顔淵は自説の分類の第一から第三までの「徳」では、有徳者とは言えないが、第四の「無為」の意味なら、間違いなく「有徳者」と言える。

　顔淵が、有徳者とすると、『書経』の、「民有不若徳、不聴罪。」が理由で、「中絶命（半ばで死ぬ）」するという教えに激震を与える。人の死は、その徳に相応の寿命だったと『書経』が説くことは前述した。しかし有徳者といっても、孔子によれば顔淵は自分以上の飛び切りの有徳者で、つまり顔淵は非常に広大で強靭な精神的な動力源を持っていることは、陳蔡の厄の事件で実証済みである。その顔淵が中絶命した事実は、この『書経』理論と相容れない。この時点で、孔子は、「有徳者でも中絶命」は有りうるのだと、『書経』の教えを否定し、改善した。つまり、孔子は実用性が非常に重い価値を持つ中国伝統に、形而上の発想から「徳」を解説する、「徳は無為」の新説を挙げ、普及させ中国伝統・中国哲学の深化・強化に大きく寄与したと言える。

⑤下学而上達は好調に始動する

　前項の最後の部分は文献を筆者の考えでつなぎ合わせた推論である。文献

第五章　最晩年の孔子の思想と生活

には「下学而上達」について、『史記』孔子世家と、『論語』に次のような記載が在る。『史記』孔子世家は、哀公十四年の顔淵死の文章および「下学而上達」の逸話に続け、次のように綴る。「『不降其志、不辱其身、伯夷、叔斉乎！』謂『柳下恵、少連降志辱身矣。』謂『虞仲、夷逸隠居放言、行中清、廃中権。』『我則異於是、無可無不可。』」これとほぼ同じ文章が、『論語』微子篇には、より詳細に記載されている。以下のようである。

　逸民：伯夷、叔斉、虞仲、夷逸、朱張、柳下恵、少連。子曰："不降其志、不辱其身、伯夷、叔斉与！"謂："柳下恵、少連、降志辱身矣。言中倫、行中慮、其斯而已矣。"謂："虞仲、夷逸、隠居放言。身中清、廃中権。""我則異於是、無可無不可。"
　逸民(いつみん)（無位の、常識を超越した生活者）は：伯夷、叔斉、虞仲(ぐちゅう)（生卒年不詳）、夷逸(いいつ)（生卒年不詳）、朱張(しゅちょう)（生卒年不詳）、柳下恵(りゅうかけい)（生卒年不詳）、少連(しょうれん)（生卒年不詳）だ。孔子は、「其の志を（世俗に妥協して）低くしたりはせず、其の身を辱めなかったのは、伯夷、叔斉か！」、次に「柳下恵、少連は、志を（世俗に妥協して）低くし、身を辱めた。言葉は倫理に適い、行ないも思慮深かった、ただそれだけだ。」と批評し、「虞仲、夷逸は、隠居して放言した。身は清潔で、世間から捨てられていても、時宜に適っている。」とも言われた。「私は彼等（虞仲、夷逸）とは違い、良し悪しを決めたりしない。一定のやり方にこだわらない。（筆者案：具体的には、仕官もせず、礼も履まなかった顔淵を『不可』とはしないとの意味）」とある。

　この条は難解で解説には諸説紛々である。特に、「我則異於是、無可無不可。」は、文法的にも、内容的[10]にも、「是」は、虞仲、夷逸を指していると思われるが、儒家の祖師の孔子のことであるから、伯夷・叔斉を含めて、名の挙がっている全員とも違うという説も宗教的動機由来で広く浸透している。大聖人孔子を気軽に他の賢人たちと同一視するなと云う所であろう。

さらに、意味不明なのが、「無可無不可」である。顔淵死の前の孔子、これが世間に普及している孔子像だが、その孔子の価値判断では、良いことと悪いことは峻別しており、「良し悪しを決めたりしない」などの発言は考えられない。ここの発言は、内心は強い不満もあった、顔淵の死に方を、自分の気持ちを押し殺して、何とか認めてあげようと孔子が努力している姿を映し出していると筆者は考える。この条からは孔子の前向きの様子が窺われ、「下学而上達」は順調に成功しているように見受けられる。

⑥論語は孔子の顔淵に対する鎮魂集

　『論語』には、意味がよく分からない条が多くある。その内のかなりの数は、孔子が今は亡き顔淵を痛恨の思いで語っている条である。大変有名な、『論語』里仁篇の、「子曰：『朝聞道、夕死可矣。』〔孔子は、『朝に道を聞かば、夕べに死すとも可なり。』と言われた。〕」という条がある。この条の解釈はおびただしい数ほどあり、定説はない。孔子は既に道を聞いているのだから、自分のことを言われていないことは確かだろう。筆者は、孔子の言われる、「夭折」した顔淵のことを言っており、発言の動機は孔子の悲しみと自分の誤判断で顔淵の絶食を止めることができなかったという後悔で、身が割かれそうな思いを、癒す為であったと考える。顔淵の人生は、あれはあれでも良かったんだ、あれはあれでも良かったんだという、必死の自分説得であると考える。前述の「無可無不可」の努力の延長であると考える。

　『論語』子罕篇には、三条続けて孔子の顔淵に対する思いが綴られている。子曰：「語之而不惰者、其回也与！〔孔子は、「講義中全く退屈そうな素振りが全く無いのは、回だけであろう。（私の講義内容が完璧に分かっているようだ）」と言われた。〕」

　子謂顔淵、曰：「惜乎！吾見其進也、未見其止也。」〔孔子が顔淵について、「（顔淵が亡くなったのは）本当に残念だ！顔淵が日に日に精進するのは見たが、これで良しとして、精進を停止したのは見たことが無い。」と言われた。〕

今度は少し悲しい想い出だが、続いて孔子は、次のような発言をしている。子曰：「苗而不秀者有矣夫！秀而不実者有矣夫！」〔孔子は、「苗として植えられながら、穂を出さないものもあるし、穂を出しても実らないものもある！」と言われた。〕この条は、顔淵の名は無いが、古くから顔淵の死を孔子が悼んだ条であると言われている。

　この項の最後は、孔子の機知に富んだ逸話で締めくくる。「難説」（喜ばせるのが難しい）の孔子[11]にこれだけ褒められ、懐かしがられる顔淵は、他の弟子たちには、正直言って面白くない存在だったのであろう。「自分たちだってこれ程、孔先生に奉仕しているのに、顔淵なんて何も実際の役には立たない男だったじゃないか！」という、不満・不平の声が孔子にまで届いたのであろう。『論語』先進篇には、次のような条がある。子曰：「回也非助我者也、於吾言無所不説。」〔孔子は、『回は私を助ける者ではなかったが、私の言葉（教え）は全て解ってくれたよ。』と言われた。〕顔淵を失って、精神的には狼狽状態だったと思われるが、60年近く教えを広めてきた孔子は、弟子たちの不満のさばき方が板についている。こう言われては、顔淵にそして最終的には孔子にも怒りの感情を持っていた弟子たちも、下を向いて黙って引下がるしかなかったであろう。

⑦孔子を必死で支える子路

　前述の通り、顔淵の死んだのは哀公十四年の一月から四月迄の時期である。孔子71歳の時であると筆者は考える。前章で述べたように、孔子の今迄を支えてくれた天の教義が雲消霧散してしまい、生活を支える使命感や希望が殆ど無くなり、「下学而上達」の努力はしていたが、心のうちでは、孔子は精神的な意味での食べ物が以前のように豊富には取れなくなってしまっていたと考える。顔淵が亡くなった後、孔子がまだ保有していたのは外からの支援で、子路を中心とした弟子たちとの絆から生まれていた。そんな情景を『論語』から拾い上げてみよう。

『論語』先進篇：季路問事鬼神。子曰："未能事人、焉能事鬼？"敢問死。曰："未知生、焉知死？"〔季路（子路）が神々に事えるにはどうしたらよいか尋ねた。孔子は、「お前は[12]、未だに人に事えることができないのに、どうして、神々に事えることができよう？」と言われた。それでも（季路は食い下がり）死について（死んだらどうなるかと）質問した。孔子は、「お前は[12]、未だに生きるということが、どういうことかも知らないのに、どうして死んだらどうなるかが分かろうか？」と、言われた〕。

勇者子路が鬼神や死後の世界を問うというのは、少し奇異に感じる。これは、顔淵が亡くなって、どうしようもなく落ち込んでいる、孔子を見て、子路は何とか昔の充実した心持ちの孔子に戻って欲しいと熱望し、話をそちらの方に持ち込んだのだが、却ってそれが孔子を不快にさせたという出来事だ。無論、子路の誠意は孔子にも伝わっている。先進篇には顔淵死後に起きたと考えられる記事が散見する。次も子路の思いやりが孔子を不快にさせた例である。

『論語』先進篇：子曰："由之瑟奚為於丘之門？"門人不敬子路。子曰："由也升堂矣、未入於室也。"〔孔子は、「由の瑟（大型の琴）はどうして孔家で弾く必要があろう？」と言われた。すると（子路の）門人たちが子路を尊敬しなくなった。（慌てて）孔子は、「由は堂（客室）では演奏できるが、未だ室（私室）での演奏は無理なだけだ。」と言われた。〕

勇者子路が軍隊の鐘や太鼓ではなく、純粋な音楽を演奏する古典文献記載はここだけかもしれない珍しい記述である。ここも何とか昔の明るさを取り戻して欲しいと、子路は下手な琴の演奏までしたのだが、音楽には最高のものを求める、潔癖な孔子の機嫌を損ねてしまい、自分の弟子たちに迄、背を向かれた話である。多分弟子たちは、子路に琴の演奏をしないようにと再三進言した経緯があるのではないかと筆者は考えるが、それでも、落胆甚だしい孔子を見るに見かねて、子路は強引に自分の案を実行したという話であろう。

子路が孔子に褒められたこと何度かもある。子路はそれが本当にうれしかったようで何度も孔子のお褒めの言葉を繰り返している。『論語』子罕篇：

子曰："衣敝縕袍、与衣狐貉者立、而不恥者、其由也与？'不忮不求、何用不蔵？'"子路終身誦之。子曰："是道也、何足以蔵？"〖孔子は、「ボロボロの綿入れ羽織を着ても、立派な外套を着た人の横に立つことを、毅然として引き目を感じなくできるのは、きっと由であろう。『人を害こと無く、無理な要求をしなければ、どうして不善が発生しようか？〔著者注：『詩経』邶風(はいふう)の雄雉(ゆうち)（オスのキジ）からの引用。〕』と、言われた。子路はずっとこの句を口ずさんでいた。孔子は（すると今度は）、『その生き方だけでは、まだ不十分だよ。』と、言われた。〗

また、（自説では、顔淵死後の）ある時、孔子は、中国に見切りをつけて海外に行ってみようかと言われた。『論語』公冶長篇には、「子曰：『道不行、乗桴浮于海。従我者其由与？』子路聞之喜。子曰："由也好勇過我、無所取材。〔孔子は、『(中国では) 道が行われない。大きな筏に乗って、（東の）海を航海しようと思うが、私に従う者はきっと由だろう。』と、言われた。子路はこれを聞いて喜んだ。孔子は、『由は私以上の勇者だが、自分の才能を開拓することに欠けている。（人材の材と、木材の材を掛けた洒落で語調を弱めたと考える）』と、言われた。〕」と、ある。筏で海に浮かぶというのは、大変に困難な仕事で、本当に信頼できる人でなければ、同行させることはできない。数多くいる有能な弟子の中から、その従者に自分を指名してくれたと聞き、子路が大喜びしたことは想像に難くない。しかし、多分、この言は孔子の気まぐれで、本心ではない。孔子の教育方針の第一は、弟子の好きなようにさせること、つまり弟子の自主性を重視することであったが、子路は孔子からのお褒めの言葉に欣喜雀躍するだけで、少しも自分の才能を探し求め、それを開発させようとする様子が見えないので、孔子はつい苦言を、冗談めかして、言ったのだと筆者は解釈している。

この項の最後には、弟子たちが（自説では、顔淵の死後に）、孔子を励まそうと団体で孔子の家を訪問した時の話で締める。なお、「若由也、不得其死然」の部分は前述した。

第一部　孔子の思想と生活

　『論語』先進篇：閔子侍側、誾誾如也：子路、行行如也：冉有、子貢、侃侃如也。子楽。"若由也、不得其死然。〔閔子（閔子騫のこと）が（孔子の）側に侍坐していた、閔先生は穏やかに中庸を得た様子であった：子路は、果敢・剛強な様子で侍坐していた：冉有と子貢は、和んで楽しそうな様子で侍坐していた。孔子は楽しげであった。孔子は（突然）、「由は、普通の死に方はできないかもしれないな。」と呟いた。〕

　孔子は楽しげであったと言いながら、子路に対しては酷評をしている。そのせいか、『論語集注』は洪興祖（1090 - 1155）を引き、「洪氏曰、漢書引此句、上有曰字。或云、上文楽字、即曰字之誤。〔洪興祖は、『漢書（本文ではなく、顔師古の注）』では、『若由也、不得其死然』の句を引いているが、若の前に曰の字が有る。一説には、『子楽』を『子曰』の誤りだとする、と言っている。〕」と解説する。

　忠信（嘘偽りのない性格）を以て世間から認知されていた子路だが、「嘘偽りの無い人の発言は、時に他人を酷く傷つけることがある。」と先に述べたように、ここでも、子路は孔子に、「先生、もう済んでしまったこと（顔淵の死）は仕方ないじゃありませんか！そんな過去のことよりも、今を楽しもうじゃありませんか！私たちも精一杯先生を応援しますから！」といった内容の発言をして、その無神経な発言が孔子の逆鱗に触れてしまったと考えられる。今迄弟子たちと楽しく過ごしてきた孔子には、突然まさに傷口に塩を塗られた思いだったであろう。子路は善意にも拘らず、また、人、それも大好きな、孔子を酷く傷つけてしまったようである。

2. 子路逝去から孔子卒迄

① 子路の死

　『春秋公羊伝』哀公十四年には、「顔淵死、子曰："噫！天喪予。" 子路死、

子曰："噫！天祝予。〔顔淵が死に、孔子は、『ああ！天が私を滅ぼした。』と言われ、子路が死ぬと、孔子は『天が私を見捨てた。』と言われた。〕」との記事があることは前述した。王充は、『論衡』偶会篇で、「顔淵死。子曰、『天喪予。』子路死。子曰、『天祝予。』孔子自傷之辞、非実然之道也。〔顔淵が死んだ。孔子は『天が私を滅ぼした。』と言われた。子路が死んだ。孔子は、『天が私を見捨てた。』と言われた。どちらも孔子の自分を傷んだ言葉であって、現実にはそうではなかった。〕」と、言っている。客観的にはその通りだが、孔子の心に焦点を当てれば、最愛の弟子たちの死は、孔子の心の安定を完全に破壊したのも事実である。前述の通り、顔淵の死で孔子の儒学教義と「志学」動力源が全壊し、孔子は精神的な主動力源と主動力を完全に失ってしまった。その後は、子路やその他の弟子たちとの絆から生まれる、教法や自分自身のやる気（「志学」動力）から発生する動力と比べれば、ほんの僅かな、ただちゃんと生きていこうとする気持ちさえ、子路の死で無くなってしまった。将に天が私を見捨てたのである。

　『論語』衛霊公篇には、「子曰："已矣乎！吾未見好徳如好色者也。"〔孔子は、『もうおしまいだ！私は他人の顔色をうかがうのを好むほどに徳義を好み、相手に接する者を見たことが無い。〕」とあり、また同書子罕篇にも、「子曰："吾未見好徳如好色者也。"〔孔子は、『私は他人の顔色をうかがうのを好むほどに徳義を好み相手に接する者を見たことが無い。〕」¹³とある。『論語』公冶長篇には、「子曰："已矣乎！吾未見能見其過而内自訟者也。"〔孔子は、『もうおしまいだ！私は、自分の過ちを認めて、みずから責める人を全く見たことが無い。』と言われた。〕」とある。これらは無論現実社会の事実ではなく、孔子の心の風景を描写したものである。これらの言葉は、全て具体的には、「もうおしまいだ！由迄もういなくなってしまった！」あるいは、「もう由がいない、もう由がいない！」という孔子の嘆きの言葉であると筆者は考える。

　子路死後の孔子には、儒学教義が動力源として機能せず、人との絆による動

力源も無く、精神的には全く追い詰められた状況であった。そんな中で、孔子は天に救いを求めたが天は孔子に振り向いてくれず、孔子は、「子曰、鳳鳥不至。河不出図。吾已矣夫。〔孔子が、鳳鳥(ほうちょう)(聖天子の比喩)は顕れないし、(聖天子が現れると、黄河から優れた法則を図にした文章が自然に浮かび出るという伝説だが、)黄河からも図が浮かび上がらない。(聖天子が全く現れない! 天も私を助けてくれず)私はもうおしまいだ!〕」[14] と歎かれる。もう孔子にはどこにも希望も使命感も見い出せない状況であった。

　この時期に、前述の、哀公との面会があったと考える。先に、魯君の哀公は顔淵が逝去し落ち込んでいる孔子を、多分励まそうとして、面会した話を述べた。何かと忙しい諸侯との面会であるから、顔淵の死後ある程度は時間が経っていたと筆者は考える。ここではその問答を詳説してみたい。『論語』雍也篇に、「哀公問:"弟子孰為好学?" 孔子対曰:"有顔回者。好学、不遷怒、不貳過。不幸短命死矣! 今也則亡、未聞好学者也。"〔哀公が、『弟子の中で誰が学問好きか?』と尋ねた。孔子は、『顔回という者がござりました。学問好きであり、そして腹を立てても八つ当りせず、同じ過あやまちを二度としませんでした。ところが不幸にも短命で亡くなりました。今はもう(顔回は)おりません。それ以外には本当に学問好きと申すべき者を存じません。』とお答えした。〕」とある。

　孔子精神混乱の中ではあったが、君子からのお誘いである以上、断ることはできず、孔子は辛うじて面会を強行した。孔子にとって、顔淵は孔子自身の分身であり、顔淵のことを言うのは、孔子自身のことを語っているのである。「好学、不遷怒、不貳過。」これらは、全てかつての自分で、それをわざわざ口にするのは、現在の自分が以前とは違うからである。当時の孔子は、長年あれだけ憧憬していた周公旦の夢も見ず[15]、つまり、全く学に対する情熱を失っているし、周りに八つ当たりをしているし、何度も同じ過ちをしでかしている。と、かなり自虐的に苦しい心境を吐露しているのである。

　子路との触れ合いで辛うじて表面化していなかった、「不好学、遷怒、屢過。

（学問は全くせず、周りに八つ当たりをし、同じ過ちを何度も繰り返す）」という行動が日常化されてきたと思われる。子路の死後の、この時点では、もう、「下学而上達」は全く機能していなかったと考える。

②子路死後の孔子後期最晩年の生活と思想

　子路が亡くなったのは、哀公十五年（前480）の閏月（十二月）であり、孔子はその翌年哀公十六年の四月に逝去したと、『春秋左氏伝』は言う。孔子の後期最晩年はこの半年に満たない数ヶ月の期間である。先にも述べた、孔子の弟子宅訪問は、この時期であったと考える。『論語』雍也篇は、「伯牛有疾、子問之、自牖執其手、曰："亡之、命矣夫！斯人也而有斯疾也！斯人也而有斯疾也！"〘（冉）伯牛の病気〔『論語集注』は、『有疾、先儒以為癩也。（疾は昔からライ病だと言われている）』という。〕が悪いというので、孔子が見舞いに行かれ、窓越しにその手を取って嘆いて、『この人も死んでしまう。ああ天命なるかな！こういう人（人徳者：伯牛は徳行に優れていた）に、こういう病気があろうとは。こういう人に、こういう病気があろうとは！』と言われた。〙」と記述する。孔子に悪意は微塵も感じられない。純粋に重態の高弟をお見舞いに出かけたのである。問題は孔子が顔淵そして今度は子路という、自分の気持ちの安定を支えてくれた教義や愛弟子たちを失くし、心は大打撃を受け、潰れそうであったことである。死にそうな相手に向って、「あんたも死ぬわ！」との発言は、以前の孔聖人からは全く予測さえできない粗放な言葉である。かようなまでに孔子の心は混乱・憔悴していたのである、それは殆ど、錯乱していたと言っても良いほどの深刻な状態であった。

　幼馴染みである、原壌の母の葬式の際に、孔子自身が出向いて外棺を作ってあげた、その時の原壌の無礼を咎める弟子に孔子は、「故者毋失其為故也。（旧い友人にはその友情を失ってはならない）」と言われた。この逸話は前述の通りだが、次に取り上げる孔子も上記の冉伯牛の逸話通り、過去の孔子とはまるで別人である。『論語』憲問篇には、「原壌夷俟。子曰："幼而不孫

弟、長而無述焉、老而不死、是為賊！"以杖叩其脛。〔原壌が行儀悪く座って（孔子を）待っていた。孔子は、『幼いころから生意気で、成長しても人に褒められることは無く、老いてものうのうと生きている、お前みたいのを賊というのだ！』と言われ、（孔子の）杖で原壌の脛を（この脚！と）こつんと叩かれた。〕」という描写がある。語釈的には、「夷」がどういう座り方であるかとか、「述」が受動態でつかわれているか、それとも能動態で使われているかなど、いくつか不明な点もあるが、それらは大した問題では無い。問題は以前には「故者毋失其為故也。（旧い友人にはその友情を失ってはならない）」と言われ、それを実践されていた孔子が、今回は、「老而不死！（お前なんか死んでしまえ！）」と言われている。孔子の精神状態の混乱ぶりは、非常に酷いものであったことが分かる。人を冒涜することによって、自分の機嫌を取るなどは、以前の孔聖人からは、予想だにできなかった行為である。また、この面会は孔子宅で行われたと考えるが、この時、孔子は家の中でも杖をついて移動する程にまで衰弱していたことは明記すべきである。

　自説によれば、僅か二三年前には顔淵・子貢など、ご自分より30歳も若い弟子たちとも、山登りを楽しんでいた程の体力があった孔子がこの老衰ぶりである。孔子は心だけでなく、身体もかなり病んでいたと考えられる。現代語で言えば「心身症」、重い心身症の状態にあったと思われる。そんな状況であったから、この時期の孔子の思想といっても記す所は余り無いが、原壌が帰った後、彼に悪態をついて得た動力源・気力を基にして、「唯上知与下愚不移。（上知と下愚だけは、私が教育できる人々ではない）」[16]と嘆息交じりに吐き捨てたのかも知れない。孔子だけでなく、人の発言には必ず具体的な事象がその言葉の裏側にある。孔子の言う「上知」は、顔淵であり、「下愚」は、無論、原壌である。

　後期最晩年の孔子の怒り、八つ当たりについて、論じ続けたい。孔子は昼寝していただけで、高弟の宰我[17]を酷評、全人格を否定した人物評価をして

第五章　最晩年の孔子の思想と生活

いる。『論語』公冶長篇には、「宰予昼寝。子曰："朽木不可雕也、糞土之墻不可杇也、於予与何誅。"子曰："始吾於人也、聴其言而信其行：今吾於人也、聴其言而観其行。於予与改是。"〔宰予が昼寝をした。孔子は、『腐った木には彫刻のしようがないし、腐った土塀には上塗りできない。予（宰我の下の本名）を責めたところで仕方がない』と言われた。また、孔子は、『今まで私は人に対して、その人のことばを聴（注意深く聞く）てその行ないも信じたが、今後は、ことばを聴いてその行ないを観察することにしよう。予を見て改めることにした。』と言われた。〕」と、ある。たかが昼寝ぐらいで孔子が弟子の全人格否定をするのは、上手く筋が通らないので、古来数々の奇説がある。しかし、これが最晩年の孔子の発言とすれば、納得が行く。孔子は何かのはずみで、三年の喪を行わなかった宰我の言動を何度も思い出し、何度も当たり散らし、そのいわば復讐を弟子にすることで、気力を作り出していたのであろう。往時の孔子とは全くの別人格の人である。この条からは、孔子の思想と言うような高尚なものは全く見当たらず、普通以下の人の生気・やる気を動力源としている現実の孔子の悲しい姿しか見えてこない。

　さらに、孔子の思い出し怒りについて書き続ける。『論語』公冶長篇には、「子曰："孰謂微生高直？或乞醯焉、乞諸其鄰而与之。"〔孔子は、『いったい誰が微生高(びせいこう)（生卒年不詳）を正直者などと言ったのか？ある人に酢を無心されると、微生高はそれを隣からもらって与えたというではないか。』と言われた。〕」と、ある。この項で扱う論語の条はどれも難解で注釈者たちを困らせているが、筆者の説を採れば、その疑問が凍解氷釈する。微生高は、微生畝(びせいほ)（生卒年不詳）であると筆者は考える。先人でそう読む人はあまりいないようであるが、そう読める可能性はあると思う。微生畝は、「丘何為是栖栖者与？無乃為佞乎？（丘よ、何だってそんなにアクセクしているのか？いたずらに弁を好むきらいがあるではないか？）」[19]と、孔子を揶揄った人物である。丘と孔子を呼び捨てしているので、孔子より目上の人だと考えられている。ここでも、宰我と同様に、過去の腹立たしい、悔しい思いに対

161

して今、当たり散らすことにより、孔子は僅かばかりの気力・活力を生み出したと考えれば、目から鱗が落ちるようにこの条が理解できる。それにしても、かつての、「吾党之直者異於是。父為子隠、子為父隠、直在其中矣。〔私どもの村の正直者は（直躬さんとは）少々違います。父は子の為にその罪を隠し、子は父の為にその罪を隠すのですが、そこにおのずから人情の正直さがあります。〕」[20] と説いた、余裕綽々の孔子を思い出すと、孔子のあまりの洒落ぶりに驚かされる。孔子の思想と問われても、このような、生気・やる気の出し方は、まるで子供が喧嘩で悪態をついているようなものにさえ感じるだけで、答えることができない。

　筆者の説を、儒家外部の人の言葉からも確認できる。『論語』子張篇には以下の二条の連続した外部の人物からの孔子批評が、それに続けて或は孔子の弟子であったかも知れない若い男性からの孔子批判が記載されている。先ずは嘗てともに三都攻略で、郕を堕とした叔孫武叔の公式発言である。「叔孫武叔語大夫於朝、曰：“子貢賢於仲尼。”子服景伯以告子貢。子貢曰：“譬之宮墻、賜之墻也及肩、窺見室家之好。夫子之墻数仞、不得其門而入、不見宗廟之美、百官之富。得其門者或寡矣。夫子之云、不亦宜乎！”〔叔孫武叔が朝廷で諸大夫に向って、『子貢は仲尼以上の人物だと思う。』と言った。子服景伯がそのことを子貢に話した。すると子貢は、『とんでもないことです。これを宮殿の塀にたとえてみますと、私の塀は肩ぐらいの高さで、人はその上から建物や室内の好さがのぞけますが、先生の塀は何丈という高さですから、門をさがしあてて中に入ってみないと、御霊屋の美しさや、文武百官の盛んなよそおいを見ることができません。しかし、考えてみると、門をみつける人は、いくらもないでしょう。叔孫大夫がそんなふうにいわれるのも、あるいは無理のないことかもしれません。』と応えた。〕」である。何故叔孫当主が孔子のことを大した人物では無いと評価したのかは不明だが、朝廷で批評したとなれば、これは叔孫本気の公式発言である。

　叔孫はさらに子貢に対して孔子を批判する。「叔孫武叔毀仲尼。子貢曰：

"無以為也、仲尼不可毀也。他人之賢者、丘陵也、猶可踰也；仲尼、日月也、無得而踰焉。人雖欲自絶、其何傷於日月乎？多見其不知量也！"〔叔孫武叔が仲尼を毀(そし)った。すると子貢は、『そういうことはおっしゃらない方がよろしいかと存じます。仲尼は傷つけようとしても傷つけることのできない方です。ほかの賢者は丘陵のようなもので、ふみこえることもできましょうが、仲尼は日月のように高くかかっていられて、ふみこえることができません。仲尼をそしって、絶縁なさいましても、日月のようなあの方にとってはなんの損害もないことです。かえってあなたの身のほど知らずが見え透くばかりです。』と言った。〕」とある。『春秋左氏伝』から見えてくる叔孫武叔は無論知識人ではあるが、とても分かりやすい人で、彼が仲尼を毀ったのには、直接の原因が何かあったことは、確実であったと思われる。それが何かは特定できないが、孔子は子路が、衛の太子蒯聵の短所を直言したように叔孫の厭がる事実をずけずけと言ったのかも知れない。それには、自尊心の高い叔孫当主は反発しない訳にはいかないだろう。それにしても、二度とも、子貢の火消し技は、大変時宜にかなった深く洗練された弁論と言えよう。

続いて、一説には、孔子の弟子と云う陳子禽(ちんしきん)(生卒年不詳)〔『論語集解』学而篇：鄭玄曰、子禽、弟子陳亢也。〔鄭玄は、子禽は、(孔子の)弟子の陳亢(ちんこう)(しきん)(生卒年不詳)だと言う。〕〕、の、孔子批判である。「陳子禽謂子貢曰："子為恭也、仲尼豈賢於子乎？"子貢曰："君子一言以為知、一言以為不知、言不可不慎也。夫子之不可及也、猶天之不可階而升也。夫子之得邦家者、所謂立之斯立、道之斯行、綏之斯来、動之斯和。其生也栄、其死也哀、如之何其可及也。"〔陳子禽が子貢に、『あなたはご謙遜が過ぎます。あの仲尼があなた以上だとは私にはどうしても思えません。』すると子貢は、『君子は一言で知者ともいわれ、一言で愚者ともいわれる。だから、口はうっかりきくものではない。先生が、我々の到底及びもつかない方であられるのは、ちょうど天に梯子をかけて登れないのと同じようなものだ。もし先生が国家を治める重任につかれたら、それこそ古語にいわゆる、「これ

を立つればここに立ち、これを導けばここに行なわれ、これを安んずればここに来たり、これを動かせばここに和らぐ。その生や栄え、その死やかなしむ」とある通り、民生もゆたかになり、道義も作興し、人民は帰服して平和を楽しみ、先生のご存命中はその政治をたたえ、亡くなられたらその徳を慕うて心から悲しむだろう。とても、とても、私などの及ぶところではないのだ。』と応えた。〕」孔子の弟子であったかも知れない陳子禽に孔子は何故これ程までに、嫌われたのであろう？それは孔子の言動が常軌を逸していたからとしか考えられない。

『論語』雍也篇には、「子華使於斉、冉子為其母請粟。子曰：″与之釜。″請益。曰：″与之庾。″冉子与之粟五秉。子曰：″赤之適斉也、乗肥馬、衣軽裘。吾聞之也、君子周急不継富。〔子華（前 509 - ？：公西赤の字）が、斉に（孔子の）使いとして行った。冉先生は、（留守居の）その母に扶持米を与えてくださいと（孔子に）お願いした。すると孔子は、『釜(ふ)（当時の六斗四升というが、現在の、どのくらいの量かは不明）を与えなさい。』と、言われた。（冉先生は）『それではすくな過ぎますから、今すこし増してください。』と、重ねてお願いしたので、（孔子は）『それでは庾(ゆ)（当時の十六斗）を与えなさい。』と、言われた。（ご自分の計らいで）冉先生は、五秉(へい)（一秉は当時の十六斛、すなわち百六十斗。五秉は八百斗となる）を与えた。孔子は、『赤（子華の下の本名）が斉に使いする時には、肥こえた馬に乗り、軽い毛衣(き)（筆者注：毛皮は軽ければ軽いほど上等で高価）を衣ていた。（それくらいなら留守の用意もできているはずである）私は『君子は急場を救うが、富の継ぎたしはしない。』という諺を聞いたことがある。（求のやり方は『富めるを継ぐ』というものだ！）〕」と、ある。

子華は『孔子家語』七十二弟子解篇、によれば、孔子より 42 歳若かったとするから、この話は孔子晩年の頃のものであろう。筆者は孔子後期最晩年期の逸話だと考えるので、この時子華は数えで 31 歳であったであろう。冉子とあるから、冉有の弟子の覚え書きがこの条の原典であろう。冉有の弟子だ

から、冉有とその師の孔子も批判したくない意向は有ったのだろうが、余りにも冉先生が気の毒で、この文章を綴ったと筆者は考える。前述の通り賤民上がりの、冉有が財務を疎かにするはずもなく、必要だから、子華の母に五秉の粟を与えたのである。子華は孔子の使いとして、恥ずかしくない体裁を整えるために、殆ど全財産を費やして肥馬や軽裘など威厳を保つことに必要なもろもろの物品を全て揃えたのであろう。子華の母には食べるものがほとんど残っていなかったと考える。子路が亡くなり、もう本当に精神が壊れていた孔子は、若い弟子の自分に対する敬意と思いやりや、あるいは誠意が全く判らず、子華の家庭事情など恐らくほとんど知らないのに、見かけだけで薄っぺらな判断をし、それを口外している。これでは、子華は、救われないとの思いを持つであろう。またこの話から、冉有が孔子学団の財務担当をしていたことが伺われる。子華の母に与えた粟は、孔子が弟子から得た授業料でもあるかも知れないが、学団の主な収入は、子貢や、冉有らの高弟たちの寄付であったと筆者は考える。冉有は自分の私財の使用法について、師の孔子に伺いを立てたとも考えられる。こんな事情があり、冉有の弟子たちは冉先生が気の毒に思え、どうしてもこの事実を書き残したく思ったのであろうと筆者は考える。

　陳子禽もあるいは、子華のような評価を孔子から受けたのかも知れない。学団の祖師の、恐れ多く非常に尊い、まるで雲の上の存在のような孔子から子華にくだしたような誤った評価を受ければ、陳は大変傷ついたであろうし、孔子に師事した期間が短かったと考えられる陳が、やがて反孔子的な人になったとしても不思議ではない。

　孔子の後期最晩年の混迷ぶりを、さらに記載し解説する。『礼記』檀弓上篇は、「孔子之衛、遇旧館人之喪、入而哭之哀。出、使子貢説驂而賻之。子貢曰："於門人之喪、未有所説驂、脱驂於旧館、無乃已重乎？"夫子曰："予郷者入而哭之、遇於一哀而出涕。予悪夫涕之無従也。小子行之。"〔孔子は衛国に行った時、以前孔子一行を泊めてくれた人の喪に出遇っ

た、(孔子は家に)入って哀哭された。(家から)出て、子貢をして驂(四頭引きの車の外側の二頭、副馬)をその人に賻らせようとした。子貢は、『門人の喪(顔淵の喪)でも、これまで副馬を説(=脱)いてはおりません、一度泊めて貰っただけの人の為に副馬を脱くのは、却って丁寧過ぎることはありませんか?』と、異議を唱えた。孔子は、『私は家に入ってこの人を哭した時、どっと哀しみが込み上げてきて、涕が出てきた。私はどうして夫の涕をそら涙にすることができようか。君たちこれ(私の言ったこと)を行いなさい。』と、言われた。]」と、綴る。

　なお、『孔子家語』曲礼子夏問篇にも全く同じ内容の話が記載されている。[21] 筆者はこの出来事は、子路の死直後の孔子後期最晩年期に起きたと考える。逸話の背景には、奇行を繰り返す孔子を、子貢が一門で遠出でもして師の気持ちを和ませようと目論んだことがあるのではないだろうか?行先に観光名所をよく知っている自国衛を子貢は択んだのではないかと考える。それが、たまたま知人の葬式に出くわし、それで孔子は、顔淵の葬儀を思い出した。この時にはもう、「守礼」・「克己復礼」などという概念は孔子には全く無く、儒教教理を全く捨て放っていたことが判る。孔子は、唯唯、顔淵の死を悼み、顔淵の葬儀の際に、自分の車を差し出してあげなかったことに対する慙愧の念で一杯であったであろう。孔子の心は完全に破壊されており、精神の安定などはどこにもない、見ている者が気の毒になるほどに、孔子の気持ちはよろめき、ふらついていたと言えよう。

　孔子はこの「葬儀過敏症」から一度は立ち直ったようで、『礼記』檀弓上篇には、「伯高之喪、孔氏之使者未至、冉子攝束帛、乗馬而将之。孔子曰:"異哉!徒使我不誠於伯高。"〔伯高(?-前479?)の喪の際、孔氏(孔子のこと:孔さん)の使者がなかなか到着しなかったので、冉先生は、(使者の代わりに)束帛(たばねた絹)と馬四頭を人から借り、伯高に進呈した。孔子は、『変なことをしてくれたなぁ!おかげで私は伯高に不誠実な弔問をしてしまったよ。』と、言われた。]」と、ある。

なお、内容がほぼ同じ話が、『孔子家語』曲礼子貢問篇にも記載されている。[22]『孔子家語』では使者は孔子より48歳若かったという子張であったと特定している。これからもこの事件は孔子最晩年に起きたことが推測できる。孔子の最晩年時、子張は23歳から25歳であった。

　『礼記』の記事の解説に戻る。この逸話も、前述の子華が斉に使者で出かけた話と同様に、冉有の弟子が記載したことが判る。記載者は孔子の孫弟子であるが、孔子のことを、「孔さん」と呼んでいる。十万字に及ばんとする『礼記』の長い本文中、「孔子（孔先生）」を、「孔氏（孔さん）」と呼んでいるのは、この一例のみである。[23] 冉有の弟子の孔子に対する怒りに近い感情が透けて見て取られる。文章全体から浮き出てくる印象は、記述者がまた、冉有を大変気の毒がっているというものである。孔さんからの使者が遅れて、弔問の時機を逸してしまいそうなので、(『孔子家語』はこの時冉有が衛に居たと明記する)[24] 冉先生が、孔さんの名に瑕がついてはいけないと、止む無く、束帛と乗馬（四頭の馬）などの高価な物品を届けた。この出来事は、前述の子貢に馬二頭（一説には一頭）[25] を進呈しろと孔子が命じた後の話であることは、確実である。従って、この逸話は孔子後期最晩年に起きたことになる。冉有は孔子の意向を知り、「知人以上」[26] であると考えられている伯高に対しては、孔子の面目を考慮して、前回の二倍の、馬四頭を奮発したのであろう。これらを自腹で、人から借りて（前述の通り、貨幣は流通していない時代なので）用意し、自らわざわざ弔問を行った冉先生。その先生の孔子に対しての惜しみの無い全力の奉仕活動に、「異哉！徒使我不誠於伯高。（困ったものだ！私は伯高に不誠実な弔問をしてしまった）」と、発言した孔子が許せなかったのであろう。それが、この逸話作成の動機であると考える。孔子の言動は異様を通り過ぎて、全く異常であり、重い精神疾患の症状だったように思えてくる。

第六章　結語

　孔子の人生での大きな節目は二つあった。まずは、17歳の時、母の死別がきっかけとなり、それまで追い出されていた孔家から家族として迎えられ、それまでの賤民の身分から庶民を飛び越え、一気に士分の身分に成りあがり、それ故に学に志すことが可能となったことが第一の節目。次に71歳の時、学団の跡継ぎと目した一番弟子の顔淵の死をきっかけに、長年、育成・修正・維持してきた儒教教義と夢であり信条であった「志学」動機・活力が修復不能な程、崩れ去ってしまったことが第二の節目である。

　筆者はこの71歳から、孔子が逝去する73歳の4月迄の2年余りの期間を孔子の最晩年と規定する。子路が殺害されるまでの前期最晩年には、自分の教理と自分の夢・人生計画の崩壊を孔子は、「下学而上達」方式で乗り切ろうと試みるが、それは子路の死後、つまり、後期最晩年には、失敗に終わる結果となる。しかし、前期最晩年時の孔子の顔淵への正当評価を広める作業から、殆ど実用性追求のみの中国伝統に、形而上の発想を付加した。具体的には「徳」を「無為」と解説する新説を挙げ、普及させ中国哲学の深化・強化に大きく寄与した。後期最晩年期に在っては孔子の精神の安定を支えるものは、もはや儒教教条とか、自己の夢とかといった内的動機ではなく、「不好学、遷怒、屡過。（学問は全くせず、周りに八つ当たりをし、同じ過ちを何度も繰り返す）」という、普通の人と変わらない動力源、人としての生気・生きる気力であった。この子路死後の孔子後期最晩年には、孔子の常軌を逸した行動が顕著化し日常化した。また、この時、急な身体的な老衰も深く進行した。冉有・子貢などが中心になり多くの弟子たちは懸命に孔子を支えようとしたが、うまくは行かず、子路死後およそ四ヶ月で孔子は失意と混乱の内に、世を去った。

孔子の最晩年期は概して、不幸なものであったが、かといって、15才から71才迄の孔子の光り輝いていた時期の実績が消えた訳ではなく、最晩年の不幸な姿だけを以て孔子を総括するとすれば、それは行き届かない、非常に貧弱な内容の人物評価に成り下がる。これは同様の事がイエス・キリスト評価にも言えよう。また国教の祖師ではなく、一人の偉人として孔子を研究する立場から言えば、不幸な最晩年期に在っても、「下学而上達」方法で自分の人生の闇に毅然と立ち向かった孔子の迫力には、強い感銘を覚え、また研究者の心を豊かにし、強くしてくれる。「松柏後凋（人の真価は困難に出合った時に初めて分かる）」と言うが、切羽詰まった中で孔子は、前述の通り、本体論に欠けていた、実用のみ重視の中国伝統に、「徳は無為」であるという形而上的発想を付加し、自国の伝統を深化し強化するという偉業を成し遂げた。孔子時代にも無為を説く隠者たちは居たが、このような社会への貢献はとても隠者たちにできるような業績ではなく、生前から「聖人」として、社会から非常に高い尊敬と憧れを懐かれていた孔子の発言であったからこそ、社会はその発想を受け入れ自国の伝統に付加した事は明記しておく。

展望：儒学の世界での今後の位置について

　現在の多くの人の持つ孔子のイメージと言えば、やはり新儒学者たちの作り出した孔子像に基づく孔子のイメージであろう。それは理論に矛盾の無い、完成した解釈に基づく孔子像である。そして千年近く、その説明で孔子は語られてきたし、そう理解されてきた。また近い将来には、孔子が中国人の父として、再度本格的に全面復活するように思えるが、その孔子は、多分、また新儒学の描いた孔子像を基にした物になるかも知れない。

　新儒家の描く、完全無欠の孔子像は、本稿で論述してきたように、決して実像と合致する孔子像ではない。仏教に優秀な若い人材を多く取られて、儒教の存続の危機感が強かった、宋儒たちであった。本来の儒学教義には、本体論が殆ど無かったが、宋儒たちは、若い優秀な人材を儒学に引き留める為にはどうしても、事物・現象の根本を解明する、この本体論が必要だと結論付けた。それは、その時期の思想界における時代要請であった。先学の思想を纏め朱子学を作り上げた、晦庵を例にとっても、もし彼が李延平に師事しなければ、儒教ではなく、仏教に走り、仏教思想の深化発展に大きく貢献しただろうことは確実な推測である。それ程外来思想の仏教は当時の若者に人気があったが、その理由は仏教にはきちんと完成した本体論が在るからである。そんな中、晦庵より百年以上先人の周濂渓が唱えた、「尋孔顔楽処」説は、それまでの儒教教理には希薄だった形而上学の思索を大いに深化・補強し、若い優秀な人材を儒学界に引き留めることを可能とした、一石二鳥の高論であった。しかし、現実には孔子の楽しみと顔淵の楽しみは全く別物であった。本稿で孔子が顔淵を全く理解出来なかった姿を浮き彫りにしてきた事を思い出して欲しい。周の理論は、最初に儒学祖師としての孔子のあるべき姿を、彼の卓越した創作力で創造し、その「ストーリー」に合わせて、『論語』を解釈している。周の説は、先に結論ありきの、最晩年の孔子の実相からは全くかけ離れた作り事の孔子解釈である。周の『通書』では、孔子の、「予欲

無言。天何言哉！四時行焉、百物生焉。」発言を引き出したのは、顔子だとする。『論語』は、子貢がこの時の話し相手であったと記しているのは、本稿でも述べた通りである。周の学風は古典文献、それも、新儒が最重要視する、『論語』の書き換えをもさえ辞さない強引な手法であった。周が話を偽作した理由は、顔淵が、孔子のこの教えを引き出したことにしないと、周説がどうしても上手く成り立たないからである。これは宋儒の虚構であり、孔子のこの発言の真意も、彼らが説くような、本体論に基づいたところには無く、その真相は、唯、孔子が気の知れた弟子の子貢に、顔淵を失った自分の人生をぼやいてみただけの日常茶飯事の世話ばなしであったと考える方が無理のない解釈である。周の『論語』書き換えによる「尋孔顔楽処」説は、それがたとえ卓論と言える出来栄えであっても、事実に基づかない虚説である。宋儒は道統を言い、自分たちこそが孔子の正統な後継者とするが、筆者は、果たして彼らが孔子の道統を受け継いでいるかどうかには疑問を持っている。

　新儒の祖師とされる周濂溪が唱えた、「尋孔顔楽処」説は虚言である。孔子は「巧言令色」を嫌悪し、「剛毅木訥」を推奨した。孔子は嘘が嫌いだったことは、孔子が「直」を以て世間に知られていたことからも判る。無論、孔子には「直躬」否定発言は有る。しかし、それは規則に盲従するのではなく、自分の良心によって人は行動すべきだという、つまり形だけを守った「直」では駄目で、ちゃんと物事の真義を考えて、「直」を実践しなさいと言うのが孔子発言の真意である。『論語』の他の教えの、「人能弘道。非道弘人。」を参考にして欲しい。形だけで、内容が伴わない礼の実践を、孔子は、「礼云礼云、玉帛云乎哉。楽云楽云。鐘鼓云乎哉。」と、強く非難している。孔子は、人生の主体性を失っては駄目だと主張するのである。孔子が虚言を嫌ったことは、『論語』の「吾猶及史之欠文也、有馬者借人乗之。今亡矣夫！」からも推測できよう。孔子は疑問の部分を欠文として残し、知者の出現を待った時代を美徳の時代として懐かしく回顧している。もし新儒学が孔子の最晩年期の事情が上手く記述できなかったとしたら、そこを「欠文」と

して、空白にしておき、後世の知者に解答を托すべきではなかったのではなかろうか？無論、才能が豊かで、気骨に富んだ新儒家たちのことであるから、自分たちこそ、その「後世の知者」だと主張しただろうが、虚構が必要・正当かどうかは不明だとしても、儒学では少なくとも祖師孔子が嘘・虚構を強く嫌った事実がある。新儒家がどうしても、虚構を教理から外せない重要な要素だと云うのなら、儒教の正統系統者と自称するのではなく、新儒学を儒学とは別の教えとして、「儒」の字は消し去り、新名称に鞍替えすべきであった。それは当時の社会情勢から言ってほとんど不可能だったとしても、儒の名を掲げて孔子の意に反する主張をすることは、21世紀の世界では通用しないし、その行為は明らかに孔子に対しての裏切りである。また祖師を敬愛する他の儒者全員を侮辱していると言っても好い。孔子自身の視点からすれば、根本的に、嘘は悪、あるいは、過ちであると言えるからだ。

　孔子は、「過而不改、是謂之過。」と教えている。孔子のこの発言は、もともとは、「過而不改、又之、是謂之過。」という古語に由来する。この語は遅くとも紀元前638年には人口に膾炙していたと、『穀梁伝』伝文は言う。その意味は、「過ちをした人に助言・提言をしても、その人がまた同じ過ちを繰り返した時に、さらに忠告を重ねること、これを過ちという。」というものだ。明哲保身（日本語では悪い意味であり、中国語では良い意味で使われると、大雑把な区分ができよう）的な、知恵の教えである。孔子はその古言を、「一度過ちに気付いても、それを改めないこと、是を過ちというのだ。」と、意味を随分逞しく、能動的に変換して、教えとしている。繰り返すが、孔子に言わせれば、究極的に、嘘は悪であり過ちである。儒学に志す人は、何人も孔子のこの意気込みに感化され、大変難しいことではあるが、それでも自分の過ちを改めようと全身全霊で努力するのが、道理であると思う。孔子の実相に基づかない解説をする新儒教（宋明理学）が、その歴史的使命・役割を終えた事は、今日の世界情勢を観れば、明白なことに筆者には思える。21世紀の儒者は、孔子のこの原点に立ち帰るべきではないだろうか？虚説は過

説であり、改めるべきであると筆者は主張する。

　もし虚構を廃するという、その変革によって、儒学の本体論が弱体化し、思想界での絶対性が失われると云うなら、それを補う仏教・ジャイナ教などの外来思想を繰り込めば好いだけの話である。虚説を日常的に取り入れていれば、そういう生き方は、科学技術との相性がとても悪いので、先端科学技術の産物が日常生活の中に溢れている21世紀世界での生活は大変困難になるのは、明白な事実である。人の現実生活を熟考し大成果を纏め文献に残した儒学教理の必要性は、ヒトが今後も、サイボーグとは成らず、生身の生活をするとすれば、未来に至っても少しも存在意義が低下するものでは無い。たとえ外来思想を取り込んでも主体は儒学であることには何の変化もない。形而上哲学思索は欧米世界とも共存しなければならない現代には、不可欠な文化要素である。「中体印用」は決して悪い発想ではない。また、現実として、華人が自国民族の身の丈に合わせて、創造・育成した「中国仏教」経典も現存している。これらの仏典こそ、「中体印用」の大成果であるとも言えよう。新儒家の様に、「中国仏教」を拒絶・放擲するのではなく、それを華伝統の輝く成果として、先人に感謝し有り難く活用するのが筋というものではないか？

　ヒトを一生物という原点に戻り、その身体面から考えると、我々が当初の単細胞生物の時代から「獲得遺伝子」を「本来の遺伝子」に繰り込み、そしてそれが生物進化の主因として働き、今も進化運動は続いているという説は現在では定説である。つまり、他者を取り入れて、自分が進化するという説は常識となっている。所謂「共生」である。もし獲得遺伝子が無かったとすれば、酸素呼吸をする生物に進化することもなく、我々は今ここにヒトとして生存していることもなかった。こう考えると、他者を全て排除する所謂、「純潔」主義は全く非現実的で、その実例すら一つも現実社会では発見できない、荒唐無稽な机上哲学と言える。

　今の所、米英では孔子の評価は大変に低い。老子とか釈迦とは欧米で一部の一般人、多くの知識人の高い称賛と深い尊敬を受けているのに対して、孔

子に至っては、米英の一般人の圧倒的多数に軽くあしらわれ、本音では、嘲笑されているというのが、現状だ。Amazonで"Confucius shirt"を探索してみれば、その様子が垣間見られる。この風潮を改めるのには、現代社会の儒者たちが、祖師孔子教え通り、儒学が実は事実尊重の手法を学風としていることを、世界に知らしめれば、世界での儒学の評価を著しく高揚する切っ掛けとなろう。その為には、一人一人の儒者が自己批判を実践し、自分の間違いを間違いと認め、それを改めていかなければならない。その行為を正統として斯界で通例化し定着させることである。このことに成功するかどうかによって、21世紀後半の儒学の世界での立ち位置の高低が決まってくるであろう。

　孔子の真の姿と教えがきちんと伝われば、米英人は素直に孔子を非常に高く評価してくれると筆者は考える。キリスト教は米英人には外来思想である。儒教も外来思想だが、筆者は儒教の方が米英人の精神にキリスト教以上に訴える力を持っていると考えている。つまり、絶対愛を最大徳目とするキリスト教より共生（尚古）を最大徳目とする儒教の方が米英人の性格や生活に合っていると言っているのである。ところで、今、先儒が適切な儒学紹介に失敗した皺寄せが、我々の世代にやって来ているのであるが、この誤った孔子像を改め、真の儒教を伝えていくのが我々後進の使命であると考える。米英社会では、間違っていると気付くとその日から改めるという行動は既に確立し慣例化されている。孔子の「過而不改、是謂之過。」の教えの体認度は、東洋諸社会より遥かに高いと言える。宇宙航海時代に入ろうとしている現在、キリスト教から儒教に改宗するという発想は米英人にとって、代替できない大きな恩恵が得られる、良い決断だと筆者は考えている。

第一章注

1 『論語』爲政篇：子曰："吾十有五而志于學，三十而立，四十而不惑，五十而知天命，六十而耳順，七十而從心所欲，不踰矩。"
2 『論語』先進篇：顏淵死。子曰："噫！天喪予！天喪予！"
3 『礼記』檀弓上篇：…孔子蚤作，負手曳杖，消搖於門，歌曰："泰山其頹乎？梁木其壞乎？哲人其萎乎？" 既歌而入，當戶而坐。子貢聞之曰："泰山其頹，則吾將安仰？梁木其壞，哲人其萎，則吾將安放？夫子殆將病也。" 遂趨而入。夫子曰："賜！爾來何遲也？夏後氏殯於東階之上，則猶在阼也；殷人殯於兩楹之間，則與賓主夾之也；周人殯於西階之上，則猶賓之也。而丘也殷人也。予疇昔之夜，夢坐奠於兩楹之間。夫明王不興，而天下其孰能宗予？予殆將死也。" 蓋寢疾七日而沒。……
4 白川静、1991 年、55 頁。
5 錢穆、1975 年、132 頁。

第二章注

1 『春秋公羊伝』襄公二十一年：……十有一月庚子，孔子生。……
2 『春秋穀梁伝』襄公二十一年：……庚子，孔子生。……
3 『史記』孔子世家：……魯襄公二十二年而孔子生。……/……孔子年七十三，以魯哀公十六年四月己丑卒。……
4 『春秋左氏伝』哀公十六年：……夏，四月，己丑，孔丘卒。……
5 白川静、1991 年、25 ～ 26 頁。
6 Creel, H.G. 1949, p.297-298.
7 『論語』學而篇：子曰："父在，觀其志；父沒，觀其行；三年無改於父之道，可謂孝矣。"／『論語』里仁篇：子曰："三年無改於父之道，可謂孝矣。"
8 『論語』衛靈公篇：衛靈公（前 540 - 前 493）問陳於孔子。孔子対曰："俎豆之事，則嘗聞之矣；軍旅之事，未之學也。" 明日遂行。
9 『春秋左氏傳』襄公十年（前 563）：孟氏之臣秦堇父（？ - ？），輂重以役，偪陽人啓門，諸侯之士門焉，縣門發，郰人紇（？ - ？）抉之，以出門者。
10 Donald Sturgeon, 2006 - 2009, "春秋左傳 - Chun Qiu Zuo Zhuan" duke Xiang（襄公）Eleventh year COMMENTARY, Chinese Text Project.:…… But its（魯）power had gradually decayed: and as Jin（晋）rose to preëminence as the leading State of the kingdom, Lu（魯）sank to the class of the second-rate States（次国），which furnished only two armies（二軍）. The change from 3 to 2 seems to have taken place under Wen（文公）or Xuan（宣公）.……
11 『周禮』夏官司馬：凡制軍，萬有二千五百人為軍。王六軍，大國三軍，次國二軍，小國一軍。
12 荻野友範訳、2007 年、52 頁。/56 頁。

13　楠山春樹、1996 年、322 ～ 325 頁：『呂氏春秋』序意篇：維秦八年〔筆者注：高誘（こうゆう：？－ 212）注曰："八年，秦始皇即位之八年也。"つまり、紀元前 239 年。〕、歳在涒灘，秋，甲子朔，朔之日，良人請問十二紀。／楠山氏は、「ここにいう八年は、本書の成立年代に関わるものとして諸説あるが、近年は、秦が周を滅ぼした前二四九年（荘襄王元年）の翌年から八年目に当たる前 241 年、始皇六年（庚申）とみる説が有力である。」と、紀元前 241 年成立説を支持している。

14　ウィキペディア「淮南子」中文版、2022 年 10 月 27 日。

15　『呂氏春秋』慎大篇：「孔子之勁，挙国門之関，而不肯以力聞：墨子為守攻，公輸般（（こうしゅ はん：前 507 －前 444）服，而不肯以兵加。」／『淮南子』道応篇：「孔子勁杓国門之関，而不肯以力聞。墨子為守攻，公輸般服，而不肯以兵知。」／『列子』説符篇：「孔子之勁，能拓国門之関，而不肯以力聞。墨子為守攻，公輸般服，而不肯以兵知。」

16　『孔子家語』本姓解篇。

17　『論語』子罕篇：大宰問於子貢曰："夫子聖者與？何其多能也？"子貢曰："固天縦之將聖，又多能也。"子聞之，曰："大宰知我乎！吾少也賤，故多能鄙事。君子多乎哉？不多也。"

18　「季氏史」を『孟子』万章下篇の「孔子嘗為委吏矣。」の記載から、「委吏」と読み替える人も多い。読み替えは、清（1616 － 1912）の崔述（さいじゅつ：1740 － 1816）が提言した（明治書院『史記七』、804 頁）と言い、趙岐（ちょう き、108? － 201）の注は「委吏は、積み荷と米倉を掌る役人」と言う。（岩波文庫『孟子』下、199 頁）。尚、内容的にも孟子のこの記述は信頼できないとする人もいる。例えば、白川静は「この『孟子』の記述は、孔子の青年時代の空白を埋めようとする『好事者』の作り話のように思われる。」（中公文庫『孔子伝』、26 頁）と述べている。筆者は原典尊重の立場に立っており、『史記』の原文のまま理解している。

19　林復生、1983 年、17 頁。／19 頁。

20　『春秋左氏伝』昭公四年：……初，穆子（豹：？－？）去叔孫氏，及庚宗（コウソウ：地名），遇婦人，使私為食而宿焉，問其行，告之故，哭而送之，適齊娶於國氏，生孟丙（？—前 538）仲壬（？—前 537），蔓天壓己，弗勝，顧而見人，黑而上僂，深目而豭喙，號之曰，牛助余，乃勝之，旦而皆召其徒，無之，且曰，志之（容貌を記録しておけ：似顔絵にしたかは不明），及宣伯（豹）奔齊，饋之，宣伯曰，魯以先子之故，將存吾宗，必召女，召女何如，対曰，願之久矣，魯人召之，不告而歸，既立，所宿庚宗之婦人，獻以雉，問其姓，対曰，余子長矣，能奉雉而從我矣，召而見之，則所夢也，未問其名，號之曰牛，曰唯，皆召其徒，使視之，遂使為豎（小姓），有寵，長使為政，公孫明知（？－？）叔孫於齊，歸，未逆國姜（？－？），子明取之，故怒其子，長而後使逆之，田於丘蕕（きゅうゆう：地名），遂遇疾焉，豎牛欲亂其室而有之，強與孟盟，不可，叔孫為孟鍾曰，爾未際，饗大夫以落之，既具，使豎牛請，日入弗謁，出命之日，及賓至，聞鐘聲，牛曰，孟有北婦人（國姜）之客，怒將往，牛止之，賓出，使拘而殺諸外，牛又強與仲盟，不可，仲與公御萊書，觀於公，公與之環，使牛入示之，入不示，出命佩之，牛謂叔孫見仲而何，叔

孫曰, 何爲, 曰不見, 既自見矣, 公與之環而佩之矣, 遂逐之, 奔齊, 疾急, 命召仲, 牛許而不召, 杜洩（？-？）見, 告之飢渴, 授之戈, 對曰, 求之而至, 又何去焉, 豎牛曰, 夫子疾病, 不欲見人, 使實饋于個而退, 牛弗進, 則置虛命徹, 十二月, 癸丑, 叔孫不食, 乙卯, 卒, 牛立昭子（？—前609）而相之, 公使杜洩葬叔孫, 豎牛賂叔仲昭子與南遺（？—？）, 使惡杜洩於季孫而去之, 杜洩將以路葬, 且盡卿禮, 南遺謂季孫（季武子：？—前535）曰, 叔孫未乘, 路葬焉, 用之, 且家卿無路, 介卿以葬, 不亦左乎, 季孫曰, 然, 使杜洩舍路, 不可, 曰, 夫子受命於朝, 而聘于王, 王思舊勳爲賜之路, 復命而致之君, 君不敢逆王命, 而復賜之, 使三官書之, 吾子爲司徒, 實書名, 夫子爲司馬, 與工正書服, 孟孫（孟僖子：？—前518）爲司空以書勳, 今死而弗以, 是棄君命也, 書在公府而弗以, 是廢三官也, 若命服, 生弗敢服, 死又不以, 將焉用之, 乃使上葬, 季孫謀去中軍, 豎牛曰, 夫子固欲去之。

『春秋左氏伝』昭公五年（前537）：春, 王正月, 舍中軍, 卑公室也, 毀中軍于施氏, 成諸臧氏, 初作中軍, 三分公室而各有其一, 季氏盡征之, 叔孫氏臣其子弟, 孟氏取其半焉, 及其舍之也, 四分公室, 季氏擇二, 二子各一, 皆盡征之, 而貢于公, 以書使杜洩告於殯曰, 子固欲毀中軍, 既毀之矣, 故告杜洩曰, 夫子唯不欲毀也, 故盟諸僖閎, 詛諸五父之衢, 受其書而投之, 帥士而哭之。叔仲子謂季孫曰, 帶受命於子叔孫曰, 葬鮮者自西門, 季孫命杜洩。杜洩曰, 卿喪自朝, 魯禮也, 吾子爲國政, 未改禮而又遷之, 群臣懼死, 不敢自也, 既葬而行, 仲至自齊, 季孫欲立之, 南遺曰, 叔孫氏厚, 則季氏薄, 彼實家亂, 子勿與知, 不亦可乎, 南遺使國人助豎牛, 以攻諸大庫之庭, 司宮射之, 中目而死, 豎牛取東鄙三十邑, 以與南遺, 昭子（？-517）即位。朝其家眾曰, 豎牛禍叔孫氏, 使亂大從, 殺適立庶, 又披其邑, 將以赦罪, 罪莫大焉, 必速殺之。豎, 牛懼, 奔齊, 孟仲之子（？-？）, 殺諸塞關之外, 投其首於寧風之棘上, 仲尼曰, 叔孫昭子之不勞, 不可能也, 周任〔古人らしいが詳細不明：Sturgeon は "historiographer（史）" という〕有言曰, 爲政者不賞私勞, 不罰私怨, 《詩》云:'有覺德行, 四國順之.' …… ☆『春秋左氏伝』は活き活きとこの逸話を伝えているが, 我が国の中島敦（1909-1942）の歴史小説「牛人」は史書では無いが, 或は『春秋左氏伝』よりも, 更に歴史的事実に近い話をまざまざと語っているようにも筆者には思える名作である。

21 『孔子家語』正論解篇：……叔孫穆子避難奔齊, 宿於庚宗之邑。庚宗寡婦通焉, 而生牛。穆子反魯, 以牛爲內豎, 相家。牛讒叔孫二人, 殺之。叔孫有病, 牛不通其饋, 不食而死。牛遂輔叔孫庶子昭而立之。昭子既立, 朝其家眾曰："豎牛禍叔孫氏, 使亂大從, 殺適立庶, 又披其邑, 以求舍罪。罪莫大焉！必速殺之。"遂殺豎牛。孔子曰："叔孫昭子之不勞, 不可能也。周任有言曰：'爲政者不賞私勞, 不罰私怨.'《詩》云：'有覺德行, 四國順之.' 昭子有焉！……

22 澤田多喜男、2009年、112頁。
23 『春秋左氏伝』昭公七年、經文：冬, 十有一月, 癸未, 季孫宿卒。☆季孫宿は季武子。
24 ウィキペディア「三桓氏」の日本語版では、4代目を「季孫紇（季悼子）」としている

が、平子の父である悼子（生卒年不詳）は悼子の父武子に先立って死去しているので、現実には季孫氏の当主にはなっていないのだが、多分悼子に敬意と哀悼の意味を示して4代当主としたのであろう。因みにウィキペディア「三桓氏」の中文版では4代目は季平子になっている。

25 『礼記』檀弓上篇：……孔子既得合葬於防，曰："吾聞之：古也墓而不墳：今丘也，東西南北人也，不可以弗識也。"於是封之，崇四尺。……

26 『春秋左氏伝』昭公十七年：……仲尼聞之，見於郯子而學之，既而告人曰，吾聞之，天子失官，學在四夷，猶信。……

27 『春秋左氏伝』襄公三十年：……叔孫莊叔叔於是乎敗狄于鹹，獲長狄僑如，及虺（キ：まむし）也豹也，而皆以名其子。……／『春秋左氏伝』昭公四年。

28 『春秋左氏伝』桓公二年：……故天子建國，諸侯立家，卿置側室，大夫有貳宗，士有隸子弟，庶人工商，各有分親，皆有等衰，是以民服事其上，而下無覬覦。……

29 『春秋経伝集解』桓公二年。

30 『論語』先進篇：南容三復白圭，孔子以其兄之子妻之。

31 『論語』公冶長篇：子謂南容，"邦有道，不廢：邦無道，免於刑戮"。以其兄之子妻之。

32 『礼記』檀弓上篇：……孔子先反，門人後，雨甚：至，孔子問焉曰："爾來何遲也？"曰："防墓崩。"孔子不應。三，孔子泫然流涕曰："吾聞之：古不修墓。"……

33 荻野友範訳、2007年、162頁。

34 『論語正義』述而篇：……孔子世家言「齋景公卒之明年，孔子自蔡如葉。葉公問政」云云。「他日問孔子於子路」云云。計夫子時年六十三、六十四歳，故称老矣。……

35 『論語』述而篇：葉公問孔子於子路，子路不對。子曰："女奚不曰，其為人也，發憤忘食，樂以忘憂，不知老之將至云爾。"

36 『論語集解』陽貨篇：孔安国曰，陽貨，陽虎也。……

37 『論語集注』陽貨篇：陽貨，季氏家臣，名虎。……

38 『論語集解義疏』陽貨篇：……陽貨者季氏家臣，亦凶悪者也。……

39 『孔叢子』詰墨篇：……墨子曰：「孔子諸弟子：子貢、季路輔孔悝以亂衛。陽虎亂魯。弗肹以中牟畔。漆雕開形殘。」……

40 『論語集解義疏』論語義疏敘：……「『古史考』則云三十人、謂林放、澹臺滅明、陽虎亦是弟子数也。」……

41 『論語』衛靈公篇：……子曰："當仁不讓於師。"……

42 『史記』孔子世家：……其后（定公九年）定公以孔子為中都宰，一年，四方皆則之。由中都宰為司空，由司空為大司寇。……

43 『礼記正義』卷七・檀弓上篇：正義曰：《孔子世家》，定公九年，孔子年五十，定公以孔子為中都宰。一年，四方皆則之。

44 『論語集注』序：……孔子年五十一。公山不狃以費畔季氏，召，孔子欲往，而卒不行。有答子路東周語。定公以孔子為中都宰，一年，四方則之，遂為司空，又為大司寇。……

45 『史記』孔子世家：……定公十四年、孔子年五十六、……孔子遂行、宿乎屯。……
46 『史記』衛康叔世家：……三十八年孔子來。…… ☆衛の霊公38年は魯の定公13年。
47 『史記』魯周公世家：……（定公）十二年，使仲由毀三桓城，收其甲兵。孟氏不肯墮城，伐之，不克而止。季桓子受齊女樂，孔子去。……
48 『韓非子』内儲説下：……仲尼為政於魯，道不拾遺，齊景公（在位：前547 − 前490）患之，梨且（？−？）謂景公曰："去仲尼猶吹毛耳。君何不迎之以重祿高位，遺哀公女樂以驕榮其意。哀公新樂之，必怠於政，仲尼必諫，諫必輕絶於魯。"景公曰："善。"乃令梨且以女樂二八遺哀公，哀公樂之，果怠於政，仲尼諫，不聽，去而之楚。……☆韓非は、「哀公」というが、これは「定公」が正しい。
49 錢穆、1975、47・48 頁。／和訳は、池田篤紀訳、1975、アジア問題研究会、65・66 頁。
50 『春秋左氏伝』定公十二年：仲由為季氏宰。將墮三都，於是叔孫氏墮郈，季氏將墮費，公山不狃，叔孫輒，帥費人以襲魯，公與三子（三桓子）入于季氏之宮，登武子之臺，費人攻之弗克，入及公側，仲尼命申句須，樂頎，下伐之，費人北，國人追之，敗諸姑蔑（こべつ、地名），二子（公山不狃と叔孫輒）奔齊，遂墮費，將墮成，公斂處父謂孟孫（孟懿子），墮成，齊人必至于北門，且成，孟氏之保障也，無成是無孟氏也，子偽不知，我將不墜，冬，十二月，公圍成弗克。
51 『史記』孔子世家：定公十三年夏，孔子言於定公曰："臣無藏甲，大夫毋百雉之城。"使仲由為季氏宰，將墮三都。於是叔孫氏先墮郈。季氏將墮費，公山不狃，叔孫輒率費人襲魯。公與三子入于季氏之宮，登武子之臺。費人攻之，弗克，入及公側。孔子命申句須，樂頎下伐之，費人北。國人追之，敗諸姑蔑。二子奔齊，遂墮費。將墮成，公斂處父謂孟孫曰："墮成，齊人必至于北門。且成，孟氏之懸保鄣，無成是無孟氏也。我將弗墮。"十二月，公圍成，弗克。
52 『孔子家語』相魯篇：孔子言於定公曰："家不臧甲，邑無百雉之城，古之制也。今三家過制，請皆損之。"乃使季氏宰仲由隳三都。叔孫不得意於季氏，因費宰公山弗擾，率費人以襲魯。孔子以公與季孫，仲孫，叔孫，入於費氏之宮，登武子之臺。費人攻之，及臺側，孔子命申句須，樂頎，勒士眾，下伐之，費人北，遂隳三都之城，強公室，弱私家，尊君卑臣，政化大行。☆「三都が堕ち、公室の力が強まり、臣下の力は弱まった。」は、史実ではないが、この記事は教化本としての『孔子家語』の面目躍如の記述である。
53 内野熊一郎、1969 年、55 頁。
54 林復生、1983 年、147・148 頁。
55 白川静、1991 年、41 〜 43 頁。
56 呉怡、2017 年、37 頁。
57 呉怡、2017 年、44 頁。
58 『孔叢子』詰墨篇の引く、墨子の言葉は、「晏子は言った、『……今、孔子は樹を伐り倒され追い払われても、自分ではそのことを恥辱とは思わず：陳蔡で追い詰められても、自分ではそのことを苦しみだとは思わなかった。私は、最初、孔子の行動を以て儒者は

貴いと尊敬しましたが、今は儒者を疑っています。(晏子曰、……今孔子伐樹削迹，不自以為辱；身窮陳、蔡，不自以為約。始吾望儒貴之，今則疑之。)」と。」となっている。この部分は現行本の『墨子』には見当たらないが、儒家の文献『孔叢子』がとりあげている。孔子への評価を本当に晏嬰は後に変えたのだろうか？筆者は普通に、晏嬰の弟子あるいは孫弟子達によって書かれた『晏子春秋』の記載の方が事実を正しく伝えているのかではないかと考える。

59 儒学史では、例えば、南宋末期の文天祥（ぶん　てんしょう：1236 − 1283）や明初の方孝孺（ほう　こうじゅ：1357 − 1402）等がすぐに連想されるし、我が国の江戸時代初期の中浦ジュリアン神父（1568 − 1633）及び6名の殉教者とか、近くは第二次世界大戦時、政治迫害に遇っても自分の思想信念を守って死んで行った小林多喜二（こばやし　たきじ：1903 − 1933）等拷問で虐殺された人が二百人近く居り、戸坂潤（とさかじゅん：1900 − 1945）や、三木清（みき　きよし：1897 − 1945年9月26日）等獄中で病死した人が千五百人程もいる。或は中国の文化大革命時にもそういった、自己の信念を自己の命より大事にして死に追い込まれた人々が多数散見される事実が思い出される。存在率は極めて低いが、確かに「生命が欲しくない人」は存在するのである。

60 林復生、1983 年、148 頁。

61 池田秀三、1995 年、271 頁。

62 事の詳細は当書第二部の「『論語』の編纂過程」の【孟子・荀子の孔子像】を参照。

63 『荀子』大略篇：曾子行，晏子從於郊，曰："嬰聞之：君子贈人以言，庶人贈人以財。嬰貧無財，請假於君子，贈吾以言：乘輿之輪，太山之木也，示諸檃栝，三月五月，為幬采，敝而不反其常。君子之檃栝，不可不謹也。慎之！蘭茝亡本，漸於蜜醴，一佩易之。正君漸於香酒，可讒而得也。君子之所漸，不可不慎也。"

64 『史記』孔子世家：孔子遂適衛，主於子路妻兄顔濁鄒家。衛靈公問孔子："居魯得祿幾何？"對曰："奉粟六萬。"衛人亦致粟六萬。居頃之，或譖孔子於衛靈公。靈公使公孫余假一出一入。孔子恐獲罪焉，居十月，去衛。

65 事の詳細は、当書第二部の「『論語』の編纂過程」の【性善説と性悪説】を参照。

66 『春秋左氏伝』僖公（きこう：? − 前 627）元年：……冬，莒人來求賂，公子友敗諸酈，獲莒子之弟拏，非卿也，嘉獲之也，公賜季友之田，及費。……

67 『春秋左氏伝』襄公七年（じょうこう：前 575 − 前 542）：……南遺為費宰，叔仲昭伯為隧正，欲善季氏，而求媚於南遺，謂遺請城費，吾多與而役，故季氏城費。……

68 『春秋左氏伝』昭公（しょうこう：前 559 − 前 510）十三年：春，叔弓圍費，弗克敗焉，平子怒，令見費人執之，以為囚俘，冶區夫曰，非也，若見費人，寒者衣之，飢者食之，為之令主，而共其乏困，費來如歸，南氏亡矣，民將叛之，誰與居邑，若憚之以威，懼之以怒，民疾而叛，為之聚也，若諸侯皆然，費人無歸，不親南氏，將焉入矣，平子從之，費人叛南氏。……

69 『春秋左氏伝』定公（ていこう：? − 前 495）十二年：……仲由為季氏宰。將墮三都，於

是叔孫氏墮郈，季氏將墮費，公山不狃，叔孫輒，帥費人以襲魯，公與三子入于季氏之宮，登武子之臺，費人攻之弗克，入及公側，仲尼命申句須，樂頎，下伐之，費人北，國人追之，敗諸姑蔑，二子奔齊，遂墮費，將墮成，公斂處父謂孟孫，墮成，齊人必至于北門，且成，孟氏之保障也，無成是無孟氏也，子僞不知，我將不墜，冬，十二月，公圍成弗克。

70 『春秋左氏伝』定公十年：……侯犯奔齊，齊人乃致郈。……武叔聘于齊，齊侯享之，曰，子叔孫，若使郈在君之竟庾，寡人何知焉，屬與敝邑際，故敢助君憂之，対曰，非寡君之望也，所以事君，封疆社稷是以，敢以家隸，勤君之執事，夫不令之臣，天下之所惡也，君豈以為寡君賜。

71 『春秋左氏伝』哀公十四年：……初，孟孺子（孟武伯）洩將圉馬於成，成宰公孫宿不受，曰孟孫（孟懿子）為成之病，不圉馬焉，孺子怒，襲成，從者不得入，乃反，成有司使，孺子鞭之，秋，八月，辛丑，孟懿子卒，成人奔喪，弗內，袒免哭于衢，聽共，弗許，懼，不歸。

72 『春秋左氏伝』昭公七年：……九月，公至自楚，孟僖子病不能相禮，乃講學之，苟能禮者從之，及其將死也，召其大夫曰，禮，人之幹也，無禮無以立，吾聞將有達者，曰孔丘，聖人之後也，而滅於宋，其祖弗父何，以有宋而授厲公，及正考父佐戴，武，宣，三命茲益共，故其鼎銘云，一命而僂，再命而傴，三命而俯，循牆而走，亦莫余敢侮，饘於是，鬻於是，以餬余口，其共也如是，臧孫紇（臧武仲）有言曰，聖人有明德者，若不當世，其後必有達人，今我將在孔丘乎，我若獲沒必屬說與何忌於夫子，使事之而學禮焉，以定其位，故孟懿子，與南宮敬叔，師事仲尼，仲尼曰，能補過者，君子也，詩曰，君子是則是效，孟僖子可則效已矣。☆記載された年は昭公七年（前535）の記事だが，孟僖子が亡くなったのは昭公二十四年（前514）のことである。／『孔子家語』正論解……南容説，仲孫何忌既除喪，而昭公在外，未之命也。定公即位，乃命之。辞曰："先臣有遺命焉，曰：夫禮，人之幹也，非禮則無以立。囑家老，使命二臣必事孔子而學禮，以定其位。"公許之。二子學於孔子，孔子曰："能補過者，君子也。《詩》云：'君子是則是效。' 孟僖子可則傚矣。懲己所病，以誨其嗣。《大雅》所謂 '詒厥孫謀，以燕翼子。' 是類也夫！"

73 『論語』為政篇：孟懿子問孝。子曰："無違。"樊遲御，子告之曰："孟孫問孝於我，我対曰 '無違'。"樊遲曰："何謂也？"子曰："生，事之以禮：死，葬之以禮，祭之以禮。"／為政篇：孟武伯問孝。子曰："父母唯其疾之憂。"／子張篇：孟氏使陽膚為士師，問於曾子。曾子曰："上失其道，民散久矣。如得其情，則哀矜而勿喜。☆ここの、「孟氏」を劉宝楠は、孟懿子である（僞王應麟集本繫於孟懿子問孝章，丁氏杰以爲當在此下，臧氏庸從之。）としている。（論語正義）

74 『春秋左氏伝』哀公十五年：……冬，及齊平，子服景伯如齊，子贛為介，見公孫成（宿・朝），曰人皆臣人，而有背人之心，況齊人雖為子役，其有不貳乎，子，周公之孫也，多饗大利，猶思不義，利不可得，而喪宗國，將焉用之，成曰，善哉，吾不早聞命，陳成子館客，曰，寡君使恆告曰，寡君願事君如事衛君，景伯揖子贛而進之，対曰，寡君之願也，

昔晉人伐衛，齊為衛故，伐晉冠氏，喪車五百，因與衛地，自濟以西，▢媚杏，以南，書社五百，吳人加敝邑以亂，齊因其病，取讙與闡，寡君是以寒心，若得視衛君之事君也，則固所願也，成子（田常）病之，乃歸成，公孫宿以其兵甲入于嬴。

75 『論語』顏淵篇の「顏淵問仁。子曰：''克己復禮為仁。一日克己復禮，天下歸仁焉。為仁由己，而由人乎哉？'' 顏淵曰：''請問其目。'' 子曰：''非禮勿視，非禮勿聽，非禮勿言，非禮勿動。'' 顏淵曰：''回雖不敏，請事斯語矣。''」を思い出す言葉だが、『春秋左氏伝』昭公十二年にも、「仲尼曰，古也有志，克己復禮，仁也，信善哉，楚靈王若能如是，豈其辱於乾谿。」と有り、孔子の作り出した言葉では無くて、古い格言だったことが判る。

76 白川静、1991、43 頁。

77 林復生、1983、146 頁。

78 ネット掲載論文、土田健次郎：『論語集注』はどのような書物か file:https://opac.kokugakuin.ac.jp/webopac/chugokugakkaiho_61_03_.?key=BRUKSI

79 『史記』仲尼弟子列伝：初，衛靈公有寵姬曰南子。靈公太子蕢聵得過南子，懼誅出奔。及靈公卒而夫人欲立公子郢。郢不肯，曰：「亡人太子之子輒在。」於是衛立輒為君，是為出公。出公立十二年，其父蕢聵居外，不得入。子路為衛大夫孔悝之邑宰。蕢聵乃與孔悝作亂，謀入孔悝家，遂與其徒襲攻出公。出公奔魯，而蕢聵入立，是為莊公。方孔悝作亂，子路在外，聞之而馳往。遇子羔出衛城門，謂子路曰：「出公去矣，而門已閉，子可還矣，毋空受其禍。」子路曰：「食其食者不避其難。」子羔卒去。有使者入城，城門開，子路隨而入。造蕢聵，蕢聵與孔悝登臺。子路曰：「君焉用孔悝？請得而殺之。」蕢聵弗聽。於是子路欲燔臺，蕢聵懼，乃下石乞，壺黶攻子路，擊斷子路之纓。子路曰：「君子死而冠不免。」遂結纓而死。／『礼記』檀弓上篇：孔子哭子路於中庭。有人吊者，而夫子拜之。既哭，進使者而問故。使者曰：''醢之矣。'' 遂命覆醢。／『孔子家語』子夏問篇：子路與子羔仕於衛，衛有蒯聵之難。孔子在魯，聞之，曰：''柴也其來，由也死矣。'' 既而衛使至，曰：''子路死焉。'' 夫子哭之於中庭。有人弔者，而夫子拜之。已哭，進使者而問故。使者曰：''醢之矣。'' 遂令左右皆覆醢，曰：''吾何忍食此！'' ／『荘子』讓王篇：子路欲殺衛君而事不成，身菹（しょ：殺されて屍を塩漬けにされること：「醢」と同じ。）於衛東門之上，是子教之不至也。

80 宇野精一（うの　せいいち：1910 - 2008）は、「衛の人が子路の遺体を塩漬けにしたのは、単に刑罰として行ったのではなく、おそらくその肉を食ったのだろう。それは勇者の肉を食うことに意味があったのだと考えられる」としている（『孔子家語』、明治書院、1996 年 10 月 10 日、588 頁。）が、状況を考慮すれば、そんなにさっぱりした建設的な理由で人肉食が行われたはずもなく、もっとドロドロした、どす黒い蒯聵の鬱憤が人を食らった動機であろう。桑原隲蔵（くわばら　じつぞう：1871 - 1931）は「支那人の食人風習」で、「（第四）憎悪の極その人の肉を食ふことである。……支那人は死後も肉體の保存を必要と信じ、その肉を食べれば、之に由って死者に多大な苦痛を與へ得るものと信じて居る。」（『桑原隲蔵全集・第一巻』岩波書店、1987 年 11 月 25 日、456・457

頁）と言っているが、この第四番目の食人動機がここでは当てはまるのではないかと筆者は考える。因みに桑原は、「勇者の肉を食う」風習は中国には無いという旨を記している。

81　内野熊一郎、1972、127頁。
82　『論語』八佾篇：孔子謂季氏："八佾舞於庭，是可忍也，孰不可忍也？"
83　『春秋公羊伝』昭公二十五年：……昭公將弑季氏，告子家駒曰："季氏為無道，僭於公室久矣，吾欲弑之，何如？"子家駒曰："諸侯僭於天子，大夫僭於諸侯久矣！"昭公曰："吾何僭矣哉？"子家駒曰："設兩觀，乘大路，朱干，玉戚，以舞《大夏》，八佾以舞《大武》，此皆天子之禮也。……
84　『荀子』宥坐篇：……孔子為魯司寇，有父子訟者，孔子拘之，三月不別。其父請止，孔子舍之。季孫聞之，不說，曰："是老也欺予。語予曰：為國家必以孝。今殺一人以戮不孝！又舍之。"冉子以告。孔子慨然歎曰："嗚呼！上失之，下殺之，其可乎？不教其民，而聽其獄，殺不辜也。三軍大敗，不可斬也：獄犴不治，不可刑也，罪不在民故也。……
85　『孔子家語』始誅篇：……孔子為魯大司寇。有父子訟者，夫子同狴執之，三月不別，其父請止，夫子赦之焉。季孫聞之，不說，曰："司寇欺余，曩告余曰：國家必先以孝。余今戮一不孝以教民孝，不亦可乎？而又赦，何哉？"冉有以告孔子。孔子喟然歎曰："嗚呼！上失其道而殺其下，非理也：不教以孝而聽其獄，是殺不辜：三軍大敗，不可斬也：獄犴不治，不可刑也。何者？……　☆『史記』孔子世家では、孔子が「司寇」になったという記載は無く、唯「大司寇」になったという記述のみである。孔子が「司寇」の職に有ったということは、『孔子家語』に数度出て来る。同書は、孔子が「大司寇」にもなったとも述べている。同書には年代については一切の実記が無い。
86　文献的にも、『論語』學而篇には、「子曰："君子食無求飽，居無求安，敏於事而慎於言，就有道而正焉，可謂好學也已。"」とあり、「敏於事而慎於言」は大体、「行動に敏捷であり、言語に慎重であれ。」位の意味に採られている。さらに、『大戴禮記』五帝徳篇には、「宰我曰，"昔者予也聞諸夫子曰、'小子無有宿問。'"」とある。「宿問」とは、「先送りされた問題」の意味で、引用文の現代語訳は、「宰我は、『昔、私は孔先生が、「諸君、疑問はその日のうちに処理しておくべきもので、それを翌日に先送りすべきものではない。」と言われたのを聞いたことがあります。』と言った。」である。
87　『孔子家語』七十二弟子解：冉求，字子有，仲弓之宗族。少孔子二十九歲，有才藝，以政事著名。……／同：冉雍，字仲弓，伯牛之宗族。生於不肖之父，以德行著名。
88　『春秋左氏伝』哀公二年：……夏，衛靈公卒，夫人曰，命公子郢為大子，君命也，対曰，郢異於他子，且君沒於吾手，若有之，郢必聞之，且亡人之子輒在，乃立輒。……
89　『史記』伯夷列伝：……伯夷，叔齊，孤竹君之二子也。父欲立叔齊，及父卒，叔齊讓伯夷。伯夷曰：「父命也。」遂逃去。叔齊亦不肯立而逃之。國人立其中子。於是伯夷，叔齊聞西伯昌善養老，盍往歸焉。及至，西伯卒，武王載木主，號為文王，東伐紂。伯夷、叔齊叩馬而諫曰：「父死不葬，爰及干戈，可謂孝乎？以臣☒君，可謂仁乎？」左右欲兵

之。太公曰:「此義人也。」扶而去之。武王已平殷亂，天下宗周，而伯夷、叔齊恥之，義不食周粟，隱於首陽山，采薇而食之。及餓且死，作歌。其辭曰:「登彼西山兮，采其薇矣。以暴易暴兮，不知其非矣。神農、虞、夏忽焉沒兮，我安適歸矣？于嗟徂兮，命之衰矣！」遂餓死於首陽山。由此觀之，怨邪非邪？　☆「武王已平殷亂」と司馬遷は言うが、客観的な事実として乱を起こしたのは、臣下であり、殷を急襲した周の方である。こうした勝者史観はこの後もずっと史書に引き継がれるが、判官びいきの風潮が強い我が国にはその伝統は弱いようにも筆者には思える。この勝利者史観は西洋の史学とも激しく対立する事実もあることを付記する。

90　王直著、『皇明文衡』巻十四の「夷斉十弁」等参照。

91　『荀子』子道篇：……禮：居是邑不非其大夫。……

92　文脈的には明らかに孔子一行は衛に滞在しており、『論語集解』も『論語集注』もそう解釈している様に読める。『論語集注』に至っては、「時孔子居衛。(この時孔子は衛に居た。)」と明言しているし、徂徠もこの説を支持している。仁斎はこの説を支持せず、「則是時夫子恐當在魯也。(この時、多分孔子は魯国に居ただろう。)」とする。又、『史記』孔子世家には「孔子は衛霊公が亡くなる前に衛を去った。」と言う内容の記載が在り（他日，靈公問兵陳。孔子曰："俎豆之事則嘗聞之，軍旅之事未之學也。"明日，與孔子語，見蜚鴈，仰視之，色不在孔子。孔子遂行，復如陳。夏，衛靈公卒，立孫輒，是為衛出公。)、司馬遷は、仁斎とは別の理由で、やはりこの当時、孔子学団は衛には居なかったとする。

93　同様の文章が、『論語』公冶長篇にある。それは、「子在陳曰："歸與！歸與！吾黨之小子狂簡，斐然成章，不知所以裁之。"」であり、「不知所以裁之」の主語は普通「吾党之小子」とされている。

94　『春秋左氏伝』哀公三年：……秋，季孫有疾，命正常曰，無死，南孺子之子，男也，則以告而立之，女也，則肥（季康子の下の本名）也可，季孫卒，康子即位，既葬，康子在朝，南氏生男正常，載以如朝，告曰，夫子有遺言，命其圉臣曰，南氏生男，則以告於君，與大夫，而立之，今生矣，男也，敢告，遂奔衛，康子請退，公使共劉視之，則或殺之矣，乃討之，召正常，正常不反。……

95　孔子世家はこの仏肸の反乱を季桓子が亡くなる前の年と記述しているが、史実はその２年後の哀公五年の出来事である。ここも孔子世家の史実誤認の個所である。

96　『春秋左氏伝』哀公七年：……太宰嚭召季康子，康子使子貢辭……

97　『孔子家語』正論解篇：齊國書伐魯，季康子使冉求率左師禦之，樊遲為右。"非不能也，不信子。請三刻而踰之。"如之，眾從之。師入齊軍。"齊軍遁"冉有用戈，故能入焉。孔子聞之，曰："義也。"既戰，季孫謂冉有曰："子之於戰，學之乎？性達之乎？"対曰："學之。"季孫曰："從事孔子，惡乎學？"冉有曰："即學之孔子也。夫孔子者大聖，無不該，文武竝用兼通。求也適聞其戰法，猶未之詳也。"季孫悅。樊遲以告孔子，孔子曰："季孫於是乎可謂悅人之有能矣。"

98 『春秋左氏伝』哀公十一年：十一年，春，齊為鄎（しょく）故，國書，高無平，帥師伐我，及清，季孫謂其宰冉求，曰，齊師在清，必魯故也，若之何，求曰，一子守，二子従，公禦諸竟，季孫曰，不能，求曰，居封疆之間，季孫告二子，二子不可，求曰，若不可，則君無出，一子師師，背城而戰，不屬者，非魯人也，魯之群室，眾於齊之兵車，一室敵車，優矣，子何患焉，二子之不欲戰也，宜政在季氏，當子之身，齊人伐魯，而不能戰，子之恥也，大不列於諸侯矣，季孫使從於朝，俟於黨氏之溝，武叔呼而問戰焉，對曰，君子有遠慮，小人何知，懿子強問之，対曰，小人慮材而言，量力而共者也，武叔曰，是謂我不成丈夫也，退而蒐乘，孟孺子洩帥右師，顏羽御，邴洩為右，冉求帥左師，管周父御，樊遲為右，季孫曰，須也弱，有子曰，就用命焉，季孫之甲七千，冉有以武城人三百，為己徒卒，老幼守宮，次于雩門之外，五日，右師從之，公叔務人見保者而泣曰，事充政重，上不能謀，士不能死，何以治民，吾既言之矣，敢不勉乎，師及齊師戰于郊，齊師自稷曲，師不踰溝，樊遲曰，非不能也，不信子也，請三刻而踰之，如之，眾從之，師入齊軍，右師奔，齊人從之，陳瓘，陳莊，涉泗，孟之側後入，以為殿，抽矢策其馬曰，馬不進也，林不狃之伍曰，走乎，不狃曰，誰不如，曰，然則止乎，不狃曰，惡賢，徐步而死，師獲甲首八十，齊人不能師，宵諜曰，齊人遁，冉有請從之，三季孫弗許，孟孺子語人曰，我不如顏羽，而賢於邴洩，子羽銳敏，我不欲戰而能默，洩曰，驅之，公為與其嬖僮汪錡乘，皆死皆殯，孔子曰，能執干戈以衛社稷，可無殤也，冉有用矛於齊師，故能入其軍，孔子曰，義也。

99 吉田賢抗、1982 年、863 頁。
100 吉田賢抗、1982 年、864 頁。
101 小川環樹、1991 年、316 頁。
102 『論語』為政篇：哀公問曰："何為則民服？"孔子対曰："舉直錯諸枉，則民服；舉枉錯諸直，則民不服。"を参照。
103 『論語』顏淵篇：季康子患盗，問於孔子。孔子対曰："苟子之不欲，雖賞之不竊。"を参照。
104 琴張は琴牢ともよばれ、字は子張、或は子開である。
105 『礼記』檀弓上：曾子曰："小宝（功）不為位也者，是委巷之禮也。子思之哭嫂也為位，婦人倡踴（踊）：申祥之哭言思也亦然。"

第三章注

1 『論語』雍也篇：伯牛有疾，子問之，自牖執其手，曰："亡之，命矣夫！斯人也而有斯疾也！斯人也而有斯疾也！"

2 『論語集解義疏』先進篇：故左伝邾隱公朝魯、執玉高、其容仰。魯定公受玉卑、其容俯。子貢曰、以禮觀之、二君者皆有死亡。君爲主其先亡乎、是歲定公卒。

3 『論語注疏』先進篇：左伝定十五年、十五年、春、邾隱公來朝。子貢觀焉。邾子執玉高、其容仰。公受玉卑、其容俯。子貢曰、以禮觀之、二君者皆有死亡焉。

4 吉川幸次郎、1984 年、363 頁。

第一部　孔子の思想と生活

5　『荘子』譲王篇は、「この篇の記述が呂氏春秋と多く重複し、しかも羅根沢（ら　こんたく：1900 – 1960）も考証するように（諸子考索）、この篇が逆に呂氏春秋から採録していると推測される。」と福永光司（ふくなが　みつじ：1918 – 2001）は言う。（『荘子』外雑篇、朝日新聞社、298 頁）　又、楠山春樹（くすやま　はるき：1922 – 2011）は、「譲王篇はこれを漢代の作と見ることが定論であり‥」（『呂氏春秋・上』、明治書院、41 頁。）とも言う。本稿で取り上げた顔淵の日頃の生活水準についての逸話は、『呂氏春秋』には出て来ない。譲王篇のこの記述をした人は既に司馬遷の、顔淵は若くして餓死したという見解を知っていて、自分の学派に伝わる逸話と違うということを明記したかったのではないかと筆者は考える。

6　『論語』季氏篇：孔子曰："君子有三戒：少之時，血氣未定，戒之在色：及其壯也，血氣方剛，戒之在鬪：及其老也，血氣既衰，戒之在得。"

7　『史記』孔子世家：……孔子遷于蔡三歲，吳伐陳。楚救陳，軍于城父。聞孔子在陳蔡之閒，楚使人聘孔子。孔子將往拜禮，陳蔡大夫謀曰："孔子賢者，所刺譏皆中諸侯之疾。今者久留陳蔡之閒，諸大夫所設行皆非仲尼之意。今楚，大國也，來聘孔子。孔子用於楚，則陳蔡用事大夫（事を用いる大夫：政権を担っている大夫）危矣。"於是乃相與發徒役圍孔子於野。不得行，絕糧，從者病，莫能興。孔子講誦弦歌不衰。子路慍見曰："君子亦有窮乎？"孔子曰："君子固窮，小人窮斯濫矣。"子貢色作。孔子曰："賜，爾以予為多學而識之者與？"曰："然。非與？"孔子曰："非也。予一以貫之。"孔子知弟子有慍心，乃召子路而問曰："詩云‘匪兕匪虎，率彼曠野’。吾道非邪？吾何為於此？"子路曰："意者吾未仁邪？人之不我信也。意者吾未知邪？人之不我行也。"孔子曰："有是乎！由，譬使仁者而必信，安有伯夷、叔齊？使知者而必行，安有王子比干？"子路出，子貢入見。孔子曰："賜，詩云‘匪兕匪虎，率彼曠野’。吾道非邪？吾何為於此？"子貢曰："夫子之道至大也，故天下莫能容夫子。夫子蓋少貶焉？"孔子曰："賜，良農能稼而不能為穡，良工能巧而不能為順。君子能脩其道，綱而紀之，統而理之，而不能為容。今爾不修爾道而求為容。賜，而志不遠矣！"子貢出，顏回入見。孔子曰："回，詩云‘匪兕匪虎，率彼曠野’。吾道非邪？吾何為於此？"顏回曰："夫子之道至大，故天下莫能容。雖然，夫子推而行之，不容何病，不容然後見君子！夫道之不修也，是吾醜也。夫道既已大修而不用，是有國者之醜也。不容何病，不容然後見君子！"孔子欣然而笑曰："有是哉顏氏之子！使爾多財，吾為爾宰。"……

8　「孔子欣然歎曰："有是哉，顏氏之子！吾亦使爾多財，吾為爾宰。"」は、「四部叢刊本」及び、「四庫全書」の本文による。我が国では、底本を台湾中華書局印行の「影宋蜀本孔子家語」にしている、宇野精一の『孔子家語』（明治書院、1996 年 10 月 10 日、277 頁。）や、何孟春本を底本にしている服部宇之吉（はっとり　うのきち：1867 – 1939。）の『漢文大系二十：淮南子・孔子家語』（冨山房、1977 年 4 月 25 日、巻第五、17 頁。）が出版されているが、ここの部分を両書ともに、「孔子欣然歎曰："有是哉、顏氏之子！使爾多財，吾為爾宰。"」となっており、孔子世家との字句の相違は「笑」が「歎」に

なっているだけで、意味上の大きな違いはない。

9 『論語』述而篇：子曰："飯疏食飲水，曲肱而枕之，樂亦在其中矣。不義而富且貴，於我如浮雲。"

10 『近思録』後序：淳熙乙未（西暦 1175 年）之夏，東萊呂伯恭來自東陽，過予寒泉精舎。畱（留）止旬日、相與讀周子程子張子之書、歎其廣大閎博、若無津涯、而懼夫初學者、不知所入也。……五月五日、新安朱熹謹識。／近思録既成。……覽者宜詳之。淳熙三年（淳熙丙申：西暦 1176 年）四月四日。東萊呂祖謙謹書。

11 Wilson, Colin,1977, P.22.

12 『論語』八佾篇：子夏問曰："'巧笑倩兮，美目盼兮，素以為絢兮.' 何謂也？" 子曰："繪事後素。" 曰："禮後乎？" 子曰："起予者商也！始可與言詩已矣。" ☆なお、"始可與言詩已矣。"の言葉は学而篇では子貢に言っている。

13 「賢賢易色」については、『論語集解』は、孔安国を引き、「言以好色之心好賢、則善也。（美人を好むような心で、賢人を好めば善であることを言っている。）」とし、『論語集注』は、「賢人之賢，而易其好色之心，好善有誠也。（賢人を賢人として尊ぶことを、美人を好む代わりにすることは、善を心底好むことである。）」とする。これらの説でも好いのだが、筆者は仁斎の『論語古義』及び、徂徠の『論語徴』の解説を基にし、自説を述べた。

14 『礼記』檀弓下には、顔淵と子路が礼についての会話をする記載が在る。これは礼の知識に関する応答で、顔淵の発言は若い頃礼を学んだ時の知識の蓄積から出ており、この時顔淵が礼を実践していた証拠には全くならないと筆者は考える。『礼記』檀弓下：子路去魯，謂顔淵曰："何以贈我？" 曰："吾聞之也：去國，則哭于墓而後行；反其國，不哭，展墓而入。" 謂子路曰："何以處我？" 子路曰："吾聞之也：過墓則式，過祀則下。〔子路が魯を去る時、（顔淵を訪れて）顔淵に言った、「何を（餞別として）私に贈ってくれるかね？」と。顔淵は、「私はこう聞いております：（君命以外の理由で）国を去る時は、（先祖の）墓に詣でて哭し、その後（国を）出て行く；国に反（かえ）って来た時には，哭することなしに墓参りをして、それから（国に）入いる。」と言った。今度は（顔淵が）子路に言った、「（国に残る）私にどんなお返しを頂けますか？」と。子路は言った、「私はこう聞いている：（すべての）墓を通り過ぎる時は式（しょく：車内からの敬礼）をし、祀（し：神をまつるほこら）を通り過ぎる時は、車を降りて礼をする。」と。〕☆逸話の前提として、顔淵より 21 才目上の子路は、『論語』から見る限り、明らかに顔淵が嫌いである。子路が何時出国したかは不明であるが、顔淵が成人した後であることは予想できる。何の確証も無いが、これは孔子が出魯した時の話かもしれない。孔子という師がいなければ、何の接触も無かったと思われる二人だが、何故子路がわざわざ顔淵を訪れたのかは不明である。孔子の突然の出魯の際に、短い時間で、行く先とか逗留先とか実際的な業務の多くをこなしたのが子路である。彼は大変孔子の役に立っているとの自覚と自負があったと思われる。彼は令和日本語で言えば、「筋金入りの体育会系の人

間」で、何時も孔子に褒められている顔淵がたとえどんな理由があろうとも孔子に同行しないことなど有りえないと激怒して、一言苦言を呈したのかも知れない。「先生はお前が賢いというが、今回の出魯に非常な尽力をした俺に何か餞別の言葉は無いのか？」位が子路の心情だったかも知れない。ここまでは何時もの通り、大変分かりやすい感情の流れだ。分かり難いのは、他の多くの門下生から馬鹿扱いされても全く反駁せず、我が道を進んでいた顔淵が、ここではしっかり言い返している。つまり、子路を相手にしているのである。しかも出国の庶務雑用で超多忙な子路に、わざわざ時間の負荷をかけ、礼だから祖先の墓参りをして相応の時間哭せよと、謂わば売られた喧嘩を買っている。話を礼に持って行き、礼の知識は余り豊富でない子路は顔淵に上手く主導権を握られ、在り来りの返事しかできなかった。議論は完全に顔淵の勝ちである。農山に遊んだ話を後述するが、顔淵も同学たちを真剣に相手をする事も有り、どこか顔淵の人間らしさを感じる数少ない逸話である。なお、世間では子路が礼に疎いと言われていたが、孔子は子路が礼の本筋をきちんと把握しているとの評価を、『礼記』礼器篇でしている。

15　孔子は彼の最優先の主張の一つである、三年之喪を、あろうことか、高弟の宰我が拒絶しても、無理強いはせず、「お前がそれで好いのなら、そうすれば良い。」と、かなり不満げでは有ったが、弟子の主張を認めている。(『論語』陽貨篇：宰我問：''三年之喪，期已久矣。君子三年不為禮，禮必壞；三年不為樂，樂必崩。舊穀既沒，新穀既升，鑽燧改火，期可已矣。''子曰：''食夫稻，衣夫錦，於女安乎？'' 曰：''安。'' ''女安則為之！夫君子之居喪，食旨不甘，聞樂不樂，居處不安，故不為也。今女安，則為之！'' 宰我出。子曰：''予之不仁也！子生三年，然後免於父母之懷。夫三年之喪，天下之通喪也。予也，有三年之愛於其父母乎？'')　これが孔子の弟子育成法である。なお、宰我は「私言わせれば、孔先生は、堯舜より遥かに賢人だ！（宰我曰：'以予觀於夫子，賢於堯舜遠矣。')」(『孟子』公孫丑上篇）と高く、師を評価していた。

16　前述の通り、孟子が政府筋から「亜聖」と呼ばれるようになったのは、朱子学が定着した、元時代（1271 − 1368）以降。それまでの政府は顔淵を「亜聖」として尊重していた。

17　『孟子』尽心上篇：孟子曰：''孔子登東山而小魯，登太山而小天下。……''

18　『莊子』至樂篇：莊子之楚，見空髑髏，髐然有形，撽以馬捶，因而問之曰：''夫子貪生失理，而為此乎？將子有亡國之事，斧鉞之誅，而為此乎？將子有不善之行，愧遺父母妻子之醜，而為此乎？將子有凍餒之患，而為此乎？將子之春秋故及此乎？''於是語卒，援髑髏枕而臥。夜半，髑髏見夢曰：''子之談者似辯士。視子所言，皆生人之累也，死則無此矣。子欲聞死之說乎？''莊子曰：''然。''髑髏曰：''死，無君於上，無臣於下，亦無四時之事，從然以天地為春秋，雖南面王樂，不能過也。''莊子不信，曰：''吾使司命復生子形，為子骨肉肌膚，反子父母妻子、閭里、知識，子欲之乎？''髑髏深矉蹙頞曰：''吾安能棄南面王樂而復為人間之勞乎？''

19　大子・申生について。『春秋左氏伝』僖公四年：初，晉獻公欲以驪姬為夫人，卜之不吉，筮之吉，公曰，從筮，卜人曰，筮短龜長，不如從長，且其繇曰，專之渝，攘公之羭，一

薫一蕕，十年尚猶有臭，必不可，弗聽，立之，生奚齊，其娣生卓子，及將立奚齊，既與中大夫成謀，姬謂大子曰，君夢齊姜，必速祭之，大子祭于曲沃，歸胙于公，公田，姬寘諸宮，六日，公至，毒而獻之，公祭之地，地墳，與犬，犬斃，與小臣，小臣亦斃，姬泣曰，賊由大子，大子奔新城，公殺其傅杜原款，或謂大子，子辭，君必辯焉。大子曰：君非姬氏，居不安。食不飽，我辭，姬必有罪，君老矣。吾又不樂，曰，子其行乎，大子曰，君實不察其罪，被此名也以出，人誰納我，十二月，戊申，縊于新城，姬遂譖二公子曰，皆知之，重耳奔蒲，夷吾奔屈。／『礼記』檀弓上篇：晉獻公將殺其世子申生，公子重耳謂之曰："子蓋言子之志於公乎？"世子曰："不可，君安驪姬，是我傷公之心也。"曰："然則蓋行乎？"世子曰：**"不可，君謂我欲弒君也，天下豈有無父之國哉！吾何行如之？"**使人辭於狐突曰："申生有罪，不念伯氏之言也，以至于死，申生不敢愛其死：雖然，吾君老矣，子少，國家多難，伯氏不出而圖吾君，伯氏苟出而圖吾君，申生受賜而死。"再拜稽首，乃卒。是以為"恭世子"也。／『国語』晋語一：公將黜太子申生而立奚齊。里克、丕鄭、荀息相見，里克曰：「夫史蘇之言將及矣！其若之何？」荀息曰：「吾聞事君者，竭力以役事，不聞違命。君立臣從，何貳之有？」丕鄭曰：「吾聞事君者，從其義，不阿其惑。惑則誤民，民誤失德，是棄民也。民之有君，以治義也。義以生利，利以豐民，若之何其民之與處而棄之也？必立太子。」里克曰：「我不佞，雖不識義，亦不阿惑，吾其靜也。」三大夫乃別。

大子・急子について。『春秋左氏伝』桓公十六年：初，衛宣公烝於夷姜，生急子，屬**諸右公子，為之娶於齊而美**，公取之，生壽，及朔，屬壽於左公子，夷姜縊，宣姜與公子朔構急子，公使諸齊，使盜待諸莘，將殺之，壽子告之，使行，不可，曰，**棄父之命，惡用子矣，有無父之國則可也**，及行，飲以酒，壽子載其旌以先，盜殺之，急子至曰，我之求也，此何罪，請殺我乎，又殺之，二公子故怨惠公，十一月，左公子洩，右公子職，立公子黔牟，惠公奔齊。

20　『荘子』大宗師篇：……子來曰："父母於子，東西南北，唯命之從。陰陽於人，不翅於父母，彼近吾死而我不聽，我則悍矣，彼何罪焉！……

21　ウィキペディア、「ジャイナ教」日本語版、2023 年 4 月 17 日 。

22　ネット資料：アクアスフィア・水教育研究所　代表　橋本淳司の公式ページ
https://www.aqua‒sphere.net/literacy/k/k02.html

23　ネット資料：アジア歴史資料センター
https://www.jacar.go.jp › glossary › tochikiko‒henten

24　周景王（けいおう：？－前 520）の末期に大錢を作った話が記載されている古典文献がある。『国語』周語下篇：景王二十一年（前 524），將鑄大錢。單穆公曰：「不可。古者，天災降戾，于是乎量資幣，權輕重，以振救民，民患輕，則為作重幣以行之，于是乎有母權子而行，民皆得焉。若不堪重，則多作輕而行之，亦不廢重，于是乎有子權母而行，小大利之。／同書。同篇：「且絕民用以實王府，猶塞川原而為潢污也，其竭也無日矣。若民離而財匱，災至而備亡，王其若之何？吾周官之于災備也，其所怠棄者多矣，而又奪之

189

資, 以益其災, 是去其藏而罷其人也。王其圖之！」王弗聽, 卒鑄大錢。

25 「後生不敢死」は、『論語』先進篇の「…子在, 回何敢死！」を模写した表現で、『墨子』のこの篇が作成された頃は、無論『論語』と言う書物は存在しないが、この逸話は広く知れ渡っていて、一種の流行表現だったのであろうと筆者は考える。

26 山田勝芳、2000 年、26 頁。☆筆者は戦国時代を紀元前 435 年から始まる説を採っているが、『貨幣の中国古代史』の著者である山田氏は戦国時代が、紀元前 481 年に始まったとする説を採択している。因みに、戦国時代の開始年代は 7 説あり、確定した説は無い。

27 『孔子家語』屈節解：孔子之舊曰原壌, 其母死, 夫子將助之以木槨。子路曰："由也昔者聞諸夫子, 無友不如己者, 過則勿憚改。夫子憚矣。姑已, 若何？" 孔子曰："凡民有喪, 匍匐救之, 況故舊乎？非友也, 吾其往。"及至槨, 原壌登木, 曰："久矣, 予之不託於音也。" 遂歌曰："狸首之班然, 執女手之卷然, 夫子為之隱伴不聞以過之。"子路曰："夫子屈節而極於此, 失其與矣。豈未可以已乎？" 孔子曰："吾聞之, 親者不失其為親也, 故者不失其為故也。"

28 山田勝芳、2000 年、21 頁。

29 山田勝美、1985 年、105 頁。

30 『論語集解』は、馬融（ば　ゆう：79 – 166）を引き、「言回自有父, 父意欲聽門人厚葬之, 我不得制止也。〔言いたいことは、顔回にはもともと父が居り、父の意では門人の顔回の厚葬を受け入れたいと思っていたため、我（孔子）は制止することができなかった言うことである。〕」とあり、「門人」は顔淵の門人のように読める。『論語集注』では、「蓋顔路聽之。（多分顔路が厚葬を許したのであろう。）」とあり、「門人」は顔淵の門人とも、顔路自身の門人とも読めると思う。多くの人は、「門人」を顔淵の門人とするが、『論語義疏』は、「一云是孔子門人。（一説として、孔子の門人。）」と言う解釈も挙げている。筆者には顔淵に門人がいたようにはどこか思えないし、そもそも、顔淵に弟子がいれば、師が痩せ細って衰弱していくのを黙ってみているはずもない。たとえ師に逆らっても食事をしてくれとみんなで泣き叫べば、顔淵も物理的にうるさくて、心穏やかに無余涅槃に入ることなどできなかったのではないだろうか？ 梵天勧請により、一説には無余涅槃への道を閉ざしたという釈迦（しゃか：生卒年不詳）が、有余涅槃に移ったように、顔淵も有余涅槃に移行し、生命は断たれることも無かったかもしれない。これらを総合して筆者は、「門人」に関する『論語集注』の説を、顔路の門人と読みたい。追記すれば、師が餓死する程貧乏なのに、その門人が師を厚く葬ることができたという話は、設定自体に無理のある、おかしな話である。

31 『孔子家語』公西赤問篇：顔淵之喪既祥, 顔路饋祥肉於孔子, 孔子自出而受之。入, 彈琴以散情, 而後乃食之。／『礼記』檀弓上篇：顔淵之喪, 饋祥肉, 孔子出受之, 入, 彈琴而後食之。☆顔路と孔子との関係は終わっても、最後迄孔子の弟子であった息子の為に孔子に祥肉を贈ったのであろうとも、或は、晩年を迎えていた顔路はこの時既に孔子

を許していたのかも知れないとも考えられる。

第四章注

1 長らく顔淵は、31歳で夭折したと考えられてきた。これは『孔子家語』の七十二弟子解篇に、「顔回, 魯人, 字子淵。少孔子三十歳, 年二十九而髪白, 三十一, 早死。」とあるのがその理由と思われる。更に言えば、古代中国人の普通の感覚では31歳でも、夭折とは言えなかったのかも知れない。『列子』力命篇の、「顔淵之才不出衆人之下, 而壽十八。」とある。古代人の生活感覚での早死とか夭折は、20歳未満の死であったのではないかとさえ推定される。筆者の考えを後押しするように、鄭玄が『尚書正義』で、「未冠曰短」の本文を、「元服して冠を付ける前（２０歳未満）に亡くなるのを、短と言う。」と解釈していることは本稿でも、この直ぐ後に取り上げている。

2 https://www.ritsumei.ac.jp/~satokei/sociallaw/compulsoryretirement.html# : ネット情報。

3 『論語』先進篇：子畏於匡, 顔淵後。子曰："吾以女為死矣。" 曰："子在, 回何敢死？"

第五章注

1 『論語』を素直に読めば、筆者の様な見解になると思うが、先学の解釈では、先ず、戦国末期の書『荀子』勧学篇に、「吾嘗終日而思矣, 不如須臾之所学也。〔私は終日考えたが（結果的に）ほんの暫くの学びにも及ばなかった。〕」とある。「私」は、孔子ではなく、荀子（じゅんし：前316?－前238以降）のことである。荀子はこの言葉は、本来は孔子の言葉だったとは知らなかったと考えると無理が無い。漢代に成立した、『大戴礼記（だたいらいき）』勧学篇には、「孔子曰："吾 嘗終日思矣, 不如須臾之所学。〔孔子は、『私は終日考えたが、（結果的に）ほんの暫くの学びにも及ばなかった。』と言われた。〕」と、孔子の言葉になっている。いずれにしても、これが本当なら、孔子は西洋的な学問分類では philosopher とはとても言えない人物になるが、中国古典の英語への先駆的翻訳者である、James Legge（ジェームズ・レッグ：1815－1897）は、彼の翻訳の『論語』でも、『孟子』でも、先生という意味での「子」を殆ど全て、"philosopher" と置き換えている。例えば、"The philosopher Zeng（曽子）" とか、"The philosopher You（有子）" とか、"The philosopher Gao（告子）" とかである。普段は "the Master" と訳されている孔子も、一度だけ、"the philosopher Kong（孔子）" と表記されている。(Zi Han: A man of the village of Da Xiang said, "Great indeed is the philosopher Kong! His learning is extensive, and yet he does not render his name famous by any particular thing." 子罕篇：達巷黨人曰："大哉孔子！博學而無所成名。" 子聞之, 謂門弟子曰："吾何執？執御乎？執射乎？吾執御矣。") これは孔門下生でもない達巷黨人が、孔子を the Master と呼ぶのにレッグが違和感を覚えた為であろう。例外的に、『論語』では、レッグは、「冉子」と「閔子」は、それぞれ、"the disciple Ran" と "the

disciple Min"と訳している。何故そう訳したのか、その辺りの詳細な理由は筆者には不明であるが、有子と曽子は、孔子の死後相次いで儒学団の統帥になったと考えたから、the disciple（門下生）とは呼ばず、the philosopher（先生）とレッグは表記したのかも知れないと臆測している。

　中華伝統と西欧伝統は全く違った手法で人生・現実に切り込んでおり、英語を使い、一語で上手く孔子を括ることはできないが、philosopher というよりはまだしも、statesman とか、或は現代なら activist とでも言った方が西洋人には、より孔子の実像が浮かびやすい表現になるかも知れないとも考える。孔子自身が、philosopher と呼ばれて満足されるようには、筆者にはどうしても思えないのでこの注を作った。

2　本稿二章の注86で前述した様に、孔子は「宿問」などしない人で、自分の疑問・問題を翌日に先送りすることは普通無かった。しかし、顔淵の死の際の疑問解決にはさすがに一日で終わったかどうかは不明であるが、孔子の性格から考えると、本稿で述べたように数日中には決断を下したと考えられる。顔淵の死の際の疑問解決にはさすがに一日で終わったかどうかは不明であるが、孔子の性格から考えると、本稿で述べたように数日中には決断を下したと考えられる。

3　『史記』孔子世家：魯哀公十四年春，狩大野。叔孫氏車子鉏獲獣，以為不祥。仲尼視之，曰："麟也。"取之。曰："河不出圖，雒不出書，吾已矣夫！"顔淵死，孔子曰："天喪予！"及西狩見麟，曰："吾道窮矣！"喟然嘆曰："莫知我夫！"子貢曰："何為莫知子？"子曰："不怨天，不尤人，下學而上達，知我者其天乎！"

4　『史記』孔子世家は、「魯襄公二十二年而孔子生。……/……孔子年七十三，以魯哀公十六年四月己丑卒。」と言い、『春秋左氏伝』哀公十六年は、「……夏，四月，己丑，孔丘卒。」と言う。『孔子家語』や、『礼記』には、顔家が孔子に祥肉（しょうにく）を贈ったとある。祥肉は喪の第二十四月に行われる大祥の喪明けの祭肉で、孔子が哀公十六年四月に卒したという記述と合わせると、顔淵は哀公十四年の四月までに亡くなったことになる。（『孔子家語』公西赤問篇：顔淵之喪既祥，顔路饋祥肉於孔子，孔子自出而受之。入，彈琴以散情，而後乃食之。/『礼記』檀弓上篇：顔淵之喪，饋祥肉，孔子出受之，入，彈琴而後食之。）尚、「三年之喪」は、「三年間の喪」ではなく、「足掛け三年」の喪で、その期間は、２５ヶ月間とか、或は、２６ヶ月であったと考えられている。

5　『論語』公冶長篇：顔淵，季路侍。子曰："盍各言爾志？"子路曰："願車馬，衣輕裘，與朋友共。敝之而無憾。"顔淵曰："願無伐善，無施勞。"子路曰："願聞子之志。"子曰："老者安之，朋友信之，少者懐之。"☆孔子が、子路と顔淵に君たちの志を言ってみなさいと指示されたのに応えて、顔淵は、「自分の善を鼻にかけることなく、労（むずかしい、嫌なこと）を他人におしつけたりしない。（『論語集解』）/（自分の）労（労働：骨折り）施（ほこ）らない（『論語集注』）。そのようにしたいです。」と答えたという話。

6　Waley, 1971, P.33.

7　現在の科学は進歩し、現実には北辰は動いていることが判っている。「地球の自転軸を

北極側に延長した天球面上の「天の北極」近くにある星を北極星と呼んでいる。日周、あるいは年周においても地球上から見ると星はほとんど動かず、北の空の星は北極星を中心に周りを回転しているように見える。」しかし北極星は変遷し、「歳差運動により天の北極が移動するため、北極星の役割を果たす星は年ごとに天の北極に近づいて極値となってから離れていき、他の星との比較によって北極星の役割を交代していく。」孔子の時代は、「りゅう座α星（トゥバン）」だった北辰は、現在は、「こぐま座α星（ポラリス）」に代わっているとの事である。ウィキペディア 2023 年 5 月 29 日（月）02:57。
https://ja.wikipedia.org/wiki/%E5%8C%97%E6%A5%B5%E6%98%9F

8　『論語義疏』の皇侃は、「鄭玄曰德者無爲」という資料を持っていたのであろうか？筆者は否と考えている。これは、皇侃が自分の疏の執筆に意識が飛んでいた為、註の引用文を疎かにした、勘違いであると考える。筆者は十代で、蘇東坡が子夏の言葉を孔子の言葉として、『日喩』に記載しているのに遭遇した。〔孔子（→子夏）曰：「百工居肆以成其事，君子學以致其道。」〕しかし、蘇東坡は文人で『日喩』は文学作品だからと云う事で、あまり気にもしなかった。その後、学部生の頃、当時は神の様に、非常に畏敬していた、劉宝楠の『論語正義』で、あの厳格な考証学者が、なんと引用を誤っている個所に遭遇し、理解に苦しみ、大変悩み、自分なりの答えが出るのに十年位は掛かったと思う。その個所と云うのは、子路篇の「子曰：『君子泰而不驕，小人驕而不泰。』」の疏、子張篇云「君子無眾寡，無小大，無敢慢，斯不亦泰而不驕乎？」である。無論これは、子張篇の言葉ではなく、堯曰篇からの引用である。『論語正義』は劉宝楠死後、次男の劉恭冕が校正し出版した経過がある。恭冕が父の過ちに気が付かなかった可能性は極めて低い。筆者が初見した『論語正義』は、1974 年（民国 63 年）7 月に、臺灣中華書局から出版されたものであったが、1990 年 3 月に北京の中華書局出版から出た、『論語正義』では、問題の箇所は、堯曰篇と訂正されている。こんな一面からも、日中の文化伝統の違いや、世界の時代の推移などについても考えさせられる。なお、これらの誤記に、政治的な理由は無いことは確実であることを追記しておく。

9　ネット掲載論文、權 純哲「茶山丁若鏞の改革原理と経学」、47〜48 頁。
https://petit.lib.yamaguchi－u.ac.jp/9642

10　柳下恵は、孔子より百年ほど前の人で、魯国の司法長官に三度任命され、三度罷免された。何で魯国に見切りを付けないかと聞かれ、真っ直ぐな姿勢で仕えれば、どこに行っても三度の罷免位は、免れないだろう。上司の機嫌を取れば、罷免もされないだろうが、その原理は何処へ行っても同じなのだから、なんでわざわざ両親の邦を立ち去る必要があろうか？といった。（『論語』微子篇：柳下惠為士師，三黜。人曰：“子未可以去乎？”曰：“直道而事人，焉往而不三黜？枉道而事人，何必去父母之邦。”）という様な人で、将に、「無可無不可」の人である。

11　『論語』子路篇：子曰、君子易事而難説也、説之不以道、不説也、及其使人也、器之、小人難事而易説也、説之雖不以道、説也、及其使人也、求備焉。

12 「未能事人：未知生」、の主語を日本では広く、孔子として解釈されているが、中国では、『論語義疏』がはっきり、「孔子言人事易汝尚未能。」と言い、『論語集注』も、「或言夫子不告子路, 不知此乃所以深告之也。」と、主語は子路と言い、実は深く理解すれば、孔子は子路に鬼神・死後の世界を語っている、とも言う。現代の中国人学者の多くも、主語は、子路と解釈しているようである。尚、『礼記』祭義篇には、宰我曰："吾聞鬼神之名, 而不知其所謂。" 子曰："氣也者, 神之盛也；魄也者, 鬼之盛也：合鬼與神, 教之至也。眾生必死, 死必歸土：此之謂鬼。骨肉斃於下, 陰為野土；其氣發揚于上, 為昭明, 焄蒿, 淒愴, 此百物之精也, 神之著也。因物之精, 制為之極, 明命鬼神, 以為黔首則。百眾以畏, 萬民以服。" とあり、孔子は孔子なりの鬼神感や生死感を持っていた様だ。

13 「色」を「女色」と解釈するのが普通だが、それは後世の支配階級であった読書人の生活から出た解釈である。「徳」と「女色」が比較の対象になるとも、普通思えない。「色」は「顔色」で他人と接する時に、相手の顔色ばかりに気にして、嫌われるのを覚悟で「徳義」を以て相手に接する人を見たことが無い、と採る方が無理のない解釈であろう。『論語』陽貨の「子曰, "卿原, 徳之賊也。"」及び次条の「子曰, "道聽而塗說, 徳之棄也。"」を参照。

14 『論語』子罕篇。

15 『論語』述而篇：子曰："甚矣吾衰也！久矣吾不復夢見周公。"

16 『論語』陽貨篇。

17 司馬遷の『史記』仲尼弟子列伝や『孔子家語』七十二弟子解篇によると、宰予（字は子我）は後に斉国の長官になったが、田恒の反乱に加担し一族皆殺しにされたとされる。ただし、『史記』などのこの記述は、『春秋左氏伝』哀公十四年には、別人で当時叛乱に加わった同じ字の人物で子我（闞止：かんし）だという。筆者は秦以前の出来事の信憑性には『左伝』により重きを置き、司馬遷が闞止と宰我を混同して誤ったとする説を採っている。

18 なお、『孟子』公孫丑上には、「宰我曰：'以予觀於夫子, 賢於堯舜遠矣。'（宰我は、『私に言わせれば、孔先生は堯舜より遥かにすぐれている。』と言った。）という記述が有り、孔子の最晩年の悪態には周囲で孔子の世話をしていた弟子たちは慣れっこになっていて、師匠の不当な言葉をわざわざ宰我には伝えるような事はしなかったのだろう。『孟子』のこの記述から、宰我は最後迄孔子が堯舜を超える史上最高の先生だったという感動と、またその孔子に師事できたという幸運と深い感謝を以て一生を終えていったと考えられる。ちなみに、「賢於堯舜遠矣」との発言は、令和日本人には想像のできない程重い言葉である事を追記する。

19 『論語』憲問篇：微生畝謂孔子曰、丘何爲是栖栖者與。無乃爲佞乎。孔子曰、非敢爲佞也。疾固也。

20 『論語』子路篇：葉公語孔子曰、吾黨有直躬者。其父攘羊。而子證之。孔子曰、吾黨之

直者、異於是。父爲子隱、子爲父隱。直在其中矣。

21 『孔子家語』子夏問篇：孔子適衛，遇舊館人之喪，入而哭之哀。出，使子貢脱驂以贈之。子貢曰："於所識之喪，不能有所贈。贈於舊館，不已多乎？"孔子曰："吾向入哭之，遇一哀而出涕，吾惡夫涕而無以将之。小子行焉。"

22 『孔子家語』曲礼子貢篇：既哭，使子張往弔焉。未至，冉求在衛，攝束帛乘馬而以將之。孔子聞之，曰："異哉！徒使我不成禮於伯高者，是冉求也。" ☆子張は孔子の命を履行しなかった。同世代の曽参・子游・子夏ならそんなことは無かっただろうが、よく言えば自立心の高い子張は、過去に孔子の手厚い指導を受けながらも、この時点ではもう孔子を見切っていた事を示唆する逸話である。

23 因みに、『礼記』の中で、「孔子家・孔家」の意味でなら、「孔氏」を使う例は檀弓上篇と檀弓下篇に一度ずつ出ている。

24 『孔子家語』曲禮子貢篇：伯高死於衛，赴於孔子。子曰："吾惡乎哭諸？兄弟，吾哭諸廟：父之友，吾哭諸廟門之外：師，吾哭之寢：朋友，吾哭之寢門之外：所知，吾哭之諸野，今於野則已踈，於寢則已重。夫由賜也而見我，吾哭於賜氏。"遂命子貢為之主，曰："為爾哭也來者，汝拜之。知伯高而來者，汝勿拜。"既哭，使子張往弔焉。未至，冉求在衛，攝束帛乘馬而以將之。孔子聞之，曰："異哉！徒使我不成禮於伯高者，是冉求也。"

25 竹内照夫、2007 年、101 頁。

26 『礼記』檀弓上篇：伯高死於衛，赴於孔子，孔子曰："吾惡乎哭諸？兄弟，吾哭諸廟：父之友，吾哭諸廟門之外：師，吾哭諸寢：朋友，吾哭諸寢門之外：所知，吾哭諸野。於野，則已疏：於寢，則已重。夫由賜也見我，吾哭諸賜氏。"遂命子貢為之主，曰："為爾哭也來者，拜之：知伯高而來者，勿拜也。"

引用文献一覧

第一章

白川静、1991、『孔子伝』、中公文庫。
銭穆、1975、『孔子傳』、九州出版社。
Creel, H. G.,1949, "Confucius: The Man And The Myth", The John Day Company, New York.

第二章

呉怡、2017、『文王的憂・孔子的悔・與易經』、Great Learning Publishing Company, CA.
池田秀三、1995、『「白虎通義」と後漢の学術』、京都大学人文科学研究所。
劉煒編・荻野友範訳、2007、『争覇する文明第三巻』、創元社。
楠山春樹、1996、『呂氏春秋・上』、明治書院。
林復生、1983、『孔子新伝』、新潮社。
池田篤紀訳、1975、『孔子傳』、アジア問題研究会。
内野熊一郎、1696、『孔子』、清水書院。
澤田多喜男、2009、『「論語」考索』、知泉書館。
吉田賢抗、1982、『史記七（世家下）』、明治書院。
小川環樹、1991、『史記世家（中）』、岩波文庫。
ネット掲載論文、土田健次郎、1992、『論語集注』はどのような書物か file:https://opac.kokugakuin.ac.jp/webopac/chugokugakkaiho_61_03._?key=BRUKSI

第三章

Wilson, Colin,1977, "THE CRAFT OF THE NOVEL", VICTOR GOLLANCZ LTD, LONDON.
山田勝芳、2000、『貨幣の中国古代史』、朝日選書。
山田勝美、1985、『ポケット論語』、角川文庫。

第五章

竹内照夫、2007、『新釈漢文大系27・礼記上』、明治書院。
Waley, Arthur, 1971, "THE Analects of Confucius", GEORGE ALLEN & UNWIN LTD, NORTHAMPTON.
ネット掲載論文、權 純哲、1992?、「茶山丁若鏞の改革原理と経学」
　　Web Site　　https://petit.lib.yamaguchi-u.ac.jp/9642

第二部
『論語』編纂の編集者たちの動機面から考えた『論語』成立過程の一考察

はじめに

　長い中国哲学史上でも最高級の独創性に溢れた思索家の一人である王充(おうじゅう) 27-97 頃) は自書『論衡(ろんこう)』の正説篇(せいせつ)で下記のような発言をしている。

　説論語者、但知以剝解之問、以繊微之難、不知存問本根篇数章目。温故知新、可以為師[1]：今不知古　称師如何？
　　『論語』を解説する者が、唯煩瑣な問題提起をしたり、極めて細かい難問をぶつけたりすることを知っているが、『論語』の最も早期の篇数や章名を問うことを知らない。「古い昔のことを研究して、その中から新しい価値を発見しそれを現在に活かす事が出来る人なら、人の師となりうる」[1]はずであるが、もし古い昔の事を知らなければ、師を名乗っても何になろうか？

　『論語』成立の過程を詳説したものには、藤塚鄰(ふじつかちかし)(1879-1948) の『論語總説(ろんごそうせつ)』(1945) や、武内義雄(たけうちよしお)（1886-1966）の『論語之研究(ろんごのけんきゅう)』(1941) 等があり、文献学からの最深且つ詳細な探求がなされている。しかし文献学からのみで、この問題の解決を見出すのには、どうしても限界が存在し、未だに『論語』が誰によって、いつ編纂されたかについての定説は無い。王充の問う、「『論語』の最も早期の篇数や章名」についても同様である。

　これらの問題に関して誰もが賛同する学説は無いが、一説には七十弟子の門徒たちが、孔子の死後百年前後に『論語』を編纂したとも言われていた[2,3]。しかし、孟子（前 372 ？ − 前 289 ？ ）も荀子(じゅんし)（前 316 ？ − 前 238 以降）も『論語』を読んでいなかったことは確実なので、現在は此の説を支持する人は少数派だ。また『論語集解(ろんごしっかい)』論語序の、「魯論語二十篇…斉論語二十二篇…得古文論語。斉論有問王・知道、多於魯論二篇。古論亦無此二篇。…（古論）有両子張。凡二十一篇。〔前漢時代（前 206- 後 8）には〕『魯(ろ)論

語（魯論）』二十篇…『斉論語（斉論）』二十二篇…『古文論語（古論語）』があった。『斉論』には問王・知道の二篇が多く、これらは他の二書には無い篇であった。…（『古論』は）子張篇が２つあり、二十一篇となっていた。）」という説は広く受け入れられているが、最初期の篇名については、武内義雄の『河間七篇本（現伝の『論語』の、為政篇第二から泰伯篇第八迄の各篇）』[4]との意見等があるが、まだ定説とも言えないのが実情であろう。また、本邦の伊藤仁斎（1627-1705）が展開させた、「『論語』の「蓋編論語者、先録前十篇、……而次後十篇以補前所遺者。（多分、『論語』は前半の十篇が最初にでき、……その後、漏れた点を後半の十篇が補った）」とする、「論語二十篇相伝分上下、猶後世所謂正続集之類乎。（要約：上論が正編で下論は続編）」とする説[5]は広く受け入れられていると言えよう。

本稿は文献からのみではなく、『論語』編集者たちの編纂の動機という心理状態を視野の中心に置き、『論語』成立の過程を考察するという独自な論文である。

書名の意味

書名の由来は細分すれば多くの説があり、定説はないと言える。筆者は書名の意味を最初に定義した、班固（32-92）の『漢書』の芸文志の下記の説を採りたい。

論語者、孔子応答弟子時人及弟子相与言而接聞於夫子之語也。当時弟子各有所記。夫子既卒、門人相与輯而論纂、故謂之論語。

『論語』は孔子が弟子や当時の人々に応答し、また弟子たちが互いに問答して孔子から直接聞いたことの語録である。当時弟子たちがそれぞれに孔子の言葉を記録していた。孔子の没後、門人たちが共々に孔子の言葉を輯（集）めて、それが本当に孔子の言葉かどうかを論議して作っ

た本なので、これを『論語』と言った。

　ちなみに、諸橋轍次（1883-1982）は、「鄭玄（127-200）の『周礼』の注に拠れば、始めて発する言葉を『言』と言い、人の問いに答えて云うものを『語』と言う。……要するに『語』は『答述論難の言葉』」[6]と結論付けている。
　「論」は「倫」とする説もあるが、[7]上記の班固も言うように、普通に考えれば「論」は「論纂」「論議」の「論」であろう。
　「孔子存命中、弟子たちがそれぞれに孔子の言葉を記録していた。孔子の没後、門人たちが共々にこれらの孔子の言葉を輯（集）めて、それが本当に孔子の言葉かどうかを論議して作った本なので、これを『論語』と言った。」が書名の由来と筆者は考える。
　なお、上記の「門人」を孔子の直弟子と取る人が多いが、班固は先に二度「弟子」を使い、三度目はわざわざ「門人」を使っている。これは直弟子ではなく、孫弟子やさらにその弟子などを言っているのだと筆者は解釈している。

論語は誰によって何時成立した

　『論語』の編者は誰でいつ成立したかについては幾多の説がある。しかし、この問題は大別すれば、孔子の死後直ぐに、直接教えを受けた弟子たちによって編纂されたという説と、そうではなく、時代はもっと下り、直接の門人ではなく三伝四伝等の弟子たちによって編纂されたという、二つの説になる。
　直接の弟子が編纂したと主張するのは、「仲弓（前 522- ？）、子游（前 506-前 443 ？）、子夏（前 507- 前 420 ？）等が『論語』を撰定した。」と主張する鄭玄[8]、「孔子直門の七十子が編纂した」と言う皇侃[9]、『論語』前半部（「上論」）は琴張（生卒年不詳：琴牢の別名）、そして後半部（「下論」）は原思

（生卒年不詳：原憲の別名）が編纂したと強く主張する、わが国の荻生徂徠（おぎゅうそらい）（1666-1728）[10]などであり、他にも多くの学者が孔子直門による論語の作成説を支持していた。

『史記』（しき）の孔子世家（こうしせいか）に以下のような記載がある。

孔子葬魯城北泗上、弟子皆服三年。三年心喪畢、相訣而去、則哭、各復尽哀；或復留。唯子贛廬於冢上、凡六年、然後去。
孔子は魯の都の城の北、泗水（しすい）の川岸に葬られた、弟子たちは全員喪に服すること三年であった。三年の心喪（しんそう）（喪服は着ないが、心の中で喪に服すこと）が終わり、互いに別れを告げて去る時には、それぞれ思い切り号泣した；中にはそこに留まる人もいた。子贛（しこう）（前520-前446？：子貢の別名）だけは墓の側に廬を結び六年の間留まって、その後ようやく立ち去った。

孔門の弟子たち全員が喪に服し孔子開塾の地である泗水に集まり、今は亡き、最も敬愛する師を熱く際限なく語りあっただろうことは想像に難くない。子貢は、もしかすると、孔子より賢いとも言われたほどの賢才[11]で世間の評判も極めて高く、財力も諸侯並みであり、弟子たちの語った孔子の言動を編集し、また自分の孔子像を記述するのに必要な時間も、他の弟子たちの二倍の喪で、充分にあり、孔子の足跡を書き留めるには、顔淵（がんえん）（前521-前481）亡き後、最適かつ最良の人物だったように思われる。上記の孔子世家の記述は『孟子』（もうじ／もうし）の滕文公（とうぶんこう）上篇にもほぼ同じ形で出てくるが、そこにも子貢が『論語』を編集したとの記載は一切ない。もし、そういう逸話があれば、孟子の性格から言って必ず記載しているように思う学者は多いだろう。

では、何故孟子は子貢が『論語』を編集したと言わなかったのであろう？それは、子貢は『論語』を編集しなかったからである。『論語』には孔子の

死後起きたであろう話がいくつか出て来る。その中でも、直接弟子の内、最若年の一人である曽参（前505-前432？）の死の間際の話が泰伯篇に二条出てくる。曽参が何時亡くなったかの詳細は不明だが、相当長生きしただろう事は、諸文献から推定できる。上記の曽参は紀元前432年に74歳で亡くなったと言う説は、ウィキペディア「曽参」の中文版から引いたが、ウィキペディア中文版は死亡年の根拠となる信頼できる古典資料は示していない。筆者も多分、曽参は紀元前430年代に亡くなったのではないかと推定しているがそれを証明する古典文献は筆者にも見い出せない。しかし、孔子が亡くなった紀元前479年から数年間の喪中で、およそ50年後の出来事を予見してそれを記載できる人はいるはずがないのである。

　なお、前述の如く曽参の死の間際話の出てくる泰伯篇は、『論語之研究』によれば、河間七篇本に含まれた、『論語』の最も古い篇の一つである。[4] 『論語之研究』によれば、『論語』成立当初から曽参の死の逸話はあったことになる。

　したがって『論語』の成立期は直接弟子の時代ではなく、『論語』は孔子の三伝四伝以降の弟子たちの時代に成立したのは確かである。前述の通り、『論語』の成立は『孟子』、『荀子』以降であることは今は広く認められている説である。

直門弟子編纂についての疑問

　ここに素朴な疑問が2つ持ち上がる。一つは、何故子貢は執筆編纂にとって、そんなに最高の環境・機会に恵まれていたのに、最上級に深く敬愛する孔子についての本を纏めなかったのか、という事であり、もう一つは、現在の『論語』の原本を作ったと言われる鄭玄等の歴代の碩学たちが何故『論語』成立時に関するこれほど分かり切った事実を見落としたのかというものだ。

　最初の疑問に対しては、『論語』を読む限り、子貢は孔子を上手く理解でき

なかった[12]のではないかという率直な思いが出て来る。書きたくても、孔子の正体が体得できなかったので描きようが無かったし、他の弟子たちの言葉も、どれを取捨選択して好いか分からなかったからであろう。このことを明確に指摘した古典文献がある。それは劉向(りゅうきょう)（前76-前6）の『説苑(ぜえん)』の善説(ぜんせつ)篇である。そこには下記の記載が在る。

　斉景公謂子貢曰："子誰師？" 曰："臣師仲尼。" 公曰："仲尼賢乎？" 対曰："賢。" 公曰："其賢何若？" 対曰："不知也。" 公曰："子知其賢而不知其奚若、可乎？" 対曰："今謂天高、無少長愚智皆知高、高幾何？皆曰不知也、是以知仲尼之賢而不知其奚若。"

　斉(せい)（前1046？-前221）の景公(けいこう)（前547-前490）は子貢に尋ねて言った、「あなたの先生は誰ですか？」と。子貢が答えて「私の師匠は孔子です。」と言った。景公は「孔子さんは賢いですか？」と尋ねた。子貢が答えて「賢いです。」と言った。景公は「どのくらい賢いですか？」と尋ねました。子貢は「分かりません。」と答えた。景公は「あなたは孔子さんの賢い事を知って居ても、しかし、どのくらい賢いかは知らないというのは、変じゃありませんか？」と言う。子貢は答えて「天の高さを例にとってみましょう。誰でも天が高い事は知って居ます、でもどのくらい高いかは、誰も知りません。これと同じで孔子が賢い事は私にも分かりますが、どのくらい賢いのかは私には分かりません。」と言った。

　子貢には孔子がよく判らなかったのである。それが子貢には孔子の本を執筆編纂できなかった理由である。ちなみにこの話は紀元前2世紀中頃から紀元前2世紀後半迄には成立したと思われる韓嬰(かんえい)（生卒年不詳）の『韓詩外伝(かんしがいでん)』に有る逸話[13]を劉向が手際よく纏めた挿話と言える。

　次に、鄭玄、皇侃、徂徠等の儒学を支えた大学者たちが何故、『論語』の成立期を間違えるという、基本的な過ちを犯したのだろうか？孔子の亡くなっ

た後、全ての弟子たちが集い、その死を悼み、師の素晴らしさを称賛し、一冊の本に纏めた。これは美しい話で、聞いている人を安堵させる。そんな美談を作りたかったという底流は、後世の儒者たちに確かにあったと推定する。

しかし、それだけの理由ではなく、主要な理由は次の通りである。詰まり、個性の強い弟子たちは孔子という聖人の下でこそ協力・共生できたのだが、後継者として孔子から指名されていた顔淵が師の没前に逝去し、その後孔子が後継者を指名した形跡はない。つまり、新しい統率者が決まっていない状態となった。儒家は意見の違いから、集団として体を為さない状態に陥ったと思われる。『史記』儒林(じゅりん)列伝は、「自孔子卒後、七十子之徒散游諸侯、大者為師伝卿相、小者友教士大夫、或隠而不見。故子路居衛、子張居陳、澹台子羽居楚、子夏居西河、子貢終於斉。〔孔子の亡くなられた後、七十子の門弟は、各地に散らばって諸侯に仕え、大は諸侯の師伝・大臣・宰相となり、小は士・大夫の師友になり、或は隠遁して世に現れなかった。こんな風だから、子路(しろ)(前543-前481)は衛(えい)(前1046?-前209)に居り(筆者注：子路は孔子より早く亡くなっており、この記載は司馬遷の過ちである)、子張(しちょう)(前503-?)は陳(ちん)(前1046?-前478)に居り、澹台子羽(たんだいしう)(生卒年不詳。澹台滅明の字(せ))は楚(せいか)(前11世紀-前223)に居り、子夏は西河(現在の陝西省に存在した郡)に居り、子貢は斉で生涯を終えた。〕」とこの状況を記している。

そんな具合であったのは後学も知る所であり、思うに、現実問題として、孔門のみんなが同じ思いを持ち協力することができるのは、三年の喪の時以外には起こり得ないという、学者の生活感覚から来る強い思い込みが後世の碩学たちにも有ったという実態がその理由である。実際『論語』にも弟子たちが張り合う場面は多数描き出されている。孔子三伝四伝の弟子ともなれば、自分の師匠である孔子直接弟子のみを大いに信頼・尊重し、直門たちが孔子という聖人の下で何とか保っていた社会・事象に対する孔門内の共通理解が破壊され続け、時代が下るに従い、同じ儒者でも学派が違えば深い、大きな

見解の違いがで続けてきたとしても、それは致し方ない事であろう。

お互いの孔子像が違えば、書物作製などの共同作業などできない。無理やり共同作業をすれば、それはお互いの真実対真実の熾烈な争いになり、不毛な議論と化し、埒の開かない状況に陥るのが常であろう。

多分そんな生活感触が理由で、『論語』は直伝の弟子たちが編集したということに何となく話が収まっていて、数世紀の間、誰もあえて異論を唱えなかった歴史がある。曽参の死の話を指摘するには唐（618-907）中期の柳宗元（773-819）[14] 迄待たなければならなかった。

以上のような経緯を顧みれば、直門しか参列しえなかった三年の喪の時くらいにしか、個性の強い弟子たちが一致団結・協力して自分たちの恩師の業績・思想・人柄等を本に纏め上げることなど成立しえないと、歴代の知的巨人たちが結論付けたことも理解はできる。

編者の動機は何か

編者の名前も編集の時期も文献研究からは明確に特定できないのが現状である。しかし、現に、今ここに完成した『論語』があるのであるから、それを作成した人、あるいは人たちも居たことは間違いない。編纂に最適な環境であった三年の喪の時期に『論語』が出来なかったことは判ったが、それでは何時、誰によって、何の目的で『論語』が出来上がったのであろう？

この問題を編集者の編纂の動機面から考察した説を筆者は未だ拝読したことが無い。この件に関しての明快な解説・解答を出してくれる古典文献が無いのなら、『論語』の成立過程については、編者と同じく、人間としての共通点に焦点を当て、その動機を考えるしか問題解決の手段はないであろう。

私見によれば、中国人は今に至る迄、他派の文献の真正性は普段は問題にしない。儒家でもそれが言え、自分たちの信じる孔子の教えを追求し実践する事に重きを置き、他派の主張は、自派の存在を脅かさない限り、黙殺する

のが常である。他派の文献の確実性に関して議論・闘争をして自分の時間と労力が浪費されることに意義を感じないからだ。つまりは人生の本質は自分の哲学を深め、それを実践する所にあると考えるからである。無論自分に対して世間・社会からの正当な評価を渇望する学者が多いのも現実だが。

　三年の喪の中、平和裏に『論語』ができなかったとしたら、孔子の本当の言動の編纂作成に至る動機は、ある学派に自派の存在を脅かされるような、他の学派の主張が生じた場合としか、考えられない。

性善説と性悪説

　儒学教義では現在も未解決の大問題が残っている。「人は本来善いものか」あるいは「人は本来悪いものか」という、「性善説・性悪説問題」である。儒学内で朱子学派主流のこの約八百年では、性悪説を説く荀子の書は異端扱いだが、それでも現代まで『荀子』を高く評価する学者は多く存在してきたし、漢代（前206-後8、25-220）には「荀子は当時（漢以前）にあって礼家の第一人者と称せられていた」[15]と栗原圭介（1913-？）が言うように、儒学内での評価が、あるいは孟子以上に高かったと推定できる。

　『史記』の呂不韋列伝には、荀子の生きた戦国時代には、荀子の書は爆発的人気となったという記載が在る。[17]「是時諸侯多弁士、如荀卿之徒、著書布天下。呂不韋乃使其客人人著所聞、集論以為八覽、六論、十二紀、二十余万言。〔荀子の書は天下にあまねく広がっていた。（そこで荀子の書以上の評判を得ようと）呂不韋（？-前235）は自分の所の食客たちにそれぞれ学び伝えている事を記させ八覽・六論・十二紀に分かち、計二十余万字の書を編集した。〕」とある。この書が「一字千金」の語を生み出した、呂不韋の『呂氏春秋』である。

　『史記』の孟子荀子列伝によれば、「荀卿、趙人。年五十始来游学於斉。……荀卿最為老師。斉尚修列大夫之欠、而荀卿三為祭酒焉。斉人或讒

荀卿、荀卿乃適楚、而春申君以爲蘭陵令。春申君死而荀卿廢、因家蘭陵。李斯嘗爲弟子、已而相秦。荀卿嫉濁世之政、亡國亂君相屬、不遂大道而營於巫祝、信機祥、鄙儒小拘、如莊周等又猾稽亂俗、於是推儒、墨、道德之行事興壞、序列著數萬言而卒。因葬蘭陵。〔荀子は趙の人であり、五十歳の時、始めて斉に来て学問を事とすることになった。…………荀子は最年長の師とされ、斉は列大夫の欠員を補充していたが、荀子は三度までその祭酒（さいしゅ）（今でいう、学園の学園長のような地位）に推されたのである。斉の国で荀子を讒言した者が有り、（それで荀子は斉を去り、）楚に赴いた。春申君（しゅんしんくん）（？－前238）は荀子を蘭陵（らんりょう）（現在の山東省の南部）の県令とした。春申君が死んで荀子は職を解かれ、そのまま蘭陵に住み着いた。李斯（り・し）（？－前208）は荀子の弟子だったことが有る。その後李斯は秦（しん）（前905-前206）の宰相となった。荀子は濁世の政治、亡国暴君が相継ぎ、大道を行わず、もっぱら神璽などに迷い、吉兆を信奉し、見識の浅い儒者が些末な事に拘わることを軽蔑し、荘周（そうしゅう）（前369頃-前286頃）などが弁舌巧みに風俗を乱しているのを憎んだ。そこで儒家や墨家や道徳の説の実行と国々の興亡を論じ数万語の書を著して没した。蘭陵に葬られた。〕」とある。

　荀子が斉の都の臨淄（りんし）に在った学園、「稷下学宮（しょっかがっきゅう）」、にやって来たのは斉の襄王（じょうおう）（？－前265）の頃と考えられ、紀元前267年前後[16]と推定される。また、斉を離れて楚に行ったのは紀元前255年前後[16]と思われる。さらに、県令の職を追われ、濁世の世界に警鐘を鳴らし、多数の書を著し始めたのが紀元前238年以降である。

　以前、斉には孟子も滞留している。紀元前318年から紀元前312年迄の期間である。その際に孟子の薫陶を受けた弟子たちも大勢いたであろう。孟子が斉を去って45年程経った頃に荀子が斉にやってきて、その主張が学界の絶賛を浴びた。それは荀子が稷下学宮にやって来て直ぐの事だが、荀子のどの書が大好評になったのかは不明である。それ、あるいは、それらは当然現存する彼の唯一の書『荀子』に含まれていると考えられるが、当時は書と言っ

ても、現在の書の一篇、一篇が一書だったと考えられている。荀子は三度も祭酒に推されている事実から考慮すると、今の『荀子』に見られる、強烈な他者批判の諸篇ではなく、巻頭の勧学篇、あるいは次章の修身篇のような鋭く理論的に物事を説いた篇が大人気になった書であると推定される。
　もし、この時の大話題になった書が、非十二子篇とか性悪篇のようなものであれば、当然、批判された側からの強い反発があり、荀子が三度も祭酒に選ばれることは無かったであろう。またそのような他者批判程度の書に、器の大きい超一流の人物であった呂不韋が荀子の書を超えようと決意する程の、高い評価を荀子に下すことも無かったであろう。
　今の『荀子』は勧学篇が巻頭にあるが、『呂氏春秋』にも勧学篇があり内容も『荀子』の勧学篇とほぼ同じである。その次の尊師篇も荀子系学者の孔子観がその主要な内容である。呂不韋の食客には荀子の優秀な弟子たちも居たと推定される理由である。また、一字千金を豪語する『呂氏春秋』には「論語」と言う言葉は見当たらない。現在の『論語』の、「子」を「孔子」と言い換えているだけで章句は全く同じ語句が勧学篇に１か所、字句は小異だが内容は同じ箇所が「孔子曰」の書き出しで尊師篇と慎人篇に１度ずつ、「孔子聞之曰」の書き出しで当務篇に１回出て来る。『呂氏春秋』は紀元前239年、あるいは紀元前241年に成立したと考えられ、[17]荀子は先述の通り紀元前265年前後には書を出しているので、もしこの時の書が原因で『論語』が成立して居たら、荀子の書の流行後20年前後で成立した『呂氏春秋』には当然、『論語』と云う語が登場しているはずである。これらを考慮すれば、天下に遍いた荀子の書は、非十二子篇や性悪篇等の他者批判の書ではなかったと結論できる。
　孟子と深い絆で結ばれていた斉に住む直接弟子たちは荀子が蘭陵で執筆に没頭した頃にはもう殆ど死去していただろうが、その弟子・孫弟子たちは健在で、彼等にとって荀子の「人之性悪（人の性は悪い）」で始まる性悪説という主張は、到底受け入れる事の出来ないものであったであろう。今迄、「人

生とは本来好いものだ」と教え込まれ、それを信じ、その原理に従って日々行動・生活している孟子の三伝四伝の弟子たちにとって、性悪説及びそれを唱える荀子は如何に配慮してみても、孔聖人の思想を曲解し拡散する、不倶戴天の敵にしか見えなかったであろう。

　儒学史上最高の碩儒との評判の高い、朱熹(しゅき)（1130-1200）は「不須理会荀卿、且理会孟子性善。（荀子を理会して、孟子の性善説を理会するのは全く不可能だ。）」[18]とさえ言っている。性善説と性悪説とは共存共栄はできないのである。

編者の動機は荀子派に対する激しい感情的反発

　「性善説・性悪説」論議は名目上では学術論争であるが、実態は、上述の如く、孟子派の人々にとっての信仰上の正義に関する強い感情闘争であった。孟子自身がそうであったよう[19]に、弟子たちも自分たちが孔子の正統な継承者であるという強い自負があり、また、儒学があまり浸透していなかった趙の人である荀子を儒学教義・伝統の受容が貧弱な、邪説を為す者と見下していた面が孟子学派の人たちにはあったように筆者には思える。

　一方、荀子は『荀子』非十二子篇では孟子とその思想的な師である子思(しし)（前496？－前435？）を繋ぎ併せ「子思唱之、孟軻和之。〔子思が提唱し、孟軻(もうか)（孟子の本名）がそれを推進した。〕」と言い、彼らを一派として、「是則子思・孟軻之罪也。（これが子思と孟子の罪である。）」と断罪しているが、『荀子』は子思・孟軻学派だけでなく、子張派・子夏(しちょう)派・子游派も厳しく批判している。[20]

　当時の儒家内の学派はどのようなものであったであろう？韓非(かんぴ)（前280？－前233）は『韓非子』顕学(けんがく)篇で下記のような発言をしている。

　　世之碩学、儒、墨也。儒之所至、孔丘也。墨之所至、墨翟也。自孔子之死也、有子張之儒、有子思之儒、有顔氏之儒、有孟氏之儒、有漆

雕氏之儒、有仲良氏之儒、有孫氏之儒、有楽正氏之儒。自墨子之死也、有相里氏之墨、有相夫氏之墨、有鄧陵氏之墨。故孔、墨之後、儒分為八、墨離為三、取舍相反、不同、而皆自謂真孔、墨。

　現在の世界で顕学と言えば、儒家か墨家である。儒者の目指す所は孔子だし、墨者の目指す所は墨子である。孔子が亡くなってから、（儒家は分かれて）子張、子思、顔氏、孟氏、漆雕氏、仲良氏、孫氏、楽正氏の儒家が出来た。墨子が亡くなって、相里氏、相夫氏、鄧陵氏の墨家が出来た。詰まり、孔子、墨子の死後、儒家は分かれて八派になり、墨家は分かれて三派になった訳である。各派の主張は相反して同じではないが、どの派の人達も自分達こそが真の孔子を伝えている、真の墨子を伝えていると言っている。

　司馬遷（し ば せん）（前135？－前86？）によれば「韓非者、……與李斯俱事荀卿（韓非は、……李斯と同じく荀子に師事した。）」[21] という。上記の『韓非子』によると儒家は、子張派、子思派、顔氏派、孟氏派、漆雕派、仲良派、孫氏派、楽正派の八派に分かれていたと言う。各派の詳細は不明だが、顔氏派は多分顔淵派であろうし、孟氏派は孟子派であり、漆雕派は『漆雕子（佚本）』の著作者の、孔子直門の漆雕啓（けい）（あるいは、漆雕「開（かい）」）の派であり、仲良派は『礼記』に曽参との問答のある仲梁子（らいき）の派であり、孫氏派は荀子派であり、楽正派は孟子の弟子の楽正克（がくせいこく）（生卒年不詳）の派とも、曽参の弟子の楽正子春（がくせいししゅん）（生卒年不詳）の派とも言われている。『荀子』非十二子篇に出て来る子張派以外の子夏系弟子や子游系弟子が『韓非子』の言う八派のうちどの派に所属するかは不明である。『韓非子』には「漆雕氏之儒」のみに短い説明が有り、それは質実剛健直言学派であったという旨の記載である。[22]

　上記の『韓非子』の記述は、紀元前三世紀の後半の儒学界を描写した貴重な文章であり、儒家各派の人物とか主張は未詳だが、お互いに自説を曲げず、牽強付会の主張を押し通しながら日々を送っていた様子が浮かび上がって来る。

　いずれにしても、性悪説を唱える荀子に対して多数の他の学派が連合して

対峙し、当時数千の数にのぼり、拡散流布していたという孔子の言葉[23]の内、一体どれが本当の孔子の言葉かはっきりさせようという行動に出たのであろう。ここは荀子派もその反対派も絶対に譲れない、お互いの正義対正義の激しいぶつかり合いであったであろう。これが『論語』編纂の動機であると考える。

孔安国の『論語』成立説

　『孔子家語（こうしけご）』後序で前漢の孔子の第12世孫[24]の孔安国（こうあんこく）（生卒年不詳）は下記のような発言をしている。なお、同書の信憑性についてはここでは詳細には論じない。唯、『孔子家語』は魏（220-265）の王粛（おうしゅく）（195-256）の偽作だと南宋（1127-1279）以来言われ続けてきたが、1970年代に出土した、先秦から前漢初期の定州漢墓竹簡（ていしゅうかんぼちくかん）『儒家者言（じゅかしゃげん）』や前漢初期の簡牘（かんとく／かんどく）（「簡」は竹の札、「牘」は木の札。紙がまだ筆記媒体として普及する前にはこれらに文字を書きつけた。）である『双古堆漢簡木牘（そうこたいかんかんぼくとく）』に、『孔子家語』の一部が発見されたことから、王粛偽作説の見直しが行われている事実だけを指摘するに止める。

　孔子家語者、皆当時公卿士大夫、及七十二弟子之所諮訪、交相對問言語者。既而諸弟子、各自記其所問焉。諸論語・孝経並。時弟子取其正実而切事者、別出為論語、其余則都集録、名之曰孔子家語。凡所論弁、流判較巻、実自夫子本旨也属文下臉、往往頗有浮説、煩而不要者。亦猶七十二子各共叙述首尾、加之潤色、其材或有優劣、故使之然也。孔子服没、而微言縇。七十二弟子終、而大儀乖。六国之世、儒道分散、遊説之士、各以巧意而揚枝葉。唯孟軻・孫卿守其所習。

　『孔子家語』とは、当時（筆者注：春秋時代の末）の諸侯や士大夫、また孔子の七十二人の弟子たちが、孔子に諮問したり、互いに質問しあったりした言葉を集めた物である。孔子の弟子たちは各自それぞれ自分の質問を記録しておいたのであって、丁度『論語』『孝経』と同じような物である。ある

時(筆者案:荀子の新説、性悪説が世間を席捲した時)、弟子たち(筆者案:反性悪説派)は孔子の教えの本質であり、切実な問題と思われる事柄(筆者案:つまりは絶対に本当の孔子の言葉と思われる言葉)を特別に取り出して、『論語』の一書に纏めた。そして残りの議論を集めて亦一書とし、名付けた名が『孔子家語』という訳なのである。その中で、議論が滑らかに通じ、はっきり義理にかなうものは孔夫子本来の意見と言って良い。しかし亦、その文章にはしばしば根拠の無い説や、煩雑でどうでも良いことを書いたものも見える。これらは七十二人の弟子たちが、それぞれに一事の始末を記すのに、飾って書いたのだが、各自の才能に優劣があったらしく、そのため、このような結果になってしまったのである。孔子が亡くなった後は、道理を説く言葉も途絶え、七十二子たちが亡くなってからは、その言葉を解する人もなく義理も廃れた。戦国六国の世になると、儒家の道も各地に分散してしまい、ただ口舌の徒がうまい話を作って枝葉末節を語るのみであった。ただ孟子と荀子だけが伝来の儒者の道を守った。

　安国説によれば、『論語』の選に落ちた文章を『孔子家語』に纏めたと言う。『論語』と『孔子家語』はほぼ同時期に成立したと弁じている。
　また、「孔子服没、而微言縡。七十二弟子終、而大儀乖。六国之世、儒道分散、遊説之士、各以巧意而揚枝葉。唯孟軻・孫卿守其所習〔孔子が亡くなった後は、道理を説く言葉も途絶え、七十二子たちが亡くなってからは、その言葉を解する人もなく義理も廃れた。戦国六国の世になると、儒家の道も各地に分散してしまい、ただ口舌の徒がうまい話を作って枝葉末節を語るのみであった。ただ孟子と荀子だけが伝来の儒者の道を守った。〕」とも言う。

孟子・荀子の孔子像

　安国の言うように確かに、孟子も荀子も自分独自の孔子像をしっかり持っ

ていたようだ。『孟子』萬章上篇には下記の記載が在る。

　咸丘蒙問曰："語云：'盛徳之士、君不得而臣、父不得而子。'舜南面而立、堯帥諸侯北面而朝之、瞽瞍亦北面而朝之。舜見瞽瞍、其容有蹙。孔子曰：'於斯時也、天下殆哉、岌岌乎！' 不識此語誠然乎哉？"孟子曰："否。此非君子之言、齊東野人之語也。堯老而舜攝也。堯典曰：'二十有八載、放勳乃徂落、百姓如喪考妣、三年、四海遏密八音。'孔子曰：'天無二日、民無二王。'

　弟子の咸丘蒙（かんきゅうもう）（生卒年不詳）が問うて言った、「語（古語）」に、『盛徳の士は君主も臣下にして扱うことはできず、父も子として扱うことができない。』と云います。そうだとすれば、舜（儒家伝統での第二代目の聖人）が天子となって南面して立つと、（それ迄は天子だった）堯（ぎょう）（儒家伝統での最初の聖人）は諸侯を率いて、北面して（臣下の礼で）朝廷に臨んだ。（舜の父の）瞽瞍（こそう）（生卒年不詳）も亦た北面して朝廷に臨んだ。舜は瞽瞍を見て、痛ましく思い、心穏やかではなかった容子（様子）であった。この件について、孔子は、『この時に至っては、（父子・君臣の人倫が乱れ）天下は本当に危うい状態だった！岌岌（きゅうきゅう）（くわばら、くわばらの意味）としていた！』と言ったそうです。此の語（この言い伝え）は誠でしょうか？」と。 孟子は、「否。此れは孔子の言に非ずして、斉の東野人（田舎者）の語である（この話は嘘だ）。そもそも堯が老いたので、舜が摂政をしただけの話である。（『書経』の）堯典には、『（舜が摂政すること）二十八年で、堯は死去したが、百姓（ひゃくせい）（国民全ての意味）は、自分の両親の喪につくようにして、堯の喪を行い、三年間、世の中で音楽が演奏されることは無かった。』とある。孔子も、『天に二つの日（太陽）は無く、人民に二人の王はいない。』と言っているではないか。」と答えた。

　同様の話は、『墨子』非儒篇下（ひじゅか）と『韓非子』忠孝篇（ちゅうこう）にも出て来るが、『孟子』

とは反対に両書とも孔子が「この時だけは父子・君臣の人倫も乱れ、天下は誠に危うい有様だった。」という旨の発言を本当にしたと考えている。真実は今となっては判明できないが、重要な点は秀英の直門の子貢でさえ、あるいは逆に、長年直接孔子に深く師事していた直門だからこそ、作り出せなかった一貫した孔子像を、孟子も墨子も韓非もちゃんと作り上げていたという事実である。彼らの孔子像にどれだけの信頼性があるかは別問題であるが、兎も角自分なりの一貫した孔子像が無ければ、孔子を語ることが困難である事を筆者は指摘しているのである。

　一方、荀子も彼なりの方法で孔子の一貫した実像を作り上げていたことが、『荀子』儒効篇にも見て取れる。孟子と違って荀子は対象物を深く観察し、理詰めで考えを展開し、私見を公言するのに憚らなかった。荀子の推論の方式が良く表れているので引用してみる。

　　客有道曰：孔子曰："周公其盛乎！身貴而愈恭、家富而愈倹、勝敵而愈戒。"応之曰：是殆非周公之行、非孔子之言也。武王崩、成王幼、周公屏成王而及武王、履天子之籍、負扆而立、諸侯趨走堂下。当是時也、夫又誰為恭矣哉！兼制天下立七十一国、姫姓独居五十三人焉：周之子孫、苟不狂惑者、莫不為天下之顕諸侯。孰謂周公倹哉！

　ある食客が言う、「孔子の言に：『周公（生卒年不詳）は実に偉大な人物であった。身は位が高くてもいよいよ恭謙に、家は富んでもいよいよ節約し、敵に勝ってもいよいよ用心した。』とあるそうですね。」と。荀子は応えて言う、「その話は恐らく周公の実際の行為ではなく、また孔子の言葉でもない。そもそも武王（前1076？－前1043？）が崩じて、成王（前1056？－前1025）は未だ幼少であった。そこで周公は成王を屏い、武王の位を受け継ぎ、天子の位を履み、扆（王座の後ろ盾の屏風）を後ろにして坐れば、諸侯は堂下に小走りした（周公を王と見なした）。この時に当たって、一体誰が、それが恭敬な態度だと言おうか！また、天下を悉く統制下に収め、七十一国を立てた

が、(周と同じ)姫姓の諸侯が五十三人の多きに及んだので、周の子孫であれば狂惑でない限りは、いずれも立派な諸侯にならなかった者はいない。この時に当たって、誰が周公を控え目だと言おうか！」と。

『論語』編纂時期の儒家世界

　荀子が県令の任を解かれ、著作に専念し始めた紀元前238年は戦国末期で、孔子の死から250年近く経っていた。250年前と言えば、我が国では、天皇家あるいは徳川宗家でも10世代程の時間が経過している。

　韓非は当時、儒家が八派に分かれていたというが、その各派の下部組織として何層もの、都合、何千の中小零細儒学組織が存在していて、各地で門弟を取り、塾のような形で、礼、書、詩を教え、あるいは有力者を訪れ、先王の道を説いて衣食を満たし、その講演料を貯め蓄財していた。また、無名な儒者は夏から収穫期までは農民に穀物を乞い、それが過ぎると、資産家で葬儀がある家を探し、そこに一族・門弟たちと居座り衣食住を提供してもらって、葬儀をした。これを数件こなせば年を越せるといった生活が、孟子や荀子のような大学者ではない、当時の末端の儒者たちの日々であったと筆者は考える[25]。孔子は死後直後から「聖人」と呼ばれ[26]、王・諸侯から庶民・下層階級[27]まで多くの人に敬愛されていた。それは、秦時代の迫害期と、20世紀に入ってからの文化大革命の期間（1966-1976）を除いて、ずっと同じであった。そして、孔子のその抜群の人気が、当時何千にも膨れ上がって拡散していた孔子のお言葉が誕生した理由である。つまりそれぞれの塾長が孔子の言葉にかこつけて、自分の主張を述べ、自説の正統性を強調して、弟子を募集する手段にしたり、自分の話を聴講してくれる有力者を納得・感心させる方法としたりしたと考えられる。

　余談だが、このような視点に立つと、孔子に「魯鈍」[28]だと評価された曽参が何度も出て来る『論語』の中に儒学最高水準の哲学書の一つの、『中庸』

を書いたとされる、曽参より少しだけ若い、孔子の孫の子思の言葉が一つも無いことも理解できる。曽参は親からの長年の虐待を耐え抜いて、孝を貫いた苦労人であり、世間からも大いに敬愛されていた。儒家と対立する道家の『荘子』の寓言篇と譲王篇に、法家の『韓非子』には、喩老篇、説林篇下、外儲説篇左上に「曽子」の呼称で現れる、曽参の三伝の弟子である孟子と強く対立していた荀子もその著『荀子』の中で曽参を全て「曽子」と呼び、敬愛している。「子」は人を天と対比し、「天の子供」と言う意味から転じて弟子たちを代表する「我らの先生」の意味で使われているから、「曽子」とは「我らの曽先生」で、道家や法家の人間がそう呼ぶのは全くおかしな話である。あるいは、「曽子」という呼称は、謂わば、親しみを込めた、「曽参の通称」[29]であったとも考えられる。

一方、子思は狷介不羈な人間であった。16歳の時、孔家の出身の国である宋（前1046年？－前286）を訪れ、その時宋の大夫楽朔（生卒年不詳）と会見するが、楽朔は子思の余りに高飛車な態度に激怒し、家来たちにそれを溢し、怒った家来たちが子思を取り囲んで、暴行しそうになったが、それを一早く耳にした宋君が楽朔の家来たちを止めて、運よく子思は事なきを得た。しかも、その後の子思の言葉が振るっている。「子思既免、曰：『文王厄於羑里、作周易：祖君屈於陳蔡、作春秋。吾困於宋、可無作乎？』於是撰中庸之書四十九篇。〔子思は釈放されて言うには、『文王も祖君（孔子）も苦境の中で『周易』『春秋』を著作した。吾もこんな苦境の中で著作をしない訳にはいかない。』と言って『中庸』49篇を書いた。〕」[30]という。この話の真偽の程は明らかではない。より重要な点は、子思は「頭も生まれも良いが、とても厭な奴」だと一般社会からは見なされており、塾長たちは子思の言葉に自分の意見を重ねても、少しも自分の好感度は上がらず、弟子獲得にも講義依頼にも好い影響は無いと判断しただろう。それで子思の言葉は多出拡散には至らず、従って、詮議する必要も無かったのであろう。これが子思の言葉が『論語』に全く無い理由と推定する。

編纂方法

　安国は、「本来の儒家の伝統を守ったのは孟子と荀子だけであった（唯孟軻・孫卿守其所習）。」と言う。では、孟子でも荀子でもない、名も後世に残っていない普通の儒者たちは、当時何千も有ったという孔子の言葉から、どうやって、どういう方法で本当の孔子の言葉を選別したのであろう？
　孟子や荀子ではない普通の儒者たちには自分の描く一貫した孔子像がないから、当然、莫大な数の孔子の言葉からどれが本物かは到底選別できない。
　最下部組織では何千にもなっただろう、儒学塾ではそれぞれの塾が七十二弟子由来の独自の孔子の言葉を竹簡等で持っていた。荀子が県令の任を解かれた頃にはそれぞれの塾長は直門の十代目前後の弟子だったと想定される。先述のように、後世の塾長が自分の意見に正統性を持たせる為に、直伝の教えに、自分の意見を孔子の見解として、付け加えたのは事実であろう。深遠な孔子の哲学は分からなくても、塾長たちは先代の塾長から竹簡等を受け継いだ時に、その資料の内容を先代は本物かあるいは先輩塾長方の付け加えかどうかは概ね把握できていたはずである。
　以上のような状況はどの末端組織でも多分同じで、そこを手掛かりに、本当の孔子の教えを探ろうとしたのであろう。確実に分かっているのは孟子学派と子張学派だけだが、子夏系・子游系の弟子たち等の、反性悪説学派が、それぞれで、数名の役割分担を決めた調査団を他の学派の末端組織に送り込み、その塾長が保存している資料の中どれを、本当の孔子の言葉と信じているかを厳しく査定したのであろう。尋問される側も孔子の末裔・末端の弟子で、当然孔子の言葉に自分たちの言葉を仮託したことには、罪悪感を有していた。保持している竹簡等を調査団に取り出し提示する時の手の指や、表情や、声の大きさや調子等、どこを検証するか、あるいは差し出された竹簡を自分たちの竹簡に書き写す等、数名で役割を分担して、末端組織長がどの竹簡に後ろめたさを見せたかを徹底的に調査したのであろう。多数の下部組織で書き写された竹簡はその学派の本部に持ち込まれ、他の末端組織の本当と

思われる竹簡と比較参照して、どれが本物かという、学派としての結論を出したと推測する。各学派が纏めた文章が最初の『論語』の一篇一篇になったと推測する。

『論語』の真正性

　上述の如く、『論語』は「孔子の教えの本質」を記した書では無く、孔子没後250年程経た時代に孔子直門の十伝前後の弟子たちが、「本当の孔子の言動であると信じていた事柄」を厳密に査定して編纂した書物である。

　「本当の孔子の教え」と「本当の孔子の教えと後世の弟子たちが信じていた教え」は殆どが同一である。しかし現『論語』を査読してみると、歴史的事実ではないのではないかと疑う部分もある。

　例えば、孔子が60歳の時、宋で司馬桓魋(かんたい)(生卒年不詳)に殺されそうな切迫した危機に出会う。その時の事を『論語』述而篇には、「子曰:"天生徳於予、桓魋其如予何！"〔先生が言われた："私は天が徳を生じてくれた（特別な存在だ）。桓魋如きが私に何が出来る！"と。〕」と記載する。生命の危機が一刻を争う緊迫した状況で、弟子たちに天命を伝授等している時間は無いであろう。しかし、その場に居合わせた弟子たちの中には、孔子がそれを言うのを確かに見たと言う人が複数居たのであろう。彼らは、それが孔子の本当の姿であると確信したのであろう。直伝の弟子たちが信じていた事柄を、紀元前3世紀後半のその十伝前後の弟子たちが信じていた事実として、編纂者達が認め、『論語』の選を通ったということであろう。ちなみに、この事件は『孟子』万章上篇では、「遭宋桓司馬将要而殺之、微服而過宋〔宋で司馬桓魋が途中で待ち伏せして、孔子を殺そうとしているのに出会った。孔子は（急いで立派で目立つ儒服を脱ぎ）目立たない服装に着替えて宋を立ち去った。〕」と記している。こちらが多分は歴史的真実であろう。

　しかし、『論語』のこの条は、直門の弟子たちが孔子をどう見ていたかの違

いを上手く描写している。弟子たち一人一人にとって、孔子は一体誰だったのか、ということを『論語』は伝えたかったのであろう。換言すれば、直門弟子たちの孔子像に違いがあるということは、それだけ孔子の言動には深みがあり、広がりがある、ということである。孔子の偉大さと、同時に判りづらさも、沸き上がって来るゆえんでもある。

　『論語』で孔子が最高に褒めているのは、実は顔淵ではなく、仲弓（冉雍(ぜんよう)）である。雍也篇には「子曰："雍也可使南面。"（先生が言った、『冉雍は天子にすべきだ／しても良い。』)」とある。人の評価には非常に慎重[31]だった孔子がこう云うのである。常軌を逸した高い評価とも言える。

　その仲弓が、『孟子』には一度も登場しない。仲弓は「四科十哲(しかじってつ)（孔子の弟子の中でも最優秀だったとされる10人の弟子）」の中で『孟子』に登場しない唯一の人物である。孟子は曽参の三伝の弟子であるが、その曽参と仲弓の折り合いが悪かったであろうことは『論語』を読めば想像に難くない。生まれが悪く、才能が有り、度胸も有り、直言の性格の仲弓。一方、親の虐待に長年唯々耐え続け、特に才能も無く、創造性も無く、孔子の言葉を唯々文字通りにしか理解できず、しかしそれを愚直に最後迄実践した曽参。曽参の世間受けの良さは、才能が有りながらも、出生に深刻に苦しんできた仲弓が評価することも無かっただろう。曽参より17歳目上である仲弓は随分傍若無人な態度・振る舞いで曽参に接したのであろう。曽参はその厭な思いを、仲弓が亡くなり、曽参も年長者の仲間入りをした頃から繰り返し思い起こしたと思われる。老人が貴ばれ、発言力も強い中国のことである。その辺りの事情を暗示しているのが、以下の曽参の発言である。

　曽参の晩年の発言と思われる、『論語』泰伯篇の、「曽子曰：以能問於不能、以多問於寡：有若無、実若虚、犯而不校、昔者吾友嘗從事於斯矣。（曽子が言われた：才能が有りながら、才能の無い人に迄意見を聞き：気が充実しているのに、気が虚弱な人に意見を聞く、人に喧嘩を売られても相手にしない。昔、私の友が確かにそのような行動をしていた。)』」の条を考えて

みよう。「吾友」は、『論語集解』は馬融(ばゆう)(79-166)を引き、「謂顔淵也。(顔淵の事)」とし、『論語集注』もそれを支持する。顔淵は曽参の16歳年上であり、41歳で亡くなった時、曽参は25歳である。『論語』で「友」と言えば普通は同世代の友人である。子張篇には「子游曰：吾友張也、為難能也。然而未仁。(子游が言った：吾が友の子張は、人が出来ないような事が出来る。しかし人間的にはまだまだだ。と)」、次条の「曽子曰：堂堂乎張也、難与並為仁矣。(曽子が言われた：子張は全く堂々としているが、仁を実践する時に打ち解けて助け合うことは出来ないな。と)」とかのように子游や曽参にとって具体的な、「友」は同世代の子張や、あるいはここには出ていない子夏である。同じ師匠を抱く、同門の友なら学而第一の「有朋自遠方来、不亦楽乎？」のように「朋」を使うのが常である。語法から言うと、顔淵は曽参の「友」ではないし、また、曽参の事を「友」とも考えてもいなかったように筆者には思われる。

　師匠の孔子は曽参を「魯鈍」と評価したことは前述の通りだが、同じ先進篇の次の条で、孔子は顔淵の事を「回也其庶乎、(顔回は道に近い・まあ完璧だ、)」と評価している。曽参とは、年齢も孔子の評価も才能も全く別次元の存在だったのが顔淵であり、曽参自身も当然そのことは、当時には痛い程実感していたはずである。同じく泰伯篇で曽参は「鳥之将死、其鳴也哀：人之将死、其言也善。(鳥が死のうとするとき、その声は悲しげです。)人の死のうとするとき、その言葉に偽りは無いものです。)」と言う通り、曽参がその臨終に二人の子供たちに伝えた長い遺言は、前２世紀、前漢の儒学者の戴徳(たいとこ)(生卒年不詳)が編纂した、『大戴礼記(だたいらいき)』曽子疾病(そうししっぺい)篇に出て来るが、遺言は「曽子曰：『微乎！吾無夫顔氏之言、吾何以語汝哉！…』〔曽子が言われた、『ああ、私はあの顔回さんのような（立派な）言葉は持ち合わせていない。私はどのような言葉をお前達に語ろうか！…』〕」から始まっている。ちなみに『大戴礼記』とほぼ同時期に編纂されたと考えられている劉向の『説苑(ぜいえん)』敬慎篇にも、「曽子曰：『吾無顔氏之才、何以告汝？(曽子が

言われたた、『私には顔回さんのような才能は無い。私はどのような言葉をお前たちに告げたら好いだろう？』と。」で始まる簡略化された曽参の遺言が残っている。曽参は顔淵が自分よりずっと格上である事を熟知していたのである。

　その顔淵をここでは「友」と呼び、対等、あるいは幾分、上から目線で物を言っているように読める。これは聞き手が自分の弟子たちだから、曽参が自己肥大化した態度を取ったという理由も有る。筆者は曽参の人間性にも疑問を感じるが、しかし、それ以上に重要な点は、このような老師匠の自己絶対化言動は中国の伝統では受け入れられており、それが風習として長く生き続けた事実を見落としてはいけない。また、曽参は後世の伝承では孔門中でも孝に抜きんでた大儒者として語られてきたので、若手だった25歳の時ですら、働き盛りの41歳で亡くなった亜聖・顔淵にも準ずる扱いを後世には曽参が受けていたこと。これらが、歴史の真実を捻じ曲げた解釈が世に拡散した理由である。これらの点を見落とすと、『論語』が正確に把握できないことになる。

　以上のような状況であったので、晩年になってからは、曽参が馬の合わなかった仲弓を弟子たちに繰り返し酷評していたことは想像に難くない。三伝の弟子孟子にはそれらの批判は膨れ上がって伝わっていただろう。それが『孟子』に一度も仲弓が登場しない理由であると推定する。

　『荀子』の中で何度も孔子と連記される程、荀子が尊敬するのが子弓である[32]。現在の『荀子』の本文を編纂した楊倞（575-605）は、「子弓は仲弓である」と云っていると劉宝楠[33]は言う。

　詰まり、孟子学派が中心になり反荀子学派たちが編纂した『論語』は、荀子は敬愛するが、『孟子』には登場しない仲弓に最上級の評価を与えている。また『孟子』とは違った孔子の言動を取り上げているという、公正無私な面を持っている。『論語』を編纂したのは、反荀子派たちであると述べたが、偏ることなく、きちんと何が孔子の本当の言動かを追求した編集者たちの真摯な態度が浮き上がって来るのが、『論語』という書物の魅力の一つである。

『論語』という名称とその書籍の成立期

　『論語』という言葉はいつ頃生まれたのであろう。王充は、「宣帝下太常博士、時尚称書難暁、名之曰伝、後更隷写以伝誦。初孔子孫孔安国以教魯人扶卿、官至荊州刺史、始曰論語。〔宣帝（在位：前74-前48）は、太常博士（博士弟子を選ぶ権限を持っていた官職にいた人間）に（『論語』三十篇を）下げ渡したが、当時まだ文字が判り難いと言い、これを伝（古言）だとし、後さらに隷書に書き換えて伝誦させた。最初は孔子子孫の孔安国がこれを弟子の魯人の扶卿（生卒年不詳）に教え、扶卿は荊州（現在の湖北省一帯）刺史（長官）に迄昇進したが、その頃始めて『論語』と言った。〕」[34]というが、これは明らかに誤りで、武帝（在位：前141-前87）と同時代の司馬遷の『史記』には、仲尼弟子列伝の司馬遷自身の言葉として、「余以弟子名姓文字悉取論語弟子問並次為篇、疑者闕焉。〔私は孔子の弟子たちの姓名や文字については、全部『論語』の中の弟子との問答を抜き出し、順序だて、この篇（仲尼弟子列伝）としたが、疑いのあるものは省いておいた。〕」とあり、また、同書の張丞相列伝にも『論語』の語は出て来る。さらに、紀元前2世紀中頃活躍した韓嬰の『韓詩外伝』にも『論語』の語は三回出て来る。安国によれば『論語』とほぼ同時に成立したとされる『孔子家語』の本文、七十二弟子解篇に『論語』の語は一回出て来る。子思が著したと考えられている『礼記』の坊記篇にも一度だけ『論語』という言葉が出て来る。しかし同篇の後にも現在の『論語』に子罕篇と衛霊公篇に出て来る「好徳如好色」という句を、「孔子云、『好徳如好色。』」という形で出しており、あの本文が十万字に及ばんとする、長い『礼記』全体に、「論語」の語はこの一度しか出てこない事実を加味すると、印刷機も無く全て手写しで簡牘が広まっていった当時、武内義雄が指摘しているように、「これは恐らく後人が行旁に書き入れた注記を採竄したもので子思本来の語では無かろう。」[35]と思われる。加えて言えば、筆者の考察によると、子思は曽参より先に亡くなってい

るので、『論語』について言及する事は有り得ないとも推測する。
　してみれば『論語』の資料集めが始まったと思われる、紀元前238年以降すぐにもう既に「論語」という言葉は存在していたのかも知れない。安国は『孔子家語』後序で、「始皇之世、季斯焚書。而孔子家語与諸子同列。故不見滅。〔下って始皇帝(しこうてい)（在位：前247-前210）の時代、李斯が焚書を行ったが、『孔子家語』は諸子と同じに扱われたために、滅ぼされることがなかった。〕」といっている。これは所謂、「挟書之律(きょうしょのりつ)（民間では医薬・占い・農業の書以外の書物を所有することを禁じた法）」の事だが、それは紀元前213年に実行された。安国の見解では『孔子家語』は生き残り、『論語』はこの時に滅んだという事になる。安国の説によれば、紀元前213年には『論語』は既に存在していたという事になる。これらを総合すると、「論語」という名称も、書籍も、紀元前238年から紀元前213年迄の25年程の短い期間のどこかで成立したという事になる。

「下論」から考える『論語』の編纂方法

　伊藤仁斎が発展させた、「蓋編論語者、先録前十篇、自相伝習、而次後十篇以補前所遺者。（『論語』の編集者は、まず前半の十篇を収録し教え習いあった後、後半の十篇を編集して前半で漏れていたものを補ったのであろう。）」[5]とする、「上論正編・下論続編説（論語二十篇相伝分上下、猶後世所謂正続集之類乎。）」[5]は前述の通り広く受け入れられているように思える。
　仁斎は、『論語』編集の動機については述べていないが、動機面から考えると、「性善説・性悪説問題」以降、儒家内でもう一度『論語』を編纂し直さなければならない程大きな教義上の論争は見当たらない。では「下論」編纂の原因は何であったのだろうか？
　前述の通り、本稿は、筆者も『論語』編纂者も、同じ人間としての共通部

分が有るのを手掛かりにして『論語』編集者の編纂の動機を考えるという手法を取っている。「下論」作成の教義上の論争が無くても、「下論」は出来上がり、現存もしている。

　教義上の問題が無くても、政治上の圧迫・迫害があれば、人間は何とかそれを逃れ、またたとえ自分自身は不遇な最期を送っても、自分たちの哲学・伝統を少しでも、より正確に、後世に残したいとするのが普通であろう。筆者は先に安国の説を踏まえ、『論語』が成立したのは紀元前238年から紀元前213年迄の間と推測したが、その下限の紀元前213年は、秦の挟書之律が強行された年である。「焚書坑儒（ふんしょこうじゅ）」の語が残るように、秦は儒学及び儒学者を迫害した。儒学だけでなく、法家以外の、他の諸子百家も迫害されたと普通には考えられている。先に『韓非子』は、儒・墨を当時の二大勢力にあげたということを引いたが、その一大勢力だった墨家はこの時期に滅んだと考えられている。渡邊卓（わたなべたかし）（1912-1971）は「前三世紀末、秦帝国の成立前後（筆者注：墨家は）旧派と新派とを問わず、解体ないし滅亡への道をたどり、思想集団としての活発な姿を再び歴史の上に現すことはなかった。」[36] と言う。

　秦政府が儒学を嫌っているという事は当時の儒者たちは痛感していただろうし、挟書之律が行われるずっと前から、その可能性についての情報は孔子家には伝わっていたであろう。情報網の構築は既に、当時でも盛に行われていたと考えられる。挟書之律は孔子八世[37]の孫、孔鮒（こうふ）（前266頃－前208頃[38]）の時行われ、その時孔鮒は儒家の経典を孔子宅の壁に隠した。[39]

　前回の『論語』編纂は反荀子派の各学派の有志の人たちで実行された、その動機は学術論争だった。今回は学術論争などではなく、儒学存亡の危機という政治的・生命的な状況の中、しかも何としても儒学教義・伝統を存続させたいという情念が編纂の動機だった。儒学滅亡という不虞の緊急事態に直面して、当主孔鮒を中心にして全儒者が一丸となり、纒って行動できたと推測できる。前回はある意味では、疑り深く他派の文献を吟味して、それらを比較参照して本当の孔子の言葉を選定していったが、今回は儒学壊滅の強い

危惧感が背景にある。こうした状況下では当主の呼びかけの下、各学派が自主的に自派の所有する簡牘等の内、本物と思われる簡牘等を孔鮒に送り届けたと推測する。それは緊急事態を背景にした、自発的な行動だから、非常な短時間、一・二ヶ月位で全てが完了したと思われる。多分、挟書之律発令の際にはもう「下論」は回収され終わっており、孔鮒はそれの命令執行を知った時に、時間が無い為に未だ整理されていないそれら本物の資料を、急いで自宅壁内に隠したのであろう。

　こうした緊迫状況を想像すると、「下論」の季氏篇、あるいは微子篇の最後に、付録で付け加えたような感触がする条がある事にも納得がいく。季氏篇には「邦君之妻、君称之曰夫人、夫人自称曰小童：邦人称之曰君夫人、称諸異邦曰寡小君：異邦人称之亦曰君夫人。（諸侯の正妻を諸侯は夫人と言い、夫人は自分の事を呼ぶときは小童と言う：国民は彼女を君夫人と言い、聞き手が外国人の場合は寡小君と言う：外国人がこちらの国の夫人を呼ぶ時は君夫人と言う。）」と有り、また、微子篇の最後の二条の「周公謂魯公曰："君子不施其親、不使大臣怨乎不以。故旧無大故、則不棄也。無求備於一人。"〔周公旦は息子の伯禽（はくきん）（？－前997）に言った：『君主たる者の要諦の第一は、父親・祖父を大切にすることだ。次に大臣から（一向にこちらの言う事を聴いて貰えず、君主の）お役に立てそうもないという不平が起こらないようにしなさい。古なじみの人間は大きな失敗が無い限り見捨ててはならない。一人の人間に完全さを求めてはいけない。〕』と。」、そして微子篇最後には「周有八士：伯達、伯適、仲突、仲忽、叔夜、叔夏、季隨、季騧。〔周には八人の優れた人物がいた：伯達、伯適、仲突、仲忽、叔夜、叔夏、季隨、季騧である。（今となっては全員がどういう人かは全く分からない）〕」とある。古を強く否定する秦政府の下で、尚古（しょうこ）（古い文物・制度をたっとぶこと）主義を貫き通す儒家は、孔子の思想とは直接の関係は無いが、古の習慣・賢人名を後世に正しく伝え残したいという動機でこれらの条が加わったと考えると無理なく腑に落ちる。

最強の警察国家であった秦帝国であるから、当然、始皇帝には孔家の経書秘匿の情報は入っていただろうが、始皇帝もさすがに聖人孔子宅を家宅捜査することはなかったようで、百年近く経った漢の武帝時代、魯の恭王（きょうおう）（？－前128）が宮殿増築の為孔子旧宅を破壊しようとした折に、壁の中から古文の経書が発見された訳である。[40] その経書の中に『論語』もあり、当時の人々はそれを『古文論語』と呼んだ。

『古論』が『魯論』『斉論』の原型

　王充は「至昭帝女読二十一篇。〔（発見された『古論語』は）昭帝（しょうてい）（在位：前87－前74）の代になって『古論語』の二十一編がやっと読めた。※女は「而」か「始」の意味と考えられている。〕」[41] という。確かに挟書之律は漢の時代も生き残り、正式廃止されたのは、恵帝（けいてい）（在位：前195－前188）時代の紀元前191年の事である。しかし「漢の皇帝は挟書之律を厳格に適用して、取り締まったりはしなかったので、漢代に入ると学者たちはわずかに残された、「詩書百家」の書籍を公然と所持し、その学問を教授するようになった。……しかし漢になって三十年とか四十年経つと、漢の世に生まれて今文でのみ読み書きを習得した世代が学者の大半を占めて来る。そこで古文の知識は一部の人々の間に保管されていたものの、しだいに人々の記憶から遠のいて行く。」[42] と浅野裕一（あさのゆういち）（1946－）は言う。武帝の時代にも古文が読める人々は少数ながら存在したのである。

　何晏（かあん）（？－249）は、『論語集解』序で、「魯論語二十篇…斉論語二十二篇…得古文論語。斉論有問王・知道、多於魯論二篇。古論亦無此二篇。…（古論）有両子張。凡二十一篇。〔（前漢時代）には『魯論語（魯論）』二十篇…『斉論語（斉論）』二十二篇…『古文論語（古論語）』が発見された。『斉論』には問王・知道の二篇が多く、これらは他の二書には無い篇であった。…（『古論』は）子張篇が２つあり、二十一篇となっていた。〕」と言って

いることは先に述べたが、武内義雄の『論語之研究』は詳細且つ綿密な考察の末に、「現在の論語二十篇は齋論魯論古論の三のテキストを折衷したものといわれてゐるが、所謂齋論や魯論は古論の古字を今字に寫定する際に起こった異本で、畢竟古論一つに本づいてゐること、」[43]「魯論、齋論の学者は総じて武帝以後の人ばかりで古論発現以後に栄えたのである。」[44]と言う。つまり、何晏の序からは前漢初期から『魯論』、『齊論』が有り、武帝時代に孔子旧宅から『古論』が発見され、三種類の『論語』に増えたというようにも読めるが、武内は、実は漢初期から『魯論』、『齊論』が有った訳ではなく、伝世本『論語』の本文の全ては『古論』の本文を原型にしているという点を指摘している。

『論語』本文の完成は後漢末期

　紀元前213年迄には完成していた『論語』は、秦の「挟書之律」、あるいは楚漢戦争（前206-前202）等の混乱期の中で、一度は社会から消え去ったが[45]、武帝の時代にやっと現『論語』の祖型となる『古文論語』が旧孔子宅から発見され、息を吹き返した。世の中も安定しており、『論語』本文の精査も各学派で進み、張禹（？-前5）の『張候論』が出来る迄、百年以上『論語』は色々な人によって、何度も何度も細かい書き換えが行われたと推定する。例えば、『論語集解』論語序は「篇次不与斉・魯論同。〔（古論は）篇の順番が『斉論』や『魯論』とは違った。〕」と有る。同書・論語序はまた、「安昌侯張禹、本受魯論、兼講斉説、善従之、号曰張侯論、為世所貴。〔張禹はもともと魯論を受け、兼ねて斉説を講じて、良いものは斉説に従い（校勘して『論語』の定本を作り）、号して「張侯論」といい、世に尊重された。〕」とも言うので、現在の『論語』の篇次はこの時期の研究によって確定されたと考えられる。後漢（25-220）末の鄭玄は『張候論』を中心にして『斉論』『古論』等を参照とし、注（『論語鄭玄注』）を作り、これが今日の

『論語』の祖本である[46]と考えられている。

『古論』の発見から『論語鄭玄注』ができる迄の三百年程の長期間、学者たちを支えた『論語』編纂の動機は何であっただろうか？この時代は、鄭玄の晩年辺りを除いて、社会はまずまず安定しており、学者が落ち着いて学問に専念できた時代であったと言えよう。儒学の尊重・保護は武帝時代から始まり、王莽（前45—後23）の新（8-23）時代には儒学は名実共に国教にもなり、儒者たちに順風が吹いていた時代である。ここで学者たちを、『古論』読解し精査し再編纂に駆り立てた動機は、「学問的追究心」であったであろう。また、少しでも良い『論語』を編纂したいという「学問的良心」もその動機であったであろう。学者としての普通の動機である。無論、中には鄭玄の師であった馬融のように、世の自分へのより高い評価の追求が主な動機だった驕貴[47]な濁流派の人たちもいたのではあろうが。

結　語

『古文論語』は紀元前238年から紀元前213年迄の間に成立し、『論語』という名称もこの時期に既にあった。編纂は二度に亘って行われ、最初は紀元前238年以降の数年間で、儒学内で、「人の性は善か悪か」の教義上大論争が起こり、孟子派・子張派その他の反荀子派の性善説学派の手により、最初の編纂ができあがった。数千と流布していた孔子の言葉から本物の孔子の言葉を選び出し、孔子の本当の主張を明らかにするという篤い情念が編纂の動機であった。

秦が中国を統一したことで儒者たちは政治的・生命的な危険を痛感していた。そんな中、紀元前221年から紀元前213年迄のある時期に、儒者たちが儒学滅亡の危機を危惧している状況を背景に、儒学をより正しく後世に伝える目的で、前回の編纂では漏れてしまった孔子の言動等を急募した、孔子家八世当主孔鮒の呼びかけに応えて、全学派から自主的に各派秘蔵の孔子の言動

結　語

等を記した多数の簡牘等が呈上され、それらを孔鮒が中心となり、一・二ヶ月の短期間で資料回収を終了し、回収資料を急いで纏めて保管し、秘匿した。儒学教義伝統の存続への執念がその動機であった。

　秦が滅び、漢が興り、さらに武帝時代になり、儒学が尊重・保護され始め、実質国教の扱いを受け、儒者たちにとっては住みやすい時代が訪れた。そして武帝の時代に再発見された『古文論語』の解釈・整理・編纂に学者たちは精を出した。学問的追究心・学問的良心が学者たちの現『論語』編纂の主な動機だった。

注

1　『論語』為政篇からの引用。
2　影山 輝國『「論語」と孔子の生涯』中央公論新社、2016 年 3 月 25 日、41 頁。
3　加藤道理『孔子と「論語」』尚学図書、1974 年 5 月 1 日、40 頁。
4　『論語之研究』岩波書店、1943 年 11 月 15 日、106 頁。
5　『論語古義』総論。
6　『諸橋轍次著作集・第二巻』大修館書店、1976 年 9 月 20 日、287 頁。
7　古文の研究が進み、「論」を「侖（ロン：たばねる）」とする新説もある（ネット掲載論文、「論『論語』」125・126 頁参照）
　　https://ir.lib.shimane-u.ac.jp／ja／search／item／28473
8　『論語注疏』序解：鄭玄云：「仲弓、子游、子夏等撰定。」
9　『論語集解義疏』敘：『論語通』曰「『論語』者、是孔子没後七十弟子之門徒共所撰録也。」
10　『論語徵』題言：蓋、上論成於琴張而下論成於原思。故二子独称名。其不成於他人之手者容矣。☆後述の通り唐の柳宗元説によって『論語』は直接弟子達が編纂した事実は無いと多くの人が認識した。その後、千年近く経った時代の徂徠発言〔発案は、「柳宗元説は不完全だ！」とする、弟子の太宰春台（だざい　しゅんだい：1680-1747）であるが、その説に大いに感激した、徂徠は『論語徵』により、その説を本邦だけでなく中国本土に迄伝播した。〕であるから、首を傾げる人も多かっただろう。『論語徵』は中国人学者が自著の論語解説本の中に引用して呉れた初めての日本の論語注釈書である。清朝の末期の大儒、俞樾（ゆえつ：1821〜1906）が、藤塚鄰によると、上論琴牢・下論原思説を、「此則近于臆説、然亦見会意之巧。（この説は臆測に近いが、しかし心にぐっと適う所がある）」〔『春在（俞樾の若い頃からの堂号）随筆』巻一〕或は、「雖出臆見、亦徵会意之巧。余已采取数十則、入春在堂随筆矣。〔臆測の域を出ないが、しかし心にぐっと適う所が湧き出て来る。私は已に（『論語徵』から）数十か所を取り、（自書の）『春在随筆』に入れている。〕」（『東瀛（とうえい：日本の別名）詩記』巻一）と評価したという。（『論語總説』346・350 頁。漢文の訳と注釈は筆者が加筆した）以上、上論琴牢・下論原思説にはそういった捨てがたい、面白みもあるという一面も書き添えた。
11　『論語』子張篇：叔孫武叔。語大夫於朝曰。子貢賢於仲尼。子服景伯以告子貢。子貢曰。譬之宮牆。賜之牆也及肩。闚見室家之好。夫子之牆數仞。不得其門而入。不見宗廟之美。百官之富。や、次の条の「陳子禽謂子貢曰、子爲恭也。仲尼豈賢於子乎。子貢曰、君子一言以爲知、一言以爲不知。言不可不愼也。夫子之不可及也、猶天之不可階而升也。」等。
12　例えば、『論語』里仁篇の「子貢曰、夫子之文章可得而聞也。夫子之言性與天道不可得而聞也。」とあるが、孔子の指導法は雍也篇に「子曰、中人以上可以語上也。中人以下不可以語上也。」とある様に、釈迦と同じく対機説法であった。孔子に先進篇で「賜不受命、而貨殖焉、億則屢中。」と評価された子貢は現実社会の大成功者ではっても、孔子

の形而上学的側面が殆ど理解できず、それで孔子は「性」や「天道」を子貢には語らなかったと思われる。

13 『韓詩外伝』巻八：齊景公問子貢曰："先生何師？" 對曰："魯仲尼。" 曰："仲尼賢乎？" 曰："聖人也，豈直賢哉！" 景公嘻然而笑曰："其聖何如？" 子貢曰："不知也。" 景公悖然作色曰："始言聖人，今言不知，何也？" 子貢曰："臣終身戴天，不知天之高也）終身踐地，不知地之厚也。若臣之事仲尼，譬猶渴操壺杓，就江海而飲之，腹滿而去，また安知江海之深乎？" 景公曰："先生之譽，得無太甚乎！" 子貢曰："臣賜何敢甚言，尚慮不及耳！臣譽仲尼，譬猶兩手捧土而附泰山，其無益亦明矣）使臣不譽仲尼，譬猶兩手杷泰山，無損亦明矣。" 景公曰："善豈其然！善豈其然！"（詩）曰："綿綿翼翼，不測不克。" ☆因みに、「不知天之高也…不知地之厚也。」の表現は『韓詩外伝』より百年程度前に編纂された、『呂氏春秋』慎人篇に、やはり子貢の言葉として出現する：子貢曰「吾不知天之高也，不知地之下也。」また『荘子』譲王篇にも「子貢曰："吾不知天之高也，地之下也。"」とあるが、「譲王篇の記述が『呂氏春秋』と多く重複し、しかも羅根沢も考証するように（『諸子考索』）、この篇が逆に『呂氏春秋』から採録していると推測される事実とも関連する。」とも福永光司（ふくなが　みつじ：1918-2001）は言う。（『荘子』外篇・雑篇、朝日新聞社、298 頁）

14 『論語弁』序：或問曰、儒者稱論語孔子弟子所記、信乎、曰、未然也、孔子弟子、曾參最少、少孔子四十六歲、曾子老而死、是書記曾子之死、則去孔子也遠矣、曾子之死、孔子弟子、略無存者已、吾意曾子弟子之爲之也、何也、且是書載弟子必以字、獨曾子有子不然、由是言之、弟子之號之也、然則有子何以稱子、曰、孔子之歿也、諸弟子以有子爲似夫子、立而師之、其後不能對諸子之問、乃叱避而退、則固嘗有師之號矣、今所記獨曾子最後死、余是以知之、蓋樂正春子思之徒、與爲之爾、或曰、仲尼弟子嘗雜記其言、然而卒成書者、曾氏之徒也。

15 『大戴礼記』、明治書院、1991 年 7 月 25 日、5 頁。

16 内山俊彦『荀子』講談社学術文庫、1999 年 9 月 10 日、45 頁。

17 ウィキペディア「呂氏春秋」日本語版、2022 年 7 月 31 日。／ウィキペディア「呂氏春秋」中文版、2022 年 11 月 2 日。

18 『朱子語類』戰國漢唐諸子。

19 『孟子』盡心下篇：孟子曰："由堯舜至於湯，五百有餘歲，若禹、皋陶，則見而知之：若湯，則聞而知之。由湯至於文王，五百有餘歲，若伊尹、萊朱則見而知之：若文王，則聞而知之。由文王至於孔子，五百有餘歲，若太公望、散宜生，則見而知之：若孔子，則聞而知之。由孔子而來至於今，百有餘歲，去聖人之世，若此其未遠也：近聖人之居，若此其甚也，然而無有乎爾，則亦無有乎爾。"

20 『荀子』非十二子篇：弟陀其冠，神禫其辭，禹行而舜趨：是子張氏之賤儒也。正其衣冠，齊其顏色，嗛然而終日不言，是子夏氏之賤儒也。偷儒憚事，無廉恥而耆飲食，必曰君子固不用力：是子游氏之賤儒也。彼君子則不然：佚而不惰，勞而不僈，宗原應變，曲得其宜，

如是然後聖人也。
21 『史記』老子韓非列傳。
22 『韓非子』顯學篇：漆雕之議，不色撓，不目逃，行曲則違於臧獲，行直則怒於諸侯，世以為廉而禮之。
23 『論衡』正説篇。※それらは小さな竹簡でその一本、一本には多くの情報は入っていなかったと考えられる。
24 『孔子家語』の後序の後半部で王肅がこう述べているが、孫の数え方が確定はしていないが、11世孫が適切だと言う意見も多い。10世孫から13世孫迄諸説紛紛である。
25 『墨子』非儒下篇、『荀子』儒効篇、『莊子』外物篇参照。
26 『礼記』檀弓上：子思之母死於衛，柳若謂子思曰：「子，聖人之後也，四方於子乎觀禮，子蓋慎諸。」
27 孔門には、仲弓とか冉有とか冉伯牛とか賤民の弟子が相当いた。『孔子家語』七十二弟子解：仲弓與冉有，冉伯牛同族，生于不肖之父。
28 『論語』先進篇：柴也愚，參也魯，師也辟，由也喭。
29 『論語總説』国書刊行会、1989年11月21日、4頁。
30 『孔叢子（くぞうし）』居衛篇：子思年十六，適宋。宋大夫樂朔與之言學焉。朔曰：「《尚書》虞夏數四篇善也，下此以訖于秦費，效堯、舜之言耳，殊不如也。」子思荅曰：「事變有極，正自當爾。假令周公、堯、舜更時易處，其書同矣。」樂朔曰：「凡書之作，欲以喻民也，簡易為上，而乃故作難知之辭，不亦繁乎？」子思曰：「《書》之意兼複深奧，訓詁成義，古人所以為典雅也。昔魯委巷亦有似君之言者，伋荅之曰：『道為知者傳。苟非其人，道不貴矣。』今君何似之甚也。」樂朔不悅而退，曰：「孺子辱吾。」其徒曰：「此雖以宋為舊，然世有讎焉，請攻之。」遂圍子思。宋君聞之，駕而救子思。子思既免，曰：「文王厄於羑里（ゆうり：文王が紂王に無実の罪で監禁された場所），作《周易》；祖君屈於陳蔡，作《春秋》。吾困於宋，可無作乎？」於是撰《中庸》之書四十九篇。
31 『論語』衛靈公篇：子曰："吾之於人也，誰毀誰譽？如有所譽者，其有所試矣。斯民也，三代之所以直道而行也。"
32 『荀子』非相篇、非十二子篇、儒效篇。
33 『論語正義』雍也篇：楊倞注，「子弓、仲弓也。」
34 『論衡』正説篇。
35 『論語之研究』岩波書店、1941年11月15日、81頁。
36 渡辺卓『墨子上』集英社、1979年7月20日、19頁。
37 『史記』孔子世家。
38 小川環樹『史記世家・中』岩波文庫、1991年8月8日、326頁。
39 ウィキペディア「孔鮒」中文版、2021年6月20日。
40 『漢書』景十三王伝：恭王初好治宮室，壞孔子舊宅以廣其宮，聞鐘磬琴瑟之聲，遂不敢復壞，於其壁中得古文經傳。

41　『論衡』正説篇。
42　ネット掲載論文『論「論語」』pdf 123 頁。
　　https：／／ir.lib.shimane-u.ac.jp／ja／search／item／28473
43　『論語之研究』岩波書店、1941 年 11 月 15 日、106 頁。
44　『論語之研究』岩波書店、1941 年 11 月 15 日、75 頁。
45　『論衡』正説篇：……（論語）漢興失亡。……
46　劉宝楠『論語正義』本書点校説明：東漢末年、鄭玄拠張侯論、並参照古論和斉論、為論語作注、這可説是論語的第二次改定本、也就是現在通行各本的祖本。
47　『後漢書』呉延史盧趙列傳：…時扶風馬融在坐，為冀章草，祐因謂融曰：「李公之罪，成於卿手。李公即誅，卿何面目見天下之人乎？」…、馬融列傳：…先是（馬）融有事忤大將軍梁冀旨，冀諷有司奏融在郡貪濁，免官，髠徙朔方。…、呉延史盧趙列傳：…（趙）岐少明經，有才藝，娶扶風馬融兄女。融外戚豪家，岐常鄙之，不與融相見…。

古典文献解題

晏子春秋（あんししゅんじゅう） 斉(せい)（国名）の宰相晏嬰(あんえい)（？-前500）の言行録を纏めた書。著者は晏嬰ではなく、その弟子・孫弟子たちと推定されている。現在では成立期は戦国時代と考えられている。

易経（えききょう） 『周易(しゅうえき)』とも呼ばれる。これは、周時代以前の、殷(いん)時代には、『帰蔵(きぞう)』、夏時代は『連山(れんざん)』という「易経」が存在したという口伝が在るからである。（なお、夏時代に文字が存在したかどうかは学術的には全く不明である。）著者については、多くの意見があり、定説はない。本書では、第二部の【孔子嫡孫の子思が『論語』に登場しない理由】の章で、子思(しし)（前496？-前558？）が、「文王が『周易』を著作した。」といった逸話を取り上げている。我が国では、「易者」という言葉が表すように、「易」という語には怪しげな当てにならないという意味合いが染み付いているが、中国あるいは、現代欧米では、人間の将来や運命、物事の成り行きなどをそれぞれの理論に基づいた方法で予想する学問と捉え、立派な学問分野を形成している。これは我が国と諸外国との大きな違いであると言える。

淮南子（えなんじ） 前漢の武帝の頃、淮南王劉安(わいなんおうりゅうあん)（前179-前122）が学者を集めて編纂させた思想書。内容は道家の思想を中核に置いているが、雑多な記述を含むので、諸子百家としての分類では普通には「雑家」の書とされている。なお、「わいなんし」ではなく、「えなんじ」と読むのは、本書が日本国内にかなり早い時代に持ち込まれたので、当時の読みである呉音(ごおん)（現在の南京付近の発音）で言い表されているためである。その後、遣隋使・遣唐使・留学僧等が漢音（かんおん：7・8世紀の現在の西安付近の発音）を、持ち帰り日本国内に体系的に定着させた経過があるので、「えなんじ」の読みには違和感を持つ人もいるかも知れない。

韓詩外伝（かんしがいでん）　前漢の韓嬰〔かんえい〕（生卒年不詳）による書物である。さまざまな事柄や故事を記し、関連する『詩経』の文句を引いて説明したもので、説話集に近い。「韓詩」とは、「詩経」の事である。本書でも子貢の逸話を説明するのに、『詩経』の詩を用いている部分が有る。なお、『韓詩内伝』も存在したが、宋以降失われたとされる。

漢書（かんじょ）　後漢の班固〔はんご／はんこ〕（32-92）・班昭〔はんしょう〕（45？-117？）らの兄妹によって編纂された前漢のことを記した歴史書。『史記』と並び、中国の歴史書の中の双璧と称えらる。『史記』と重なる時期の記述が多いので、比較されることも多い。特徴として、あくまで歴史の記録に重点を置いているので、『史記』に比べて物語の記述としては面白みに欠けるが、詔や上奏文をそのまま引用しているため、詳細さでは『史記』に勝ると言える。因みに、二千年ほど昔にも教育を受け、数点の名著を残す程の女性が中国には存在したことに筆者は少なからず驚く。中国女性の識字率についての研究を読者などの後生に託したい。

韓非子（かんぴし）　戦国時代の法家である韓非〔かんぴ〕（前280？-前233）の著書。内容は春秋戦国時代の社会思想の集大成と分析とも言えるものである。『史記』は、韓非は性悪説を説く儒家の荀子に学んだと言うが、非違の行いを礼による徳化で矯正するとした荀子の考えに対し、韓非は法によって抑えるべきだと主張したので、儒者とは分類されず、法家と分類される。韓非の理論は明快詳細で、「孤憤篇〔こふん〕」「五蠹篇〔ごと〕」の両篇は秦の始皇帝を非常に感動させ、『韓非子』は始皇帝の愛読書となった。なお、韓非は吃音症であったと言われ、その反動か文章は非常に巧であった。しかし、実生活ではとても脇が甘く、韓非の才能を激しく嫉妬し、警戒した荀子同門の李斯に謀られ、自殺に追いやられ、結局は希求していた現実社会の改革は果たせなかった。

孔叢子（くぞうし）　読みは、『淮南子』と同じ理由で、平安時代以来の慣習で呉音崩れであり、普通は漢音の「こうそうし」とは読まない。「叢」は、

「草むら」とか、「群がる」の意味で、「孔子家の人々」位の意味。因みに、アリエール（Ariel, Yoav : 1946-）は、同書を英訳し、"The K'ung Family Masters' Anthology"（1989, Princeton University Press）と銘打っている。同書の内容は、孔家当主だけでなくその弟子たちの言行を書き記した書。漢の孔子八世の孫、孔鮒(こうふ)（前266頃 - 前208頃）の編と伝うるが、現在では後世の偽作と判断する学者たちが殆どである。儒教教化的性格を強く有し、必ずしも史実ではないと判断される逸話も多出する。

孔子家語（こうしけご） 孔安国(こうあんこく)（孔子12世孫：生卒年不詳）によれば、『論語』に漏れた孔子一門の説話を蒐集したとされる一書。原本は間もなく散逸し、現存の書は魏の王粛(おうしゅく)（195 - 256）が偽作したというのが、南宋以来の定説である。偽作と言っても、王粛独りで全文を自分の都合の良いように書き換えることは物理的に不可能だし、本書でも説いたように、前漢初期には「孔子家語」の一部が存在していたことが20世紀後半になって判明した。上記の『孔叢子』と同じく、儒教教化的性格が大変強く、史実に反する記載も大変多く存在している。しかし、両書ともに人情味に溢れ、新儒のように偽書として強く憎むことができない、どこか温かい面があるように筆者には思える。

国語（こくご） 春秋時代の歴史を国別に纏めた書。作者は伝統的には、『論語』にも登場する左丘明(さきゅうめい／さきゅうめい)（生卒年不詳）と言われている。左丘明は後述の、『春秋左氏伝』の著者であるとも言われ、そんな見解から、本書は古くから『春秋左氏伝』の「外伝」であると言われており、『漢書』の中では「春秋外伝」という名称で呼ばれている。西周後期から『春秋』の終わりとされる紀元前481年（春秋時代の終わりの年については諸説紛々であることは、本書で前述した）までの時代を記載している。古典の代表的な史書であり、物語性に富み読みやすい。なお、同書の取り扱っている国々とは、周・魯の2ヶ国と春秋五覇とされる斉(せい)・晋(しん)・楚(そ)・呉(ご)・越(えつ)

の5ヶ国、そして鄭(てい)の計8ヶ国である。

後漢書（ごかんじょ） 後漢を纏めた歴史書で、定評がある。作者は南朝・宋の范曄(はんよう)（398‐446）と、西晋の司馬彪(しばひょう)（？‐306）。范曄は動乱期の南北朝時代に名門の四男坊として生まれ、その才能を生かし自由奔放の人生を歩んだ。彼は無神論者で仏教も天命思想も否定し、奇行も多くした。社会を上から目線での評価を基盤とする歴史観を多分に持っている所は令和の日本人にはそぐわない面もあるように感じる。社会の底辺にも広く目具張りした司馬遷とは違う立場から、司馬遷が成し得なかった女性の価値を認め、（国家公認の）正史で初めて「列女伝」を立て、当時の社会常識（儒教伝統と言わざるを得ないが）では絶対許されない、再婚（夫と死別後）をした女性を取り上げている。当時は、男性の所属物と考えられていた、女性がそんな逆境にも負けずに正義を貫いて死んでいく有様を多く描いたりした。このことはその後千数百年に渡り、社会から酷評され続けてきたが、現代では日本・中国だけでなく、世界の多くの国々・地域で范曄を高く評価する人の方が多いように感じる。なお、「列女伝」で取り上げられた女性の名は、蔡琰(さいえん)（177？‐249？）という。

史記（しき） 前漢の武帝の時代に司馬遷によって編纂された歴史書である。正史の第一に数えられる。52万6千5百字の大作で、この書の完全な理解・評価には研究に一生を掛けても到着しえない研究者も多い。構成は、「本紀(ほんぎ)」、「表」、「書」、「世家(せいか)」、「列伝」から成る。内容は、「本紀」が帝王の記録で、主権者の交代を年代順に武帝まで記している。「表」は歴史事実を簡略化し、表で示している。「書」は政治に関する特殊なテーマごとに、記事を整理している。「世家」は諸侯の記録をその一族ごとに記したもの。司馬遷は非常に敬愛する孔子を諸侯扱いとし、史実に反してまでも「孔子世家」を立ち上げている。最後に、「列伝」は各分野に活躍した人物の行いを記したものであり、ここで司馬遷は政府に都合の悪いことも歯に物を着せず記述しており、もしかすると『史記』の中で一番面

白い部分と感じる人も多いかも知れない。なお、「本紀」と「列伝」から成るこの形式は「紀伝体(きでんたい)」と呼ばれ、中国の歴史書の模範とされたことも明記しておく。

詩経（しきょう）　全305篇からなる中国最古の詩集。儒教の経典である「五経」で二番目に古い書である。同書に収められている詩は、孔子生誕以前の物であり、西周初期（紀元前11世紀）から東周初期（紀元前8世紀）の頃に作られたものであり、特に周の東遷（前770）前後のものが多い。作者は、支配者階級だけではなく、一般人の男・女、農民・兵士・猟師といった幅広い階層の人々である。これらの詩は西周代から春秋時代にかけて音楽にのせて歌い継がれ、地域を超えて広く伝播していた。国の外交にも使われ、訪問客は『詩経』から歌を抽出して歌い始める所から、外交が始まり、もてなす側もそれに対応する歌を歌って外来者を歓迎するのが習わしだった。孔子は、人の感情の底流に『詩経』の詩を置くことを提唱し、何度も弟子たちにそう指導している。儒学の心持の基盤に『詩経』があると言って好い。因みに、我が国の近代以降でもよく使われている、「(明治)維新」とか、「鹿鳴(館)」とか、日本および東洋の古典籍及び古美術品を収蔵する「静嘉(せいか)(堂文庫)」等は『詩経』由来の言葉である。

儒家者言（じゅかしゃげん）　1970年代に河北省で出土した定州漢墓竹簡の内の一書。内容は孔子や孔門弟子たちの言動が記載されている。紀元前1世紀以前には成立していたと考えられている。

荀子（じゅんし）　荀子(じゅんし)（前316？-前238年以降）著。成立期は紀元前266年頃から、紀元前238年以降と筆者は考える。儒学教義で未だ解決されていない、性善説・性悪説問題の、性悪説を理路整然と唱えた書。朱子学が主流になってからは、儒教内での少数派であり続けているが、彼の生きた戦国時代から前漢の武帝前迄は性善説よりも支持者も多かったとも言われている。興味のある方は、本書第二部を再読されたい。

周礼（しゅうらい）　儒教経典の一つで、『礼記』『儀礼』とともに「三礼」を構成する書物である。作者は、伝統では周当初の周公旦（しゅうこうたん）（生卒年不詳）と言われていたが、その後、前漢の劉歆（りゅうきん）（？‐23）の偽作とも言われた。現在では、戦国末期に後世に名の残っていない儒者或は儒者たちが作成したと考える人が多い。新の王莽（おうもう）（前45‐後23）が前漢から簒奪する際に道義的な後ろ盾として同書を使用して以来、何度も政治的な意図の下の思想形態となり続けてきた。本書のような哲学的傾向が強い書物の理解には余り重要性を感じない書である。

春秋（しゅんじゅう）　古代中国東周時代の前半（この書に因んで「春秋時代」と呼ぶ）の歴史を記した、編年体の歴史書である。一方で、儒教においては単なる歴史書ではなく、孔子が制作に関与した思想書であるとされ、儒教経典の一つ『春秋経』として重視される。『春秋』が読まれる際は必ず、三つの伝承流派による注釈「春秋三伝」のいずれかとともに読まれる。『春秋』は、春秋学と呼ばれる学問領域を形成するほどに、伝統的に議論の的になってきた。伝統では、『春秋』は孔子によって制作された、もしくは原初の『春秋』があってそこに後から孔子が手を加えたとされる。しかしながら、孔子が手を加える以前の原初の『春秋』は既に散佚しており、孔子が『春秋』のどこに手を加えて経書の『春秋』にしたのか、不明なところも多い。内容は、現在の新聞記事が取り扱っているような事項がほとんどで、それを現在の官報のような形式で表記している。そのような淡々とした記述の背後に、孔子の思想が隠されているとされると深読みするのが、この書に向かう読者に求められる伝統的な姿勢態度である。

春秋公羊伝（しゅんじゅうくようでん）　前述の、『春秋』の三解説書のうちの一つ。作者については班固の『漢書』芸文志に、「公羊子」とある。また、子夏が作者であり、公羊高（くようこう）（生卒年不詳）にこれを伝え代々の公羊氏がこれを守ったとの口伝も伝わっている。最終的に現在の書を纏めた

のは、董仲舒(とうちゅうじょ)（前176 ? - 前104 ?）と考えられている。『史記』儒林列伝に「故漢興至于五世之間, 唯董仲舒名為明於春秋, 其伝公羊氏也。〔なので漢が興起して以来、（武帝までの）五代の間〔筆者注：現在では、第二皇帝の恵帝の子とされる二人の少帝（前少帝・後少帝）をも皇帝に含めて数え、武帝を第七代皇帝とすることも多い〕では唯董仲舒のみが春秋に明るいという（奥義に通じているという）名声を博した。董が伝えたのは（春秋三伝のうちの）公羊氏の伝であった。〕」とある。成立期については、他の多くの先秦の書物と同じく多くの人たちの手が加えられ漢の景帝期(けいてい)（前157-前141）に現在の形にまとまったと考えられる。この董仲舒によって形作られ、後漢の何休(かきゅう)（129 -182）によって大成された『公羊伝』だが、その後すぐに『春秋』を『左氏伝』によって解釈する「左伝学」が主流となり、衰退した。

春秋穀梁伝（しゅんじゅうこくりょうでん） 作者については『公羊伝』と同じく子夏から穀梁子(こくりょうし)（名・生卒年不詳）に伝わったとされる口伝は有るが、その伝承は『公羊伝』以上に無理があり、あまり信用ができない。成立期は遅くとも前漢宣帝(せんてい)（前74 - 前48）時代には現在の形に纏められたとされている。この時期が『穀梁伝』の最盛期で、以後は書物こそ失われなかったものの、衰微の一途をたどり、南北朝の時代には書物のみが存在し、伝の思想を伝える師は絶えてしまっていたと言われている。『穀梁伝』には穏当な歴史解釈が多く、それ故に思想的特徴が見つけにくく、発信力が弱かったせいか、三伝の中でもっとも振るわなかった書であると言える。

春秋左氏伝（しゅんじゅうさしでん） 作者については、司馬遷、班固、劉向(りゅうきょう)（前76-前6）などが、孔子と同時代の魯の太史であった左丘明であると言い、朱熹、王安石(おうあんせき)（1021-1086）などは、「左氏」は史官の左氏、または戦国時代の「左」という姓の人としており、或は本解題の『周礼』の項で説明したように、王莽の権威付けの為に劉歆が偽作した書であると

康有為(1858 - 1927)などは主張する。要するに作者は不明である。書名は簡略化して、『左伝』などとも呼ばれる。内容では、『左伝』は『公羊伝』、『穀梁伝』と異なり、かならずしも『春秋』経本文の注釈にはなっておらず、『春秋』とは無関係な記事も多いが、最も古い形を残しているとされ、分量も多く読み応えもある。そのため『春秋』の解釈書というよりは、春秋時代の歴史書とみなす人も多い。朱熹も「以三伝言之、左氏是史学、公穀是経学。(三伝について言えば、左伝は史学、公羊・穀梁は経学である。)」と『朱子語類』で述べ、『左伝』を歴史書として考えていた。因みに、漢学が盛んであった江戸期には全国に有名無名の『左伝』愛読家が多かった。福澤諭吉(1835 - 1901)も大の『左伝』好きで、この長い書物を11回も通読したというのは有名な話である。

尚書正義(しょうしょせいぎ)　前漢の孔安国の注を基にして、書かれた書。『礼記正義』と同じように唐の孔穎達(574-648。孔子32世孫とされる)が選んだ五経正義の一つで、前漢の孔安国の注をもとに孔穎達が疏(そ:注の注)を書いた「尚書」の注疏。なお、本書第一部で前述の通り、『尚書』と『書経』は同じ書物で、呼び方が違うだけである。

書経(しょきょう)　中国古代の歴史書。学術的に確認された中国最古の書物である。伝説の聖人である堯・舜から夏・殷・周王朝までの天子や諸侯の政治上の心構えや訓戒・戦いに臨んでの檄文などが記載されている。成立時については、他の多くの先秦の書物と同じく多くの人たちの手が加えられていった経緯がある。『書経』には秦の穆公(在位:前659 - 前621)の記載があるため、全体が一書として成立したのは、早くても秦の穆公が在位を開始した紀元前659年以降である。作者については、儒学の伝統的な継承では孔子とされているが、これは学術的には全く根拠が無い。『書経』のうち、最も古く成立したと考えられているのは、「周書」のうち西周の文王・周公・成王の訓辞を記録した「五誥」(大誥・康誥・酒誥・召誥・洛誥)の部分である。これらは金文資料・考古学の研究か

ら、記録としての確実性も比較的高いことが示されている。「五誥」の作成の動機を推測してみよう。殷の臣下である周の姫発（きはつ）（後の武王）が中心となり、礼に反して、主人である殷の紂王を武力で倒し、周王朝を設立した。しかし、武力で政権を倒すことはできても、政権を長期に維持するのには武力だけでは絶対に無理で、何らかの正統性を確立・定着させる理論・思想が必要である。それでこの「五誥」を作成し、みんなが理解・納得できる理論を作り上げ、敷衍させたと考える。つまり、殷が天命を果たさず、天から見放され、天命が周に移された。それは周の西伯昌（せいはくしょう）（後の文王）の徳の高さが天に評価され、昌は天から殷に代わり王命を受けた。新しい支配者の周は天命に従い国民が安全安心を得られることができように努め、旧勢力であった殷の遺臣たちも天命が代わったことを理解し、周を主として仰ぎ社会平和に努めなければならない。と説く諸篇である。殷時代には天の概念、従って「天命」の概念も無かったというのが、現在の定説である。甲骨文字にも、「大空」の意味での「天」の字は発見されていない。周の社会は殷の社会と同質のものだったと考えられており、当時は殷国内から門外不出であった甲骨文字も周では発見されている。建国直後から政情がとても不安定だった周王朝は、文字通り必死の覚悟で「天命思想」を作り上げ、それを広めていったと言える。そのための手段としてこの「五誥」が出来たと筆者は考える。『書経』が歴史書と言っても、元々は新しい政権のマニフェストがその核心である。新政府の政治的安定のための宣言文である。その宣伝活動に成功した後、新王朝にも余裕が生じ、『書経』が名目上は歴史書であるので、周政権発足時の「五誥」或いは、「周書」だけでは、さすが貧弱に感じられ周以前の中国の歴史も時間を掛けて付け加えていった。同書の「周書」以前の篇については、周代以後に創作、または脚色されて作られたものであり、成立自体は先秦に遡るが、史実としての信頼性には欠けるとされる。この手法は、学術用語では、「加上説」（かじょう）と呼ばれ古今東西普遍的な記述手法

である。この説は江戸時代の町人学者の富永仲基(とみながなかもと)(1715 - 1746)が唱え、内容を簡単に言えば、「物語では、古い話ほど新しく作り加えられたものだ。」という主張である。

説苑（ぜいえん） 作者は前漢の劉向。故事・説話集で儒教の準経典である。内容は、『論語』『孔子家語』などに記載されていない逸話も多く含み、劉向の文才が生かされた読みやすいものである。ただ、史実かどうかは不明な話も少なからず含まれていることには注意が必要であろう。

双古堆漢簡木牘（そうこたいかんかんぼくとく） 華東東北部に位置する内陸省の安徽省(あんき)阜陽(ふよう)県双古堆で1977年に出土した前漢初期の簡牘(かんとく/かんどく)(紙が普及する以前に用いられた書写材料。竹のふだを竹簡，木のふだを木牘といい，両者をあわせて簡牘と呼ぶ。)である。『孔子家語』の他にも、『詩経』や、『周礼』など多くの古典経典が含まれていた。

荘子（そうじ / そうし） 作者は荘周(そうしゅう)(前369年頃 - 前286年頃)とその二伝三伝等の弟子たち。同書は道教の経典としては、『南華真教(なんかしんきょう)』とも呼ばれている。内篇、外篇、雑篇から成り、内篇のみが荘周自身の著作と考えられている。老荘思想の書と考えられているが、孔子や顔淵等孔門弟子も頻繁に登場し、孔子を「夫子（先生）」と呼んでいる所も複数あり、儒学との関係性も深い。主作者の荘周は絶対自由な精神の世界の帝王を目指しており、「真実」が彼の最大関心事であり、儒・道の分類などには無関心であった。また、同書はよく禅仏教との類似性を指摘される。前田利鎌(まえだとがま)(1898 - 1931)の、「荘子を語ることは、事実、直ちに禅宗概論となると言っても過言ではない。」との発言は我が国で広く受け入れられているが、著者はこの若者の見解には大いに疑問をもっている。それは、著者が本文で提唱した、人のゲンキの出し方の分類では釈迦が完全な個人動力源を採用しているのに反して、荘周は親友の恵施(けいし)(前370頃-前310頃)が逝去してからは、現代で言う、「燃え尽き症候群状態」に落ち込んだ程の友人思いの人間で、ずっと周囲の賢人と触れ合い、切磋

琢磨しあう生涯を楽しく歩んできた。つまり荘周は『論語』にある「徳は孤ならず、必ず鄰有り。」という、謂わば一匹狼の生き方を否定する中国社会伝統である集団動力源を使用し生活をしており、「犀の角のようにただ独り歩め。」と指示した釈迦の言葉、換言すれば個人動力源で生きろとの教えとは、全く別の生き方をした。このように内面の「ゲンキの出し方」から考えれば、荘周と釈迦とは全く別種類の人間で、外見のみがよく似ているだけのことであるというのが筆者の見解である。無論、禅仏教は「中国仏教」であり、釈迦の仏教とは別物だという立場に立てば、前田の意見にも一理があり、発言には何の問題も無いが。

大戴礼記（だたいらいき）　作者は前漢の戴徳（たいとく）（生卒年不詳）。古代の礼文献を取捨して整理した、論文集である。なお、甥の戴聖（たいせい）（生卒年不詳）の『礼記』（小戴礼記）と区別し『大戴礼記』と呼ぶ。内容は、生き方の模範となる常識を広く扱い、この常識が礼儀として二千年以上中国社会に深く浸透してきた。しかし、令和の日本人の多くは、同書の内容に強い反発のみを感じるだけで、同書を模範として生きて行きたい考える人は極めてまれであろう。

中庸（ちゅうよう）　作者は、司馬遷の『史記』が孔子の孫の子思であるとしており、これがほぼ通説となっている。新儒が「四書」の一つとして独立した一書としたが、もともと『礼記』中の一篇の中庸篇として伝えられてきたものである。内容は、「中庸」の徳をくわしく解説している。中庸とは、凡庸の意味ではなく、思慮深く考慮して両極に走らない、「ほど良さ」を意味する。似たような発想はスウェーデン語にも有り、「ラゴーム（lagom）」と言い、その実践はスウェーデン人の生活に根付いている。この、「適切」とか、「適度」の意味を有するラゴームは、著者がスウェーデン人有識者に聞いたところによると、「水が自分に丁度良い温度」というのが原点の発想だとの事である。凡庸と中庸の区別は実生活では確かに相当難しい物であり、例えば米国人が判ってくれるようにこれを説明

するのは至難の業にも筆者は感じる。敢て米語に訳せば、"decence"位の単語しか浮かばない。「上品」「ちゃんとしてる」位の日本語に当たると思う。なお、『中庸』ではその他の多くの哲学的概念を説明し、我々令和日本人には新撰組の旗で有名な「誠」は「中庸」の根幹をなし、ある意味中庸より一層重要な実践理念だとも主張している。因みに、新撰組の旗の「誠」の由来には諸説あり定説はない。筆者の説は一つの見解に過ぎないことを追記する。

張候論（ちょうこうろん） 作者は張禹（ちょうう）（？-前5）。現『論語』の原本となった書。本書に拠れば、紀元前213年迄には完成していた『論語』は、秦の「挟書之律」、あるいは楚漢戦争（前206‐前202）等の混乱期の中、一度社会から消え去ったが、武帝の時代にやっと現『論語』の祖型となる『古文論語』が旧孔子宅から発見され、息を吹き返した。世の中も安定しており、『論語』本文の精査も各学派で進み、やがて多くの人々の支持を受ける『張候論』が完成した。

白虎通徳論（びゃっこつうとくろん） 編者は班固。『白虎通義（びゃっこつうぎ）』、『白虎通（びゃっこつう）』とも呼ばれる。内容は、後漢の章帝（しょうてい）（57‐88）の時代に儒教経典の解釈について議論するために開かれた「白虎観会議」の結果を、班固に命じて整理させた書である。

墨子（ぼくし） 作者は墨翟（ぼくてき）（前470年頃‐前390年頃）とその二伝三伝等の弟子たち。諸子百家の墨家思想の経典。墨家は平和主義・博愛主義を説き、中国の科学技術史の先駆者にも位置付けられる。秦時代までは思想界を儒家と二分する大勢力であったが、秦成立前後に忽然と消滅した。その理由は不明だが、幹部だけでなく全ての一般信徒も志願して自害したと推測する学者もいる。

孟子（もうじ／もうし） 作者は孟軻（もうか）（前372頃‐前289頃）、或は彼の弟子たちとの共著、さらには孟軻の死後弟子たちのみが自身の記憶や記録をもとにして作成したという三説がある。書の内容は、性善説を中核に置

き人生の諸出来事を解釈・解明し、誰でも努力次第で聖人になれると説く楽天的な信条を基盤とする。諸法律の根底に性善説思想があるから駄目なのだと令和日本では大分評判が悪いが、昭和20年以前の、国民が決りを破った場合には強い罰則があった時代には性善説もそれなりにきちんと機能していた事実もある。本書で説明したように、儒家内でもそれ程評価が高くなかった、『孟子』を高く称賛したのは朱熹で、儒教の最重要経典の「四書」の一つに取り上げてから世間の評価も飛躍的に高まった。

礼記（らいき） 作者は前漢の戴聖。『小戴礼記』とも呼ばれる。内容は、周から漢にかけての儒者がまとめた礼に関する記述を編纂したものである。十万字近い長い書であり、礼に関する記述以外にも、孔子や孔門の弟子たちや魯その他の国々の有名人の様々な逸話を含み、経典ではなく読み物としても面白い。前述の『大戴礼記』も参照。

礼記正義（らいきせいぎ） 後漢の鄭玄注を基にして、書かれた『礼記』の注釈書。『尚書正義』と同じように唐の孔穎達が選んだ五経正義の一つ。因みに、「五経正義」は、儒学の基本文献に対する官選注釈書で、科挙〔令和の、「国家公務員総合職試験（旧・高等文官試験）」のような国家試験〕を受験する諸生は専らこれを暗記するのが常だった。

呂氏春秋（りょししゅんじゅう） 秦の呂不韋（？-前235）が食客を集めて共同編纂させた書物。『呂覧』とも呼ばれる。始皇8年（前239）に完成した。司馬遷が始皇帝の実父とする、呂不韋が荀子の書に対抗して作成した、現代で言う百科事典。天文学や農学や、音楽理論など言及は多分野にわたる。「一字千金」の語を生み出した、呂自慢の作品。

列子（れっし） 作者は列禦寇（生卒年不詳）とその二伝三伝等の弟子たち。道家の経典であるが、仲尼も「孔子」とも呼ばれ数十回登場する。理路整然と多岐にわたって見解を展開していて、読み応えがある。因みに、「杞憂」「愚公移山」「男尊女卑」「疑心暗鬼」等の語はこの書から生まれた。

論語（ろんご） 作者は孔子ではない。本書第二部で説いたように、孔子直弟子たちが三年の喪の際に綴り残した竹簡等を孔子十伝前後の弟子たちが編纂したものが上論で、始皇帝の儒家弾圧の際に収集されたのが下論であるというのが筆者の主張。詳しくは、本書第二部を参照。

論衡（ろんこう） 作者は後漢の王充（27 - 97 頃）。作者王は殆ど師につく事も無く、また定職につく事も無かった。彼は 70 歳以上生きたが、その生涯のほとんどを田舎住まいで『論衡』の執筆に当てた。同書の取り扱う分野は多岐にわたり、現代の百科事典のようなものであるが、前記の『呂氏春秋』などとは異なり、彼一人で 14 万字に及ぶ『論衡』を書き上げた。理論は明快で、当時の常識にも真正面から批判を加えた。著者の生活が曲学阿世からは程遠い大変骨のある、生き方であった。それ故に貧乏生活であったが、それが同書の記述に重さと説得力をもたらしている。虚妄や誇張を嫌う同書は孔子や孟子も容赦なく批判するので、朱熹などの新儒家に毛嫌いされ、社会からほとんど抹殺されたと言える。それが、清朝の考証学者たちに再発見され、民国時代には詳細な注釈が完成し、令和の我々はその恩恵を享受している。同書は、学閥も背景も財産も無い、独学独思の極めて優秀な王が生涯をかけた渾身の一書と言える。

『論語』注疏解題

『論語義疏（ろんごぎそ）』 南朝・梁（502 - 557）の大儒・皇侃（488 - 545）著。何晏の『論語集解』を諸家の説を引いて更に詳細に解説した書。それで皇侃は『論語集解義疏』と題していた。中国本土では早く失われたが、蘐園学派（荻生徂徠門下）の根本武夷（1699 - 1764）が、足利学校蔵の室町写本を底本にしながら、他本との校勘を加えて刊刻したものが、

清に逆輸入されて、当時の考証学者たちに高く評価され、珍重された経緯がある。

『論語古義（ろんごこぎ）』 古義学派の開祖である伊藤仁斎（1627-1705）が、「最上至極宇宙第一（の）書」と最大限の評価を与えた『論語』を一生にわたり、整理推敲し、死後公刊された『論語』の解説書。なお、「古義」とは朱熹などの「新儒」とは異なり、孔子元来の思想を説こうとの努力を著した言葉。因みに、私見だが、『論語』は仁斎の人生そのものであった。

『論語集解（ろんごしっかい）』 三国時代の魏（220-265）の何晏（196-249）の著。中国最古の『論語』の全解釈書。そんな理由で、『論語集注』が刊行された後も「古注」と呼ばれ、儒学世界では広く尊重され続けている。

『論語集注（ろんごしっちゅう）』 南宋（1127-1279）の朱熹（1130-1200）著。朱熹は当時の社会に合うように『論語』の解釈を大変革し、人々もそれを受容し、「新注」と親しみを込めて呼び、尊重している。東アジアで最大の影響力を有し、現在も有している『論語』の注釈書である。朱熹の『論語』注疏は三本（『論語集注』、『論語惑問』、『論語精義』）現存するが、『論語集注』は朱熹が逝去する迄日々推敲・改稿を加え、「添一字不得、減一字不得。（一字を添えることもできず、一字も減らすことができない。）」と豪語する程の彼の自慢の書であった。

『論語鄭玄注（ろんごていげんちゅう／ろんごじょうげんちゅう）』 それまでは各注釈書の引用の断片としてしか知ることができなかった本書が、1907年〜1908年に甘粛省の洞窟から、六朝時代（222-589）の写本が、英仏の探検隊によって大量に掘り起こされた。『論語』全編の解説は発見されず、残本ではあるが、述而篇の中ほどから郷党篇の終わりまで、貴重な新資料として現在役立っている。

『論語正義（ろんごせいぎ）』 清の劉宝楠（1791-1855）著で、死後次子の劉恭冕（1824-1883）の補訂を経て1866年に出版された。『古注』の再注釈の形を取っているが、当時急速に進歩した古代言語学を駆使し、『新

注』を含めどの旧説に縛れない新解釈を提唱する。我が国でも高く評価されている一書である。

『**論語注疏（ろんごちゅうそ）**』　北宋（960‐1127）の邢昺（けいへい）（932‐1010）著。『論語正義』或は、『邢疏』などとも呼ばれる。『古注』の再注釈書であり、科挙受験者の教科書ともされた「十三経注疏」の一つに数えられ、大変権威のある書である。そんな立場上の理由か、ここで取り上げている数々の注疏の中でも『論語』の最も穏やかな解説を繰り広げている。

『**論語徵（ろんごちょう）**』　荻生徂徠（おぎゅうそらい）（1666‐1728）著。徂徠は物徂徠とか、物茂卿（ぶつもけい）とも号し、『論語徵』は、上記の大儒・劉宝楠の『論語正義』にも、「物茂卿論語徵云……」とか、「日本物茂卿曰……」等と引用されている非常に優秀な本邦の『論語』解説書である。40年程先輩の仁斎同様に朱子学・新儒学には批判的で、「古言（先王の時代の言語）を明らかにして、古義（先王の道）が理解できる。（それで初めて）先王の道を発言できるようになる。（古言明而後古義定。先王之道可得而言已。）」と同書自序で述べている。仁斎同様に孔聖人の本当の姿を追い求め、その手段として、古言・古義を希求したのが彼の学風であった。なお、書名の「徵」とは一つ一つの語が本当に孔子時代の古代の意味で使われているかどうかを確認することで、「証人」の意味で使われている。

『**論語或問（ろんごわくもん）**』　朱熹著。朱熹48歳時の『論語』解釈。朱熹の『論語』解釈の下書き的な存在の書。上記の『論語集注』も参照。

索　引

あ

哀公……11, 22, 31, 49, 52, 56, 62, 68, 73, 75, 77～79, 82, 84, 87, 109, 110, 114, 133, 141, 151, 153, 156, 158, 159, 175, 179, 181, 183～185, 192, 194
　　――二年……9, 11, 12, 31, 35, 36, 40, 45, 51, 68, 106, 141, 175, 178～180, 182, 183, 192
　　――三年……15, 20, 25, 36, 40, 45, 49, 73, 75, 77, 92, 114, 120, 121, 160, 161, 175, 179, 180, 184, 187, 188, 192, 201, 204～206, 213, 247
　　――六年……11, 31, 87, 120, 159, 175, 176, 139, 192, 201
　　――七年……15, 23, 51, 77, 80, 87, 177, 178, 180, 181, 184
　　――十一年……11, 15, 27, 62, 75, 78, 79, 84, 109, 175, 185, 189
　　――十四年……36, 39, 40, 42, 45, 46, 52, 62, 64, 85, 114, 133, 141, 151, 153, 156, 179, 181, 192, 194
　　――十五年……45～47, 52, 56, 60, 87, 94, 159, 181, 183, 185
十六年……11, 120, 159, 175, 189, 192
アインシュタイン（Einstein）……108, 109, 112
足利学校……62, 247
足切りの刑……24, 25
晏嬰……45, 47, 180, 234
晏子→晏嬰
『晏子春秋』巻八……45, 99
暗黙の縛り……9
夷逸……151

伊尹……113, 132, 231
イエス・キリスト……169
池田秀三……47, 180, 196
池田篤紀……40, 179, 196
為政以徳……147, 148, 149
一以知十……86
一字千金……206, 208, 246
一簞食……95, 122, 128
伊藤仁斎……70, 77, 199, 223, 248
逸民……151
生命が欲しくない人……45, 180
殷……12, 23, 69, 72, 106, 113, 116, 118, 136, 175, 184, 234, 241, 242
隠公……45, 46
隠遁……113, 114, 117, 119, 128, 130, 204
禹……59, 69, 94, 148, 227, 231, 245
盂黶……56
ウィルソン（Wilson, Collin）……108, 187, 196
ウェイリー（Waley, Arthur）……137, 192, 196
内野熊一郎……41, 59, 179, 183, 196
雲消霧散……142, 153
衛……15, 16, 26, 32, 33, 36, 44, 46, 49, 50, 66～68, 72, 79, 80, 85, 94, 96, 99, 118, 120, 127, 140, 149, 157, 163, 165～167, 175, 178～185, 189, 195, 204, 222, 232
衛霊公……15, 16, 26, 44, 49, 68, 79, 96, 118, 140, 149, 157, 184, 222
纓……56, 57, 182
郢……68, 182, 183
『易経』……42
『淮南子』……16, 47, 176, 235
厭世観……118
皇侃……33, 58, 59, 62, 76, 94, 148, 193, 200, 203, 247
荻生徂徠……62, 70, 76, 201, 247, 249

王粛……21, 35, 99, 101, 114, 211, 232, 236
王直……70, 184
小川環樹……185, 196, 232
親孝行……16, 119, 120

か

夏→禹
夏王朝……115
化……16, 22, 27, 42, 44, 50, 53, 61, 81, 83〜85, 102, 104, 107, 113, 117, 122, 134, 135, 138, 148, 150, 158, 159, 168〜170, 172〜174, 179, 180, 193, 205, 215, 221, 235〜237, 241
何晏……60, 76, 226, 227, 247, 248
晦庵→朱熹
蒯聵……56, 57, 67, 68, 163, 182
外的エネルギー
薫……71, 91, 114〜116, 207
河間七篇本……199, 202
科学技術の進展……13
馘……114, 115
槨……34, 35, 123, 125〜128, 190
郭象……148
楽正克……210
楽正子春……210
獲得遺伝子……173
学問的追究心……228, 229
学問的良心……228, 229
餓死……69, 71, 72, 95, 96, 121〜123, 184, 186, 190
柏……35, 126, 169
貨幣……101, 103, 124, 167, 190, 196
下問……102, 109
貉……114〜116, 176, 189
顔淵……4, 9〜11, 43, 80, 84, 86〜104, 107〜123, 125〜145, 147, 150〜160, 166, 168, 170, 171, 182, 186〜188, 190〜192, 201, 204, 210, 219〜221, 243
顔淵没後の門人……92
顔回→顔淵
咸丘蒙……213
顔刻……30〜32
顔歆……137
桓公……41, 120, 178, 189
顔氏之儒……92, 93, 209
『漢書』……199, 232, 236, 239
　　──芸文志……199, 239
　　──董仲舒伝賛……132
桓魋……44, 54, 101, 147, 218
顔徴在……17, 91
簡牘……211, 222, 225, 229, 243
何孟春……35, 186
顔路……4, 90〜93, 123, 124, 126〜131, 190
棺……34, 35, 123〜125, 159
韓嬰……203, 222, 235
『韓詩外伝』……99, 116, 117, 203, 222, 231
　　──巻七……99
　　──巻九……116
韓非……34, 39, 106, 179, 209, 210, 213〜216, 224, 232, 235
『韓非子』……34, 39, 106, 179, 209, 210, 213, 216, 224, 232, 235
　　──外儲説……34, 216
　　──顕学……209, 210
　　──五蠹……106, 235
　　──内儲説……39, 179
義……26, 27, 32, 36, 47, 50, 54, 58, 60, 62, 64, 65, 68〜70, 76, 77, 81, 86, 88, 89, 100, 102, 105, 106, 112, 113, 120, 123, 126, 128, 129, 132, 133, 135〜138, 141〜143, 147, 149, 152, 153, 157, 159, 164, 168, 170, 171, 173, 178, 181, 184, 185, 187, 189,〜191, 193, 194, 196, 198, 199, 206, 209, 211, 212, 216, 222〜225, 227〜230, 232, 233, 237〜241, 245〜249
僖公……51, 119, 180, 188

季桓子……32, 35, 38, 39, 41, 45, 57 〜 60, 62, 73 〜 75, 179, 184
季康子……45, 73, 75, 77 〜 79, 81 〜 83, 87, 110, 184, 185
季孫氏……19, 40, 41, 54, 59, 60, 78, 125, 178
季武子……15, 21, 27, 177
季平子……21, 35, 51, 60, 178
莒……23, 24, 51, 180
季友……41, 51, 180
宮刑……95
急子……120, 189
桀……114 〜 116, 118, 188, 193, 194, 213, 231, 232, 241
挟書之律……223 〜 227, 245
虚構……11, 21, 81, 171 〜 173
虚辞……127
共生……173, 174, 204
季路→子路
金……12, 13, 63, 91, 103, 124, 127, 147, 187, 206, 208, 241, 246
欣喜雀躍……155
金銭……124
近思録……106, 187
莒……23, 24, 51, 180
匡……23, 24, 30, 31, 44, 49, 54, 101, 138, 191
凶悪者……30 〜 32, 178
狂簡……73, 83 〜 85, 184
共劉……75, 184
琴張……26, 27, 84, 185, 200, 230
琴牢→琴張
虞→舜
空……35, 36, 50, 94, 95, 97, 98, 112, 117, 135, 144, 150, 172, 176 〜 178, 182, 188, 193, 242
虞仲……151
桀……114 〜 118
決河之勢……138, 141
ゲンキ……105, 243, 244
元気……107, 124

原憲……201
原思→原憲
剣戟……114, 116
『孔叢子』……33, 99, 178 〜 180, 236
　　──詰墨……99, 178, 179
　　──居衛……99, 184, 204, 232
孔穎達……136
權純哲（クォン・スンチョル）……149
栗原圭介……206
クリール（Creel, Herrlee Glessner）……14, 16
輅……118
軍事力……80
邢昺……58, 61, 94, 148, 149, 249
慶克……23
慶父……41
欠文……171
原始儒教……102
原壌……125, 126, 159, 160
呉怡……42, 179, 196
胡寅……127
郊……38, 41, 59, 180, 185
郰……41, 51, 53, 162, 179, 181
孝……2, 15, 16, 23, 24, 68, 69, 119, 120, 175, 180, 181, 183, 211, 213, 216, 221
孔安国……5, 30, 47, 56, 70, 71, 89, 117, 128, 178, 187, 211, 222, 236, 241
縞衣白冠……114, 115
公華……78
好学……94, 102, 110, 111, 158, 168
孔顔の楽処を尋ねる→尋孔顔楽処
後期最晩年……9, 159, 160, 164 〜 168
剛毅木訥……171
洪興祖……156
公山不擾……51, 77
孔子（Confucius: The Man And The Myth）……1, 2, 4, 5, 7, 9, 10 〜 50, 52 〜 104, 107 〜 119, 122 〜 145, 147, 149 〜 196, 198 〜 206, 208 〜 228, 230 〜 232, 234, 236 〜 241, 243 〜 249, 264

孔氏……166, 167, 195
公子魚
『孔子家語』……11, 13, 15～17, 19～22, 24
　～27, 34, 36, 39, 40, 47, 48, 57, 59, 62, 64,
　75, 78, 79, 81, 90, 99, 101, 102, 114, 125,
　126, 164, 166, 167, 176, 177, 179, 181～
　184, 186, 190～192, 194, 195, 211, 212,
　222, 223, 232, 243
　──観思……114
　──曲礼公西赤問……20
　──曲礼子夏問……26, 57, 166
　──曲礼子貢問……167
　──屈節解……125, 190
　──在厄……99, 101
　──七十二弟子解……90, 164, 183, 191,
　　194, 222, 232
　──始誅……62, 64, 183
　──儒行解……22
　──子路……4, 9, 32, 38, 39, 43, 51, 53～
　　62, 64, 66, 68, 75, 76, 80, 81, 87, 100,
　　111, 114～118, 126, 133, 140, 144,
　　153～159, 163, 165, 166, 168, 178,
　　180, 182, 186～188, 190, 192～194,
　　204
　──子路初見……39
　──正論解……78, 177, 181, 184
　──相魯……34, 73, 179
　──本姓解……11, 14, 15, 22, 176
『孔子家語』は教化を意図して書かれている
　……27
『孔子家語』補注……36
孔子先世……11, 13, 14
『孔子傳』……40, 196
孔子の思想の濫觴……27
孔子の情念、及び正義感……27
孔子の人生観の劇的変化……22
孔子は叔紇の子ではない……16
公西赤→子華
孔鮒……224, 225, 228, 229, 232, 236

黄老……149
『国語』……119, 189
　──晋語……119, 189
公若藐……51
孔叔→孔悝
浩然之気……105
黄帝……149
公伯寮……39, 40, 48, 53, 54, 55
公賓……78
孔文子……102
高鮑……23, 24
康楽……38
孔悝……32, 56, 178, 182
公林……78
公斂處父……52, 179, 181
『後漢書』……47, 233
国外追放……40, 42, 43, 47, 53, 60
告子……37, 57, 105, 106, 162, 183, 191, 194,
　230
国武士……23, 24
克己復礼……52, 111, 112, 127, 166
五人奴隷＝一匹馬＋一束絲
コメの配給……122
古論……5, 198, 199, 226～228, 233

さ

宰我→宰予
祭酒……206～208
崔述……49, 81, 176
衰経……20
宰予……87, 161, 194
サッレーカナー……121
祭肉→燔肉
斉豹……26
宰予……87, 161, 194
澤田多喜男……20, 177, 196
驂……165, 166, 195

三桓氏……19, 40, 41, 45, 46, 51～53, 177, 178
三軍……15, 27, 80, 175, 183
三叔……12
參乘……26
サンターラー
三年の喪→三年之喪
三年之喪……20, 188, 192
賜→子貢
塩辛……57, 68
子夏……26, 57, 84, 110, 111, 123, 132, 133, 143, 166, 182, 187, 193, 195, 200, 204, 209, 210, 217, 220, 230, 231, 239, 240
子華……164, 165, 167
志学……4, 11, 22, 27, 103, 134, 141, 142, 157, 168
四科十哲……84, 219
子弓……221, 232
子禽→陳子禽
『史記』……11, 15, 17～19, 21, 22, 30, 36, 37, 39, 46～49, 54, 57, 59, 62, 63, 68, 70, 73～76, 78, 83, 87, 90, 94, 95, 99, 103, 104, 123, 130, 141, 151, 175, 176, 178～180, 182～184, 186, 192, 194, 201, 204, 206, 222, 232, 235, 237, 240, 244
――衛康叔世家……36, 179
貨殖列伝……103, 104
――外戚世家……49, 103
――孔子世家……11, 14, 15, 17～22, 30, 31, 36, 37, 39, 40, 46, 47, 49, 50, 59, 62, 63, 73, 75, 78, 79, 81～83, 87, 99, 101, 141, 151, 175, 178～180, 183, 184, 186, 192, 201, 232, 237
――仲尼弟子列伝……57, 68, 90, 130, 182, 194, 222
――伯夷叔斉列伝……68
――魯周公世家……36, 179
『詩経』……111, 150, 155, 235, 238, 243
司空……35, 36, 177, 178

子贛→子貢
子貢……32, 33, 43, 45～47, 52, 53, 67, 68, 70～72, 74, 75, 77, 83, 85～88, 94, 100, 102, 104, 114～118, 125, 141, 143, 144, 156, 160, 162, 163, 165～168, 171, 175, 176, 178, 184～187, 192, 195, 201～204, 214, 230, 231, 235
自己意識……109, 112
施孝叔……23, 24
実告……38, 39
次国……15, 175
『四庫全書』……62, 186
自殺→自死
子思……73, 85, 185, 209, 210, 216, 222, 231, 232, 234, 244
自死……121, 135, 137, 140～142
醢……57, 182
耳順……74, 77, 84, 86, 134, 175
泗水……201
子西……87
釈迦……173, 190, 230, 243, 244
七十弟子……198, 230
七十二弟子……90, 164, 183, 191, 194, 211, 212, 217, 222, 232
子張……84, 97, 147, 162, 167, 181, 185, 187, 193, 195, 198, 199, 204, 209, 210, 217, 220, 226, 228, 230, 231
漆雕開→漆雕啓
漆雕啓……210
司馬遷　2,
士分……17～19, 21～25, 28, 33, 126, 140, 168
斯文……44, 54, 101
子服景伯……52～54, 162, 181, 230
『儒家者言』……211
ジャイナ教……121, 130, 173, 189
社会秩序の安定……13
『荀子』……47, 62, 64, 72, 99, 124, 180, 183, 184, 191, 202, 206～210, 214, 216, 221,

231, 232
　　——勧学……191, 208
　　——修身……208
　　——儒効……214, 232
　　——性悪……5, 47, 180, 206, 208〜210, 212, 217, 223, 235, 238
　　——成相……99
　　——非十二子……208〜210, 231, 232
　　——宥坐……62, 99, 183
周……1, 12, 13, 16, 20, 21, 26, 36, 38, 42, 44〜46, 48, 49, 61, 63, 69, 72, 92, 93, 103, 106, 113, 118〜120, 127, 158, 159, 164, 168, 170, 171, 175〜179, 181, 184, 185, 187, 189, 193, 194, 200, 207, 214〜216, 225, 232, 234, 236, 238〜244, 246
子游……84, 132, 133, 143, 195, 200, 209, 210, 217, 220, 230, 231
周公→周公旦
周公旦……12, 103, 158, 225, 239
秋殺……107
周生烈……61
周敦頤→周濂渓
周濂渓……106, 170, 171
豎牛……19, 24, 176, 177
『周礼』……175, 200, 240, 243
朱熹……30, 47, 48, 54, 55, 59, 63, 72, 76, 89, 94, 102, 106, 144, 187, 209, 240, 241, 246〜249
叔牙……41
叔紇→叔梁紇
叔紇・孔子の親子説……16
叔斉……67〜72, 151
出公→輒
叔孫僑如……24
叔孫氏……19, 40, 41, 53, 176, 177, 179, 181, 192
叔孫豹……19, 24
叔孫武叔……51, 162, 163, 230
叔仲昭伯……51, 180

叔梁紇
　　……1, 2, 4, 5, 7, 9, 11, 39, 42, 43, 47, 49, 57〜59, 89, 127, 132, 140, 143, 168, 176, 177, 179, 180, 182〜184, 186, 189, 190, 192, 193, 195〜199, 203, 210, 228, 230, 231, 233〜241, 243〜249, 264
朱子→朱熹
『朱子語類』……48, 76, 231, 241
守株……106
朱張……151
シューベルト（Schubert）……108, 109
首陽山……69, 184
『春秋』……21, 216, 236, 239〜241
『春秋公羊伝』……11, 51, 60, 133, 156, 175, 183, 239
『春秋穀梁伝』……11, 51, 175, 240
『春秋左氏伝』……11, 15, 16, 19, 21, 23, 25, 27, 31, 32, 45〜48, 51, 52, 56, 60, 65, 74, 75, 77〜79, 119, 120, 159, 163, 175〜185, 188, 189, 192, 194, 236, 240
春申君……50, 207
春生……107
昭王……87
上学……141, 142, 170, 231
上官氏……22
昭公……23, 25, 35, 36, 51, 60, 176〜178, 180〜183
　　——十二年……11, 36, 40, 45, 51, 175, 179, 180, 182, 192
　　——十七年……15, 23, 178
　　——二十五年……60, 183
焦竑……77
襄公……11〜13, 15, 27, 51, 175, 178, 180, 192
　　——七年……15, 23, 51, 77, 80, 87, 177, 178, 180, 181, 184
　　——十一年……11, 15, 27, 62, 75, 78, 79, 84, 109, 175, 185, 189
　　——二十一年……11, 175, 189

―――二十二年……11, 175, 192
小儒→小人儒
焦弱侯→焦竑
小人儒……110, 111
『尚書正義』……136, 137, 191, 246
少正卯……42, 43, 47～50
昭帝……226
松柏……35, 169
松柏後凋……169
昌平……11
章甫之冠……22, 23
情報の量……19
少連……151
『書経』……111, 135, 136, 150, 213, 241, 242
　　――堯典……213
　　――洪範……136
諸子百家……224, 234, 245
子来……120
女楽……37～40, 42, 57, 59, 75
社……13, 14, 16, 17, 22, 28, 36, 50, 65, 68, 70, 72, 78, 87, 100, 101, 103, 112, 118, 121, 122, 124, 129, 141, 157, 169, 172～174, 181, 182, 185, 186, 196, 204, 206, 216, 227, 228, 230～232, 235, 237, 242, 244, 245, 247, 248, 264
商→子夏
尚古……174, 225
従然……119
白川静　2
而立……4, 22, 23, 25, 58, 74, 175, 177, 184, 189, 213, 214
子路……4, 9, 32, 38, 39, 43, 51, 53～62, 64, 66, 68, 75, 76, 80, 81, 87, 100, 111, 114～118, 126, 133, 140, 144, 153～159, 163, 165, 166, 168, 178, 180, 182, 186～188, 190, 192～194, 204
晋……34, 68, 76, 119, 149, 175, 189, 236, 237
尋孔顔楽処……170, 171
新儒家……102, 170, 172, 173, 247

信条……108, 134, 168, 246
心身症……160
申生……119, 188, 189
信念……33, 44, 72, 134, 180
神農……69, 184
阪……11
スタージョン（Sturgeon, Donald）……15, 175, 177
成……1, 2, 5, 11～13, 16, 17, 19, 20, 22, 23, 27, 32～35, 38, 41, 44, 51～53, 55, 62, 65, 73, 74, 77, 80～83, 85, 86, 93, 95, 96, 99, 103, 106, 111～113, 116, 121, 122, 126, 138, 148, 152, 160, 167～171, 173, 174, 176, 177, 179, 181, 182, 184, 185, 187～191, 193, 195, 197～203, 205, 206, 208, 211, 212, 214, 222～224, 227, 228, 230～235, 237～243, 245～247
斉……5, 23, 24, 26, 32～34, 37～41, 47, 48, 50～53, 57, 67～72, 78, 95, 96, 114, 115, 151, 164, 167, 184, 194, 198, 199, 203, 204, 206～208, 213, 226, 227, 233, 234, 236
性悪説……5, 47, 180, 206, 208～210, 212, 217, 223, 235, 238
『説苑』……47, 99, 116, 203, 220
　　――指武……116
　　――善説……5, 65, 99, 180, 203, 206, 209, 223, 228, 238, 245, 246
　　――雑言……99
成王……12, 214, 241
成公……23
　　――十七年……15, 23, 178
斉襄王→斉の襄王
精神的動力源（an inner-feeling of identity）……108, 134, 137, 138
性善説……5, 65, 180, 206, 209, 223, 228, 238, 245, 246
絶食……121, 122, 135, 140, 144, 152
摂水……121, 122

西伯昌→文王
声孟子……23
政治的弾圧　1
精神的な食糧……134
斉の襄王……207
世兵制……16
斉論……5, 198, 199, 226, 227, 233
石乞……56, 182
絶対愛……174
銭……10, 39, 40, 48, 101, 124, 175, 179, 189, 196
前期最晩年……9, 168
冉求→冉有
宣公……15, 175, 189
宣帝……222, 240
冉子→冉有
顓孫師→子張
冉伯牛……90, 143, 145, 159, 232
銭穆……10, 39, 40, 48, 175, 179, 196
賤民……17～19, 21, 22, 24, 27, 28, 36, 60, 66, 81, 112, 126, 127, 165, 168, 232
冉有……57～68, 72～75, 77～79, 81～83, 125, 143, 156, 164, 165, 167, 168, 183～185, 232
楚……50, 87, 99, 100, 114, 115, 179, 181, 182, 186, 188, 204, 207, 227, 236, 245
宋……11～13, 22, 23, 25, 44, 61, 105, 106, 133, 170～172, 180, 181, 186
楚漢戦争……227, 245
曹劌……65
荘公……41, 65
――十年……15, 25, 62, 65, 124, 175, 178, 181, 189, 193, 226
『双古堆漢簡木牘』……211
創作仮説……131
『荘子』……43, 44, 57, 92, 93, 95, 96, 99, 119, 124, 182, 186, 188, 189, 216, 231, 232
――漁父……99
――山木……99
――譲王……43, 44, 57, 96, 99, 182, 186, 231
――至楽……119
――人間世……95
――田子方……92
――盗跖……99
――天運……99
周……1, 12, 13, 16, 20, 21, 26, 36, 38, 42, 44～46, 48, 49, 61, 63, 69, 72, 92, 93, 103, 106, 113, 118～120, 127, 158, 159, 164, 168, 170, 171, 175～179, 181, 184, 185, 187, 189, 193, 194, 200, 207, 214～216, 225, 232, 234, 236, 238～244, 246
曽参……20, 21, 47, 84, 195, 202, 205, 210, 215, 216, 219～222
曽晳……84
『争覇する文明』……16, 196
第三巻……16, 196
宗魯……26, 27, 58, 65
束帛……166, 167, 195
素封……103, 104

た

太公→太公望
太公望……69, 113, 132, 231
大国……15, 87, 99, 175
太宰嚭……77, 87, 184
泰山……61, 107, 175, 231
太子伋……85, 120
大司寇……35, 36, 62, 64, 178, 183
戴徳……220, 244
武内義雄……198, 199, 222, 227
堕三都……39, 40, 42, 55
『大戴礼記』……220, 231, 244
澹臺子羽→澹台滅明
澹台滅明……204
男尊女卑……129, 246

257

邾……45, 46, 94, 185
紂……12, 69, 116 〜 118, 183, 232, 242
仲弓……58, 59, 143, 145, 183, 200, 219, 221,
　　　230, 232
中国仏教……2, 173, 244
冑子……12, 13
忠信……55, 147, 156
中体印用……173
中都……34 〜 36, 178
中牟……32, 75, 76, 178
『中庸』……215, 216, 245
仲梁子……210
趙……34, 176, 206, 207, 209, 233
銚……67, 68
張禹……227, 245
趙鞅→趙簡主
張横渠……106
朝歌……12
趙簡主……34
『張候論』……227, 245
張載→張横渠
重耳……119, 189
丁若鏞（チョン・ヤギョン）……149, 193, 196
陳亢→陳子禽
陳蔡の厄→陳蔡之厄
陳蔡之厄……84, 99
陳子禽……163 〜 165, 230
陳説……114, 115
『通書』……170
程頤→程伊川
鄭……23, 36, 56, 61, 62, 118, 137, 143, 147,
　　　163, 189, 191, 193, 200, 202, 203, 227,
　　　228, 230, 233, 237, 246, 248
帝乙……12
程伊川……71, 106, 148
鄭玄……36, 56, 61, 62, 137, 143, 147, 163,
　　　191, 193, 200, 202, 203, 227, 228, 230,
　　　233, 246, 248
程顥→程明道

定公……31, 32, 35, 36, 40, 45 〜 47, 51, 62,
　　　64, 85, 87, 94, 178 〜 181, 185
——五年……36, 45 〜 47, 52, 56, 60, 62,
　　　75, 77, 87, 94, 159, 177, 181, 183 〜 185
——六年……11, 31, 87, 120, 159, 175, 176,
　　　189, 192, 201
——九年……32, 36, 176, 178
——十年……15, 25, 62, 65, 124, 175, 178,
　　　181, 189, 193, 226
——十二年……11, 36, 40, 45, 51, 175, 179,
　　　180, 182, 192
——十三年……36, 40, 45, 179, 180
——十四年……36, 39, 40, 42, 45, 46, 52,
　　　62, 64, 85, 114, 133, 141, 151, 153, 156,
　　　179, 181, 192, 194
——十五年……45 〜 47, 52, 56, 60, 87, 94,
　　　159, 181, 183, 185
丁若鏞（ていじゃくよう）→丁若鏞（チョン・ヤギョン）
天道→天命思想
天命教義→天命思想
程明道……106
天命思想……44, 48, 107, 135, 138, 139, 142,
　　　237, 242
東西南北人……23, 66, 178
道学……71, 106
湯祀……12
道統……133, 171
滕文公……20, 29, 31, 201
動力……105, 108, 109, 134, 137 〜 139, 141,
　　　142, 147, 150, 157, 160, 161, 168, 243,
　　　244
動力源……105, 108, 109, 134, 137 〜 139,
　　　141, 142, 147, 150, 157, 160, 161, 168,
　　　243, 244
徳（an inner‐feeling of identity, moral force,
　　　virtue, virtus）……44, 47, 54, 65, 71, 81,
　　　93, 100, 101, 112, 114, 116, 118, 132, 136
　　　〜 139, 142 〜 150, 157, 159, 164, 168,

169, 171, 174, 194, 207, 213, 215, 218, 220, 222, 235, 242, 244, 245
特殊相対性理論……109, 112
髑髏……119, 188
杜預……25

な

内的エネルギー……146
中井履軒→中井積徳
中井積徳……81
南蒯……51
南宮敬叔→南容
南子……16, 47, 68, 176, 182, 186, 234, 235
南孺子……74, 184
難説……153, 193
南面……119, 149, 188, 213, 219
南容……25, 52, 178, 181
佞人……47, 118
涅槃……121, 122, 130, 190
甯武子……49
根本武夷……62, 247
農山……114, 117, 144, 188

は

伯夷……67〜72, 94, 151, 183, 184, 186
伯禽……225
伯魚……22
伯尼……16, 17
伯高……166, 167, 195
八佾……15, 60, 61, 183, 187
発憤忘食……28, 140
馬融……190, 220, 228, 233
班級……12, 13
班固……47, 199, 200, 235, 239, 240, 245
燔肉……36, 37, 41, 42, 57, 59, 66

燔肉説……36, 41, 42
范甯……143
費……41, 51, 53, 58, 131, 165, 178〜181, 206, 232, 264
微子啓……12
微生高……161
微生畝……161, 194
仏肸……32, 75, 76, 77, 84, 184
『白虎通徳論』……47
閔子騫……143, 145, 156
百姓……78, 213
非礼……26, 35, 37, 57, 59, 61, 66, 111, 126, 127
浮雲……97, 103, 128, 129, 187
武王……12, 69, 70, 72, 183, 184, 214, 242
不義……26, 128, 129, 181, 187
扶卿……222
武庚……12
藤塚鄰……198, 230
仏教……2, 121, 130, 170, 173, 237, 243, 244
武帝……9, 95, 222, 226〜229, 234, 237, 238, 240, 245
文……1, 4, 5, 10, 15, 16, 19〜22, 26, 29〜33, 38, 39, 41, 43, 44, 47, 49, 54, 57〜59, 61〜63, 67, 69, 71, 74, 75, 77, 79, 81, 83〜85, 91〜93, 96, 99, 101, 102, 104, 106, 108, 112, 114, 115, 119, 122, 123, 125, 127, 128, 135, 141〜144, 146, 147, 149〜151, 154, 156, 158, 162, 165, 167, 171〜173, 175〜178, 180, 182〜184, 186, 189, 191, 193, 196, 198, 199, 201〜203, 205, 206, 210〜212, 215, 216, 218, 219, 221, 222, 224〜236, 238, 239, 241〜246, 264
文献学……198
文公……15, 20, 29, 31, 119, 175, 201
焚書坑儒……224
文王……44, 54, 69, 101, 183, 196, 216, 231, 232, 234, 241, 242

冕……37, 57, 66, 118, 193, 248
逢掖之衣……22
法家……216, 224, 235
匏瓜……76, 77, 83
鮑魚……116, 117
鮑牽……23, 24
暴虎馮河……80
鮑文子→鮑国
苞氏→包咸
『墨子』……32, 33, 99, 124, 180, 190, 213, 232
　　──耕柱……124
　　──非儒……32, 99, 213, 232
北辰……147, 148, 192, 193
墨家……32, 207, 210, 224, 245
牧皮……84
本体論……169〜171, 173

ま

マチャード（Machado de Assis）……108
道……15, 25, 30, 35, 38, 48, 50, 53〜55, 63, 64, 71, 75, 78, 80, 89, 93, 96, 97, 100〜103, 105〜107, 112, 113, 120, 122, 132〜134, 138, 141, 142, 152, 155, 157, 163, 164, 171, 172, 175, 176, 178, 179, 181, 183, 184, 186, 188, 190, 192〜194, 198, 199, 207, 211, 212, 214〜216, 220, 224, 226, 230〜234, 239, 243, 246, 249
無為……28, 110, 147〜150, 168, 169
無余涅槃……121, 130, 190
明哲保身……172
孟懿子……51, 52, 179, 181
孟軻→孟子
孟僖子……52, 177, 181
『孟子』……20, 29〜31, 37, 57, 66, 70, 84, 99, 105, 124, 176, 188, 191, 194, 201, 202, 213, 218, 219, 221, 231, 246

──公孫丑……105, 188, 194
──告子……37, 57, 105, 106, 162, 183, 191, 194, 230
──尽心……84, 99, 188
──滕文公……20, 29, 31, 201
孟縶……26
孟皮→伯尼
孟武伯……52, 181
諸橋轍次……200, 230
門人……27, 30, 63, 64, 89, 92, 130, 131, 154, 165, 166, 178, 190, 199, 200

や

冶区夫……51
野合……14, 18
山田勝美……128, 190, 196
山田勝芳……124, 127, 190, 196
やる気……104, 105, 108, 147, 148, 157, 161, 162
由→子路
有徳者……136, 139, 142〜145, 147, 149, 150
有余涅槃……122, 190
雍→仲弓
陽貨→陽虎
陽虎……19〜21, 28〜34, 51, 62, 65, 102, 178
陽虎は孔子の敵でなく、孔子の徒属であった。……33
楊倞……221, 232
吉川幸次郎……94, 185
吉田賢抗……81, 185, 196

ら

『礼記』……10, 22, 27, 57, 63, 112, 119, 125, 126, 137, 144, 147, 165〜167, 175, 178,

182, 185, 187〜190, 192, 194, 195, 210,
　　222, 232, 239, 244, 246
　　——楽記……144, 147
　　——曲礼……20, 26, 57, 112, 137, 166, 167,
　　195
　　——儒行……22
　　——喪大記……126
　　——檀弓……10, 57, 119, 125, 165, 166,
　　175, 178, 182, 185, 187, 189, 190, 192,
　　195, 232
　　——坊記……222
『礼記正義』……36, 178, 241
楽朔……216
蘭芷……116
蘭陵……207, 208
鯉→伯魚
利……26, 32, 48, 51〜53, 55, 60, 62, 63, 78,
　　102, 103, 114, 115, 121, 146〜148, 181,
　　184, 189, 243, 247
李延平……170
六極……136
六芸……28
李斯……207, 210, 223, 235
劉焯……27, 196
劉歆……132, 239, 240
柳宗元……205, 230
劉宝楠……28, 54, 55, 58, 62, 76, 126, 132,
　　181, 193, 221, 233, 248, 249
『呂氏春秋』……16, 43, 44, 99, 176, 186, 206,
　　208, 231, 247
　　——勧学……191, 208
　　——慎人……43, 99, 208, 231
　　——尊師……208
　　——当務……208
　　——任数……99
呂祖謙……106, 187
呂望→太公望
凜然……114, 118
林復生……17, 41, 176, 179, 180, 182, 196

礼……9, 10, 15, 16, 18, 20, 22, 25〜29, 35〜
　　38, 41, 45, 46, 52, 53, 56, 57, 59, 61, 63,
　　66, 69, 78〜80, 82, 83, 85, 91, 111, 112,
　　114, 115, 118, 119, 125〜127, 130, 135,
　　137, 142, 144, 147, 151, 159, 165〜167,
　　171, 175, 178, 182, 185, 187〜192, 194
　　〜196, 200, 206, 210, 213, 215, 220, 222,
　　231, 232, 235, 239〜244, 246
礼楽……114, 115, 142
隷子弟……25
黎鉏……38
令和……17, 25, 27, 44, 49, 65, 70, 80, 102,
　　105, 119, 120, 121, 129, 145, 187, 194,
　　237, 244〜247
レッグ（Legge, James）……145, 191, 192
『列子』……16, 99, 176, 191
　　——力命……99, 191
　　——楊朱……99
練……20, 115, 163
蘆……23, 73, 175
郎……41, 59, 78, 94, 179, 182, 183, 185, 196
老子……149, 173, 232
魯論……5, 198, 199, 226, 227
『論語』……1, 5, 9, 15, 17, 25, 28, 29, 33, 39,
　　43, 44, 47, 48, 53, 54, 56〜58, 60, 61, 63,
　　64, 66, 67, 69, 72, 75, 79, 80, 83〜87, 89
　　〜96, 98, 99, 102, 110〜113, 116〜118,
　　123〜126, 128, 130, 132, 140〜145,
　　147, 149, 151〜159, 161, 162, 164, 170,
　　171, 175, 176, 178, 180〜188, 190〜
　　194, 197〜206, 208, 211, 212, 215, 216,
　　218〜224, 226〜230, 232, 234, 236,
　　243〜245, 247〜249, 264
　　——為政……37, 38, 89, 93, 147〜149, 175
　　〜177, 179, 181, 185, 199, 230
　　——衛霊公……15, 16, 26, 44, 49, 68, 79,
　　96, 118, 140, 149, 157, 184, 222
　　——学而……110, 141, 142, 150〜153,
　　159, 163, 168, 169, 187, 220

──顔淵……4, 9〜11, 43, 80, 84, 86〜104, 107〜123, 125〜145, 147, 150〜160, 166, 168, 170, 171, 182, 186〜188, 190〜192, 201, 204, 210, 219〜221, 243
──季氏……17, 19〜22, 28, 32, 33, 35, 40, 41, 45, 51, 53, 55, 57〜65, 74, 78, 113, 176〜181, 183, 185, 186, 225
──郷党……126
──憲問……48, 53, 54, 141, 144, 159, 194
──公冶長……83, 86, 102, 117, 155, 157, 161, 178, 184, 192
──子罕……31, 44, 91, 98, 152, 154, 157, 176, 191, 194, 222
──子張……84, 97, 147, 162, 167, 181, 185, 187, 193, 195, 198, 199, 204, 209, 210, 217, 220, 226, 228, 230, 231
──子路……4, 9, 32, 38, 39, 43, 51, 53〜62, 64, 66, 68, 75, 76, 80, 81, 87, 100, 111, 114〜118, 126, 133, 140, 144, 153〜159, 163, 165, 166, 168, 178, 180, 182, 186〜188, 190, 192〜194, 204
──述而……43, 44, 67, 80, 128, 147, 178, 187, 194, 218, 248
──先進……46, 56, 63, 85, 94, 110, 123, 130, 132, 142, 145, 153, 154, 156, 175, 178, 185, 190, 191, 220, 230, 232
──泰伯……199, 202, 219, 220
──八佾……15, 60, 61, 183, 187
──微子……12, 13, 39, 57, 151, 193, 225
──雍也……64, 95, 110, 112, 128, 158, 159, 164, 185, 219, 230, 232
『論衡』……47, 88, 99, 123, 157, 198, 232, 233, 247
　──感虚……99
　──自紀……99
　──正説……99, 198, 232, 233
　──是応……99

　──逢遇……99
　──命義……123
　──累害……99
『論語古義』……70, 77, 86, 112, 126, 133, 187, 230
『論語集解』……29〜31, 43, 54, 56, 58, 61, 62, 67, 71, 76, 89, 94, 97, 98, 117, 128, 132, 143, 147, 163, 178, 184, 187, 190, 192, 198, 220, 226, 227, 247
『論語集注』……29, 30, 36, 43, 47, 48, 54〜56, 59, 61, 63, 71, 72, 89, 94, 97, 112, 113, 126〜128, 133, 144, 148, 156, 159, 178, 182, 184, 187, 190, 192, 194, 196, 220, 248, 249
『論語鄭玄注』……227, 228
『論語總説』……198, 230, 232
『論語注疏』……58, 61, 126, 148, 185, 230
『論語徴』……70, 76, 126, 133, 142, 149, 187, 230, 249
『論語之研究』……198, 202, 227, 230, 232, 233
『論語惑問』……55, 248

わ

和気……107, 117
渡邊卓……224

著者紹介

森川　亨（もりかわ　とおる）
1954年、静岡県生まれ。25年間県立高校の教員勤務の後、自費留学で、米国、カリフォルニア・インスティテュート・オブ・インテグラル・スタディズ大学（C.I.I.S.）博士課程修了。哲学及び宗教学博士。現在は日本で著作に専念。

主要著書
Heavenly Destiny And Confucius（学位論文）

孔子の実像と『論語』の編纂過程
――――――――――――――――――――――――――
2024年12月25日　初版第1刷発行
　　　　　著　者　森川 亨
　　　　　発行所　株式会社 皓星社
　　　　　発行者　晴山生菜
　　　　　〒101-0051 東京都千代田区神田神保町3-10
　　　　　　　　　　宝栄ビル6階
　　　　　電話：03-6272-9330　FAX：03-6272-9921
　　　　　URL https：www.libro-koseisha.co.jp
　　　　　E-mail：book-order@libro-koseisha.co.jp

　　　　装幀　藤巻 亮一
　　　印刷　製本　精文堂印刷株式会社

落丁・乱丁本はお取替えいたします。